WILLY HAAS

DIE BELLE EPOQUE
IN TEXTEN, BILDERN UND ZEUGNISSEN

WILLY HAAS

DIE
BELLE
EPOQUE

Mit 428 Abbildungen

und

16 Vierfarbtafeln

DESCH

DIE ABBILDUNGEN AUF DEM SCHUTZUMSCHLAG

Claude Debussy
Yvette Guilbert
G. B. Shaw
Aubrey Beardsley
Titelblatt der Zeitschrift »Jugend«
Anna Pawlowa

Die Vignette auf dem Einband und dem Schmutztitel: Aubrey Beardsley

Oben: Illustration von Alastair zum »Erdgeist« von Frank Wedekind

Druck: Ernst Kieser KG, Augsburg
Einband: Verlagsbuchbinderei Hans Klotz, Augsburg
Schutzumschlag-Entwurf von Klaus von Seggern, München
Schutzumschlag gedruckt von Brenner & Stangelmeier, München
Printed in Germany 1975
ISBN 3-420-04749-5

INHALT

Wildes Prozeß – Dandy und Zuchthäusler – Aubrey Beardsleys Illustrationen – Henry James – J. A. MacNeill Whistler attackiert Wilde – Rudyard Kipling, Genie ohne Talent – Von H. G. Wells bis Aldous Huxley.

Ludwig II. und Richard Wagner – Böcklin und Lenbach – Neuromantik und Jugendstil – Lenbachs Palazzo – Zeitschriften und Verlage – Albert Langen und der »Simplicissimus« – Th. Th. Heines Karikaturen – Der Prozeß gegen den »Simplicissimus« – Ernst von Wolzogens »Überbrettl« – Münchner Theatersensationen – Schwabing – Die »Kosmiker« – Stefan George und sein Kreis – Der Knabe Maximin – Leopold von Andrian und Hugo von Hofmannsthal – Alfred Schulers Vorträge im Hause Bruckmann – Ludwig Klages – Totalitäre Sekten – Futurismus – Gabriele d'Annunzio als Condottiere – »Der blaue Reiter« – Wassily Kandinsky, Franz Marc und Paul Klee – Alexander von Jawlensky – Die »Brücke« in Dresden – Ernst Ludwig Kirchner, Erich Heckel und Otto Mueller – Hauptmann August Stramm – »Der Sturm« – Dadaismus und Surrealismus – André Breton – Max Ernst – Pablo Picasso – Gemeinsame Züge der Künstlergruppen.

Sezessionismus und Jugendstil – Die »Wiener Werkstätte« – Kaiser Wilhelm II. gegen moderne »Afterkunst« – Graf Harry Kessler – Kunstzentrum Weimar – Künstlerkolonie Mathildenhöhe in Darmstadt – Otto Wagner in Wien – Gustav Klimt und die Folgen – Adolf Loos als Bürgerschreck – Kampf gegen das Ornament – Amerikanischer Konstruktivismus – Vom Skandal zum Denkmalschutz – Der katalanische »Jugendstil« – Antonio Gaudi y Cornet – Friedrich A. Krupp und Werner von Siemens – Der Beginn der modernen Medizin.

Ein Stilphänomen mit universellen Ansprüchen – Präraffaelitische Anfänge – William Morris und John Ruskin – Kelmscott Press – Romantischer Antikapitalismus – Zwischen Gesamtkunstwerk und Lebensreform – Georges Seurat – Franz Kafka und die »Prager Schule« – Vom Jugendstil zum Expressionismus.

I

DIE BELLE EPOQUE

Th. Th. Heine

Man erlebt selten, wie ein ganzes Zeitalter mit seinem Lebensstil, seinem Kunststil, ja Sinn und Selbstbesinnung einer Epoche plötzlich völlig versinkt.

Um 1910 versank ein Kunststil, der Jugendstil, vor den Augen der Mitlebenden scheinbar völlig und für immer. Er war nicht etwa nur tot, er wurde zum Gegenstand des Spottes. Das geschah jenseits jeder Debatte. Ein Ding – von einer Gabel oder einem Aschenbecher bis zu einem Gedicht, einem Drama – als »jugendstilig« zu bezeichnen, bedeutete, es auf den Müllhaufen werfen. Noch niemals in drei Jahrhunderten war ein lebensumfassendes Phänomen so plötzlich, so mit einem Schlage gleichsam hingerichtet worden. Der Klassizismus zum Beispiel ragte über die Romantik hinweg und durch sie hindurch, sichtbar bis tief in die Gegenwart hinein – noch seine Dekadenz war unvergleichlich pompöser, als der Jugendstil je gewesen war. Der Klassizismus wurde in Deutschland zum offiziellen Stil der Gründerjahre nach 1870 und des Wilhelminismus unter Wilhelm II., in England der offizielle Stil des Viktorianismus. Als Pariser Pompstil hat er den Charakter der »Stadt des Glanzes« fast umgeprägt. Er wurde zum Stil des deutschen offiziösen Dramas von Wilbrandt bis Wildenbruch, der »grand style« der Malerei, des deutschen Pilotismus, des englischen Akademiestils unter Poynter und seinen Genossen, der Stil des großen Pariser Kunstsalons. Er starb, wenn er überhaupt starb, den petronischen Tod: an Schwelgerei, an Überfressenheit, er erstickte in seinem eigenen Fett.

Der Jugendstil starb ganz anders: er verhungerte, er wurde plötzlich »unmodern«. Den Begriff des Modernen und Unmodernen hat es natürlich schon lange vorher gegeben. Er wurde hauptsächlich auf Damenmoden, zuweilen auch auf Herrenmoden angewendet, bis diese sich, etwa unter König Eduard VII., so stabilisierten, daß der Modenwechsel in der Herrenmode beinahe fortfiel. Dafür aber wurde der Begriff »die Moderne« vor allem in Deutschland, etwa um 1890, auch auf Kultur- und Geistespro-

»Das Weib«, wie es die Epoche sah: Madonna, Büßerin und Verführerin zugleich (Edvard Munch).

dukte angewendet und gewann eine ungeheure Gewalt über die Menschen. Der Naturalismus in Literatur, Kunst und Theater war unseres Wissens bei uns die erste Kunstströmung, die den Trumpf »die Moderne« für sich beanspruchte und gegen alles ausspielte, was unmittelbar vor ihm geschehen und produziert worden war. In Paris ging alles bewußter, berechnender, exzentrischer vor sich – jede neue »Bewegung« erklärte alles Vorhergehende und Abweichende gleichzeitig für mausetot. Die Ermordung des Geistes des soeben verstorbenen Anatole France – der in Wahrheit ein wundervoller Erzähler gewesen war – begann mit einer grausigen, vorher nie erlebten Brutalität schon an der Totenbahre. Ein surrealistisches Blatt schrieb, man solle der Leiche »ins Gesicht spucken«.

Nun denn, der Jugendstil, der ein echter Lebens- und Kunststil war, der die Menschen seiner Epoche geprägt hatte von der Art, wie man sich bewegte, bis zu der Art, wie man liebte, war der erste große Stil, der ganz einfach an seiner »Unmodernität« zugrunde ging, scheinbar vollständig, restlos – von den Werken des Architekten van de Velde bis zu den phantasievollen Toiletten des berühmtesten Couturiers, den Paris je hatte, Paul Poiret.

Eine Verteidigung war schon deshalb nicht möglich, weil kein Ankläger da war und keine Argumente vorgebracht wurden. Doch damals wurde die Waffe geschmiedet, die später jahrzehntelang wirksam war: die völlig unerwartete und unwiderstehliche Suggestivität des einfachen Schlagwortes, eine Sache, eine Bewegung, ein Stil sei »überholt«. – Der Jugendstil war »überholt«. Warum?

Menschen, die gestern noch geschwärmt hatten von den Produkten der »Wiener Werkstätten« und Klimts, von van de Velde und den ornamental geschmückten Büchern der »Insel«, von dem Bildhauer Minne, den Malern Khnopff und Toorop, die eine Art interessanten neuen Präraffaelismus entwickelten, von dem Jugendstil-Biedermeier eines Heinrich Vogeler-Worpswede und Th. Th. Heine, von Otto Julius Bierbaum und Wolzogen und dem Kabarett »Überbrettl«, wollten nichts mehr davon wissen. Die Epoche verschwand geräuschlos in einer Art Fegefeuer oder Vorhölle. Nicht gerade in der Hölle, nicht gerade in der ewigen Vernichtung.

»Jedes Ding, das Anspruch hat auf Unsterblichkeit, muß vorher seine zeitlichen Sünden abbüßen«, pflegte der Dichter Franz Werfel zu sagen. Es war einer seiner weisesten Aussprüche. Es muß ins Fegefeuer, von wo es einmal gereinigt wiederauftaucht im Strom der ewig wechselnden For-

o. l. Der junge Munch, Selbstporträt, 1895. Lithographie. Damenbildnis von 1908 Kaltnadelradierung (rechts); unten: Haupt an Haupt, 1905, Holzschnitt. In den Bildern des Norwegers Edvard Munch (1863–1944) – vor allem in seinem reichen graphischen Werk – vereinigen sich Formelemente des Jugendstils mit weit späteren Elementen der Kunst, z. B. dem Expressionismus.

men, die wir »Leben«, »Weiterleben« nennen. Es wird selbst ein Element dieser ewigen Wandlung. Dies und nichts anderes dürfen wir Unsterblichkeit nennen. Denn »Unsterbliches« ist etwas ewig Bewegliches in der Erinnerung der Menschen, nichts Starres.

Die Auferweckung und Rehabilitierung des Jugendstils in unserer Zeit, die wie selbstverständlich der Auferweckung des Expressionismus folgte, kann man nicht einfach eine Laune von Sammlern oder einen Trick des Kunsthandels nennen. Es ist keineswegs eine Sache der Mode, wie der Untergang des Jugendstils es war. Es ist auch nicht eine bloße Remodellierung im historischen Sinn: so wie etwa eine Sache, die lange lächerlich gewesen war, weil sie veraltet war oder sozial degradiert worden war (zum Beispiel die elegante und kostbare Abendtoilette der gnädigen Frau in der »Fledermaus«, die zum wertlosen Plunder geworden war, weil das Stubenmädchen sie abends auf einem Ball getragen hatte), und so lange in der Mottenkiste ruht, bis das Kunstgewerbemuseum sie als selten gut erhaltenes Stück einer gewissen Zeitmode, als »Period Piece«, in einem großen Glaskasten ausstellt und der Regisseur eines Lustspiels von Feydeau sie für seine Inszenierung genau kopieren läßt.

Der Jugendstil ist kein »Period Piece« geworden. Von dieser Art Auferstehung kann keine Rede bei ihm sein. Es hat sich herausgestellt, daß er — obwohl totgesagt und abgetan — unterirdisch, inoffiziell, namenlos immerfort weitergeatmet und weitergewirkt hat, in einer Erscheinung etwa wie der von Edvard Munch, oder Henry van de Velde mit seiner abstrakten Ornamentik, die sich zur abstrakten Malerei verdichtete, oder in der jungen Else Lasker-Schüler, deren Jugendgedichte man lesen muß, um zu wissen, wie tief sie damals dem Jugendstil verpflichtet war, oder in August Strindbergs Dramen und den Bühnenbildern eines Edward Gordon Craig und Appia um 1910, deren Lebenswerk sich fast anonym aufgelöst hat in dem Bühnenbild von 1920, 1930, 1960, dem Bühnenbild Jessners und Wieland Wagners, im Übergang von van de Velde zu Gropius' »Bauhaus«, im »Pierrot Lunaire« von Schönberg und der »Lulu« von Wedekind plus Alban Berg, die zur Musik der neuesten Zeit sich weiterentwickeln — unterhalb des Expressionismus und Surrealismus und bis zum heutigen Tag.

Die Tendenz, von einer interessanten Zeiterscheinung zur nächst älteren und von dieser immer weiter zurück bis zur wahren Quelle vorzudringen, ist dem forschenden Geist wohl mitgegeben. Die Erinnerung der Generationen hat hier eine rätselhafte zwingende Kraft, keiner kann sie aufhalten.

Der Wiener Gustav Klimt fühlte sich als Schöpfer eines neuen monumentalen Stils in der Malerei. Geblieben sind von ihm die unendlich zarten, sinnlichen Bleistiftzeichnungen von Frauen, die er in großer Zahl hinterließ.

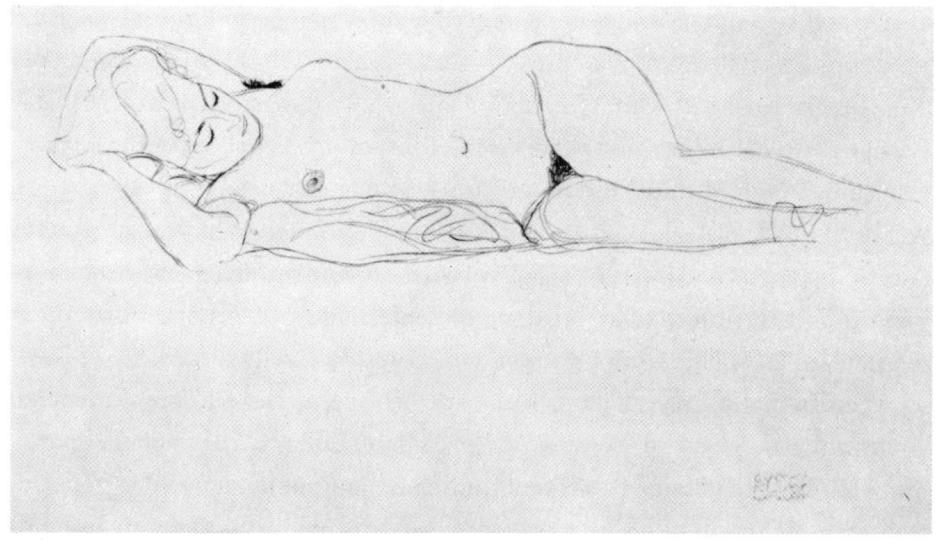

Der elegante Lebemann und spätere kluge Herrscher Eduard VII. von England – Und
Anna Held, eine Pariser Dame der Belle Epoque mit Wespentaille, einem prachtvollen
Modekleid und einem damals berühmten Namen.

Was fortschreitet, blickt immer wieder bis zum Anfang zurück. Der Jugendstil hat nicht alle diese späteren Phänomene schon im Kern enthalten,
aber er hat sie in den Genies der späteren Generationen dynamisch zur Entwicklung getrieben. Man könnte ihn mit einer Wurzel vergleichen, die
man längst für vertrocknet hielt und die in Wirklichkeit, wenn man sie
wieder in den Humus senkt, überreiche Blüten und Früchte treibt. Expressionismus, Surrealismus, die neue Musik, die Kunst der Abstrakten, alles,
was schon die geistige Welt nach 1910 und dann weiter in den zwanziger
Jahren bewegte und heute noch bewegt, ist schon in den Großen des Jugendstils präformiert. Das wird in diesem Buch später noch ausgeführt
werden an Beispielen und Träumen der vielen Jahrzehnte nachher.

Aber die Belle Epoque ist ja nicht einfach identisch mit dem Jugendstil
– obwohl der Prince of Wales, später König Eduard VII. von England,
ein weithin leuchtender Repräsentant der Belle Epoque, einer der getreue-
sten Stammgäste des Pariser »Maxim« war, das um 1900 ganz im Jugend-

stil umgebaut worden war, oder des »Moulin Rouge«, das legitime Jagdgebiet Toulouse-Lautrecs, der wahrscheinlich das größte malerische Genie des Jugendstils war. Die österreichischen Briefmarken mit dem Kopf Kaiser Franz Josephs I. wurden um 1900 von Kolo Moser entworfen, einem Mitglied der »Wiener Werkstätten« und der »Sezession«; mittlere Fürstentümer wie Hessen-Darmstadt und Sachsen-Weimar wurden damals zu Pflanzstätten des neuen Stils; die Eingänge zu den Pariser Untergrundbahn-Stationen wurden im Stil der »Art nouveau« gebaut und auch die der Wiener Stadtbahn von einem bedeutenden, der Wiener Sezession nahestehenden Architekten — kurz: der Jugendstil drang tief in den Alltag der Belle Epoque ein. (Linguistischer Kommentar: »Sezession« in Wien, »Jugendstil« in Deutschland, »L'Art nouveau« in Paris und Brüssel und, in gewissem Umfang, »The Yellow Period« in London sind fast identische Begriffe.)

Die »Belle Epoque« aber ist im Grunde ein gesellschaftlicher Begriff. Es ist eigentlich eine ganz kurze Epoche, viel kürzer als etwa der Barock, der doch in einer unverhältnismäßig kurzen Zeit die Monumentalgebäude von halb Europa gebaut oder umgebaut hat. Wir haben die Belle Epoque

Ein Ereignis der Pariser Saison: Der »Concours hippique« im »Grand Palais« (nach einer Zeichnung von Lelong). Das elegante Paris, wie es der junge Marcel Proust noch kannte und nachträumte, versammelte sich hier.

Der große Star der klassischen »Comédie Française« durch Jahrzehnte: Cécile Sorel als junge Schauspielerin. Auch als nicht mehr so junge, sehr berühmte Diva behielt sie den großen Stil, der ergreifen konnte.

ziemlich subjektiv oder gar willkürlich mit dem Tode der Königin Victoria und dem Amtsantritt König Eduards VII., 1901, beginnen lassen, uns aber an diese vage Begrenzung nicht immer gehalten, obwohl der Übergang der britischen Weltherrschaft aus einer gewissen matriarchalischen Strenge und Mäßigkeit in die unbeschreibliche Prachtentfaltung, den Luxus, Snobismus, die uneingeschränkte Anbetung der Mode und Eleganz ganz gewiß eine Wende war, sogar eine Weltwende – allerdings mit sehr verschiedenen Nuancen in den einzelnen Ländern.

Man kann nicht behaupten, daß die »Gesellschaft«, die diese Epoche formte, eine ungewöhnlich geistvolle Gesellschaft war – wie etwa ein sehr beträchtlicher Teil der Pariser Gesellschaft in der zweiten Hälfte des 18. Jahrhunderts, dem Rokoko –, aber sie war zukunftsträchtig, ebenso wie die parallele Kunstepoche. Diese Gesellschaftsepoche war in des Wortes engster Bedeutung »epochal«, sie trug in sich die Möglichkeit einer bezaubernden Zeitchronik, und das bedeutet etwas, auch für die Epoche selbst, nicht nur für ihren geistvollsten Chronisten. Wir sprechen hier natürlich von Marcel Proust und seinem großen epischen Werk. Der Jugendstil spielt darin scheinbar keine Rolle und ist doch eines seiner wichtigsten

Symbole, etwa in den gewagten Spiralen einer Abendtoilette, wie Odette sie bei einer großen Gesellschaft trug, oder im scharfen Trab der glänzenden Equipagepferde und in dem eleganten Schwung der Equipage selbst, wenn die Herzogin von XY ausfuhr, oder in der luxuriösen Grandezza der frühen Rolls-Royce-Wagen.

Die Eleganz ist die Göttin der Zeit und die Mode ihr welthistorisches Prinzip. Die Mode wird bald auch in Literatur und Kunst die seltsame diktatorische und hypnotisierende Rolle spielen, die sie bisher nur in der Grande Couture gespielt hat. Cliquen und Programme drängen sich dicht hintereinander in den Vordergrund und überkugeln sich nicht selten. Kunstprogramme und Manifeste werden am laufenden Band produziert; die Clique wird beinahe zur Kirche, sie hat ihre eigene Dogmatik. Wir nennen als zwei diametral unterschiedliche Gruppen den Stefan-George-Kreis und die Kubisten. Es gab die wild gestikulierenden Futuristen mit ihrem Manifest von Marinetti, später Senator oder Staatsrat von Mussolinis Gnaden, der nach 1933 auf einer öffentlichen Kundgebung in Berlin unter Hitler von Gottfried Benn als »Eure Exzellenz« angesprochen wurde. Es gab den Kubismus, den »Blauen Reiter«, die frühesten und genialsten Expressionisten, wie Franz Marc, es gab den »Sturm« und die »Aktion«,

Die Skizze ist nicht wie man glauben sollte, von Constantin Guys, dem Zeichner der mondänen demimondänen Pariser Welt um 1850, sondern von dem 15jährigen Toulouse-Lautrec, der den Winter 1879/80 mit seiner Mutter in Nizza verbrachte: eine elegante Ausfahrt in einem Buggy.

die von Zeit zu Zeit einander titulierten, es gab Georg Trakl, Else Lasker-Schüler, Franz Werfel, drei sehr große Dichter, es gab zwei bedeutende Architekten, den Wiener Adolf Loos und den belgischen Vlamen van de Velde, von denen einer den anderen für so etwas wie einen Verbrecher hielt. Es gab geistige Erscheinungen von universeller ethischer, nicht nur literarischer Bedeutung wie Mallarmé und Stefan George, und langsam wuchs der frühreife Dichter Hugo von Hofmannsthal in dieselbe universelle geistige Sphäre. Bei Kriegsbeginn 1914 gab es eine Reihe sehr charakteristischer neuer literarischer Zeitschriften, am bemerkenswertesten vielleicht »Die weißen Blätter«, erst unter der Leitung von Erik-Ernst Schwabach, dann unter der des ausgezeichneten Erzählers René Schickele.

In Frankreich erschienen um 1910 »Les Cahiers de la Quinzaine«, eine Gründung des Dichters Péguy, geistig anspruchsvoll, aber niemals prätentiös, in einer kleinen Auflage, doch von großer moralischer Wirkung. Hier erschienen auch geschlossene Werke von Henri Bergson, dem Philosophen der Sorbonne, von Romain Rolland, den Brüdern Tharaud und einigen wenigen anderen, vor allem die literarischen und politischen Essays des Herausgebers Péguy. Von Henri Bergson erschien die »Einführung in die Metaphysik«, einer der geistvollsten philosophischen Essays überhaupt, zugleich – wohl in etwas veränderter Form – seine Antrittsvorlesung an der Sorbonne, zu der die glanzvollsten Equipagen und Rolls-Royces von Paris in langen Reihen vorfuhren und die Damen der Gesellschaft ihre neuesten Modelltoiletten aus der Grande Couture anlegten. Denn Henri Bergson war vom kleinen, verträumten, lernbegierigen Judenjungen einer Emigrantenfamilie nun zum führenden Philosophen des Landes herangewachsen, dessen Philosophie der »Schöpferischen Entwicklung« das französische Geistesleben tief beeinflußte.

Die gelegentliche Verschränkung von Mondänität und Geist, die für die Epoche des jungen Proust so charakteristisch war, hat in Bergson, seinem Lebenslauf und Ende, fast ein Symbol gefunden. In einer supersnobistischen Modezeitung unter dem Protektorat des Königs der Damenmode, Paul Poiret, »La gazette du bon ton«, setzte ein führendes Pariser Modehaus unter das Bild eines besonders schicken Abendkleides das Motto: »Heute abend kommt Monsieur Bergson zum Souper.« Seine Philosophie führte ihn später immer stärker der katholischen Kirche zu. – Als die Truppen Hitlers in Paris einmarschierten, lebte der alte Mann noch immer. Er war inzwischen Mitglied der Französischen Akademie geworden und schon

Zwei große Expressionisten der Literatur: (l. o.) der Erzähler René Schickele (von Ludwig Meidner), und (r. o.) Jussuf, Prinz von Theben, vulgo Else Lasker-Schüler, die große Dichterin aus dem Wuppertal (Selbstporträt). (r. u.) Der geniale österreichische Dichter Georg Trakl (von Max v. Esterle), der am Krieg und seinem Elend 1914 starb. Und (l. u.) der ebenso geniale Charles Péguy (Egon Schiele, nach einem Photo), der an den Krieg glaubte, als er, gleichfalls schon 1914, fiel.

1927 Nobelpreisträger. Hitler ließ ihm eine gewisse vage Position als »Ehrenarier« anbieten. Bergson, inzwischen in tiefer Zurückgezogenheit lebend, wies diese zweifelhafte Ehrung zurück, versicherte in einem Brief den Oberrabbiner von Paris seiner unentwegten Treue zum angestammten jüdischen Glauben und starb wenig später.

Péguy verwandelte sich vom revolutionären Syndikalisten, der auch den politisch sehr gefährlichen Philosophen der schöpferischen Gewaltaktion und des anarchistischen Syndikalismus, Georges Sorel, in seinem Organ zu Worte kommen ließ, bei Kriegsbeginn 1914 zum Nationalisten und Patrioten, setzte seine ganze nicht geringe Autorität bei der Jugend, besonders bei der akademischen Jugend für diese Gesinnung ein, meldete sich freiwillig zum Kriegsdienst und fiel bald darauf, tief betrauert nicht nur in Frankreich, sondern auch von gewissen intellektuellen Kreisen in Deutschland, so zum Beispiel von der Pfemfertschen »Aktion«, die ihn noch immer, völlig falsch orientiert, als revolutionären Syndikalisten und unerbittlichen Gegner des imperialistischen Krieges feierte.

Péguy und seine »Cahiers«, die mit der größten moralischen und geistigen Sauberkeit von ihm geführt wurden und trotz ihrer bescheidenen Auflage eine überzeugende unterirdische Autorität bei der Jugend hatten, waren ein charakteristisches Monument für die geistige Kultur im Frankreich der Vorkriegsjahre bis 1914. In Deutschland hatte der Dichter Stefan George schon vorher mit seinen exklusiven »Blättern für die Kunst« etwas Ähnliches versucht, aber sein Versuch blieb jahrzehntelang ohne diese erhoffte unterirdische Autorität, weil die Blätter zu literarisch waren und Zeitprobleme des öffentlichen Lebens einstweilen völlig zurückwiesen. Als sie die damalige politische Gegenwart auch berührten, wurde ihre geistespolitische Linie höchst bedenklich, und nicht ohne Grund nahmen die weniger analphabetischen Vertreter des Nazismus Stefan George als geistigen Ahnherrn für sich in Anspruch, ebenso wie Friedrich Nietzsche. Erst als es sich herausstellte, daß er aus seinem Wohnort Minusio bei Locarno 1933 nicht nach Nazi-Deutschland zurückkehren würde, als er im selben Jahr dort starb und die Überführung seiner Leiche nach Deutschland vor seinem Tode offenbar verboten hatte, wo ihr ein großes Staatsbegräbnis mit der persönlichen Teilnahme von Goebbels drohte, wurde seine Stellung einigermaßen klar. Deutlicher, etwa durch Dichtung oder Prosa, hat er sich nie ausgedrückt. Vielleicht läßt die spätere Haltung eines seiner jungen Anhänger, der dem engeren Kreis um Stefan George in Locarno-

Der junge, noch ein wenig dekadente, aber auch noch geniale André Gide (l.), der später körperlich gesundete, aber als Dichter nicht mehr wuchs. Und rechts der Philosoph der Epoche, Henri Bergson, der es strikt ablehnte, von den Nazis »arisiert« zu werden, als sie in Paris einmarschierten.

Minusio angehörte, Rückschlüsse auf seine Gesinnung zu. Es war Claus Graf Stauffenberg, der junge Generalstäbler, der die erste direkte Aktion gegen Hitler mit einer nicht geringen Erfolgschance organisierte und selbst durchführte und dabei sein Leben opferte.

Wir haben diese Bahn bis zum Ende verfolgt, um gewisse charakteristische Unterscheidungen zu machen. Stefan George beginnt als der große Lehrer eines ethisch verantwortlichen Ästhetizismus, der jedes Eingreifen in Zeit- und Machtprobleme strikt ablehnte. Die immer dringendere Problematik der Zeit beantwortet er mit Zeitdichtungen, die den Deutschen eher den Weg des Unterganges durch einen zweiten Krieg wiesen als die Einordnung in die europäische Zivilisation durch scharfe Niederhaltung der wachsenden Brutalität im öffentlichen Leben. 1933 scheint der Dichter seinen Fehler zu erkennen, aber er hat nicht den Mut des offenen Bekenntnisses. Er bleibt doch bis zum Ende ein Repräsentant des ästhetischen Zeitalters um 1900 oder 1910, der sich jenseits dieser und einer jeden Zeit fühlt.

Péguy, fast gleichaltrig, den man auch als Dichter wohl neben Stefan George stellen könnte, hat mehr Wandlungen durchgemacht als dieser,

Der große katholische Dramatiker des 20. Jahrhunderts und vieler Jahrhunderte, Paul Claudel, im Leben gütig, in der Kunst streng, ein Rhapsode der kämpfenden, heroischen und siegreichen Kirche.

aber er hat stets das ganze Risiko, die ganze Verantwortung auf sich genommen, bis zuletzt, als er seine Wandlung zum Nationalismus und zum Krieg mit seinem Leben bezahlte. Er hat nicht die ganze andere, viel intensiver politisierte Epoche der Nachkriegszeit mitgemacht, er ist schon im September 1914 gefallen. Seine ganze persönliche Existenz, sein ästhetenhafter Katholizismus ist gleichsam eingerahmt in der »Belle Epoque« — und doch ist er der ungleich lebendigere, uns nähere Geist.

Literarische Zeitschriften von sehr hohem Rang gab es in Deutschland wie in Frankreich. Im Jahre 1908 wird dort eine neue, sehr repräsentative begründet, die »Nouvelle Revue Française« im Verlag Gallimard, unter der dauernden geistigen Protektion André Gides, wer immer der wechselnde redaktionelle Leiter gewesen sein mag. André Gide hat das Glück, einen der größten Dichter Frankreichs und Europas überhaupt, Paul Claudel, für die Zeitschrift und für den Verlag zu gewinnen.

Noch interessanter vielleicht ist die Entwicklung der höheren Publizistik durch periodische Erscheinungen in Deutschland. Die Epoche vor und um 1910 war hier das Zeitalter der großen geistvollen, aber auch emporge-krampften, selbstbewußten, aber auch selbstbesessenen und zuweilen fast größenwahnsinnigen Publizisten.

Zuerst war es Maximilian Harden, ein Mann von unermeßlichem litera-rischem und historisch-politischem Wissen, ein großer aktiver Kenner des zeitgenössischen Theaters, der sich allmählich fast ganz auf die Politik konzentrierte und die erste, im Prinzip subjektive, auf seinen eigenen Mo-nolog gestellte Zeitschrift, gleichsam das publizistische Organ einer ein-zelnen Person gründete: »Die Zukunft«. Seine politische Hellsichtigkeit war oft von erstaunlicher Klarheit, zuweilen aber falsch inspiriert. Auf die publizistische Sensation verstand er sich wie nur einer. Im Dreyfus-Prozeß propagierte er die Schuld des völlig unschuldigen jüdischen Generalstabs-offiziers Dreyfus, im Gegensatz zu der redlichen liberalen, zum Teil von Juden redigierten und publizierten Presse, und reihte sich damit in die Front der antisemitischen nationalistischen Publizisten, kriegslüsternen französischen Generalstabsoffiziere, Revanchisten und kleinen Hetzka-pläne, die in dem führenden katholischen antisemitischen Organ zu Worte

Der jüdische, französische Generalstabsoffizier Alfred Dreyfus in seinem Kerker auf der »Teufelsinsel«. Der Kampf um seine Schuld oder Unschuld zerwühlte Frankreich zu-tiefst, doch diesmal siegte zuletzt das Recht.

kamen, ein – er, der Abkömmling einer polnisch-jüdischen Familie Wit-
kowski, die in der politischen und akademischen preußischen Hierarchie
der Zeit schon recht hoch gestiegen war. (Es ist ein Zeitphänomen, daß
die damalige niedere katholische Geistlichkeit, trotz ihrem sehr klugen
Oberhaupt Leo XIII., um die Jahrhundertwende in dem periodischen
Ausbruch des Antisemitismus – auch in Österreich, zum Beispiel in dem
berüchtigten Ritualmordprozeß Hilsner – sehr aktiv tätig war. Sie
führte geradezu die antisemitische Hetze der Anti-Dreyfusards in Frankreich in ihrem Organ »Libre Parole« an.) In dieser Front also stand Maximilian Harden. Und ein junger, sehr talentierter Wiener Publizist, Karl
Kraus, sein Bewunderer und Schüler, der soeben ein ähnliches »Ich«-Organ
in Wien, »Die Fackel«, gegründet hatte, tat es ihm getreulich nach, gestützt
auf den guten alten Liebknecht, den persönlichen Jünger von Karl Marx,
der wohl in einer entsetzlichen sophistischen Verirrung glaubte, der Zweck
– der in diesem Fall die Verwirrung und Spaltung der bürgerlich-liberalen
Gesellschaft war – rechtfertige auch das Mittel einer wiederholten ge-
wissenlosen Attacke auf einen französischen jüdischen Offizier, dessen
vollkommene Unschuld damals, 1899, schon für jeden Einsichtigen erwiesen war.

Das Paradoxe dieser Situation, im Grunde jüdischer Antisemitismus,
schlug vermutlich in Wien ebenso ein wie in Berlin. Maximilian Harden
hat sich später eine Art Ablaß geschaffen für diese und ähnliche Sünden
durch die lange Reihe der Jahrgänge seines Organs »Die Zukunft«, das
allmählich fast nur noch von ihm selbst geschrieben wurde.

Die Politik der Zeit, der Ministerkabinette hinter geschlossenen Türen,
der »vertraulichen« Briefe zwischen führenden Staatsmännern, des Klat-
sches in den Vorzimmern der Paläste und den Schlafzimmern der Diplomaten und ihrer Mätressen, beherrschte Harden, der selbst ein vorbildliches Privatleben, ganz von Arbeit erfüllt, führte wie kein anderer
Publizist. Er war in beträchtlichem Maße der Vertraute des abgedankten
zornigen alten Bismarck – noch in der Abgeschiedenheit des Sachsenwaldes
ein sehr gefährlicher Gegner des Wilhelminischen Regimes der Prahlerei
und Großmannssucht, der sich selbst einst nicht gescheut hatte, einem ihm
verhaßten Diplomaten namens Arnim durch einen höchst gefährlichen
Strafprozeß den Fangschuß zu geben. Harden kannte den Betrieb und
war wohlinformiert – auch über intime Vorgänge des Berliner Hofes und
der hohen Diplomatie – durch die geheimnisvolle »graue Eminenz« des

Die Büfett-Ecke bei einem Hofball in Berlin: eines der kühnen impressionistischen Schaubilder, die noch der ältere Menzel wagte, ohne seinen konservativen Ruf als preußischer Hofmaler einzubüßen.

Auswärtigen Amtes in Berlin, Friedrich August von Holstein, der aber schon 1909 starb – unsterblich geworden weniger durch seine staatsmännischen Erfolge als durch die Erfindung des ausgezeichneten »Schnitzels à la Holstein«.

Harden landete seinen großen sensationellen Coup mit dem Fall Eulenburg-Moltke, dem publizistischen Kampf gegen die »Kamarilla« am Hofe Wilhelms II. – Es war gewiß keine appetitliche Sache und widerstrebte uns jungen Lesern grundsätzlich: die Enthüllung im Sinne des höchst fragwürdig formulierten Strafgesetzparagraphen gegen Homosexualität. Und doch war dieser gefährliche Kampf gewiß nicht bloß, wie der inzwischen abgefallene Bewunderer und Schüler Hardens, Karl Kraus, in seiner Wiener »Fackel« schrieb, aus Sensationssucht unternommen. Der Kampf gegen den Wilhelminismus, auch gegen den Berliner Hof voller Höflinge und Speichellecker war außerordentlich wichtig und hätte manches politische Übel, vielleicht sogar den Ersten Weltkrieg verhüten können, wenn er irgendeinen konkreten Rückhalt in der deutschen Bevölkerung gefunden hätte.

Fürst Philipp Eulenburg (l.) gehörte zur engsten Umgebung des Kaisers Wilhelm II. Maximilian Harden (r.), in einem publizistischen Feldzug gegen die Berliner »Hofkamarilla«, machte unzweideutige Anspielungen auf die Homosexualität des Fürsten, der sich vom Hof zurückziehen mußte und von dort verbannt blieb.

Diese aber liebte eben den glänzenden Kaiser, sein rhetorisches Säbelrasseln, seine nationalistische Prahlsucht, sein künstlich hochgezüchtetes Gottesgnadentum, liebte ihn trotz gelegentlicher Rückschläge, etwa während der einfach unglaublichen Daily-Telegraph-Affäre, die ein historisches Dokument der vollkommenen Gewissenlosigkeit des Kaisers ist. Damals war der Kaiser wirklich fast unpopulär – doch nur für eine Weile.

Der »antiwilhelminische« Harden wurde zwar viel gelesen und diskutiert, aber ändern konnte er nichts. Auch wurde seine Schreibart mehr und mehr manieriert: das war ein Symbol der Zeit und ihrer höheren Publizistik. Sehr profilierten und in ihrer Art dynamischen Persönlichkeiten, wie die führenden Publizisten dieser Zeit es waren, war die manierierte Besonderheit ihres Stils noch eine Art Kothurn – die Sucht des gewaltsamen Sichemporreckens war auch in diesem Sprachkrampf zu erkennen. Das gilt nicht nur für Harden, sondern auch für seine großen Gegenspieler Alfred Kerr in Berlin und Karl Kraus in Wien.

Alfred Kerr war der unbestrittene König der Berliner Theaterkritik in einer großen Epoche des Berliner Theaters vom Naturalismus bis zum Expressionismus. Er hatte begonnen als der junge Herold Ibsens, Gerhart Hauptmanns und ihres Theaterleiters Otto Brahm. Seine Bedeutung hing nicht davon ab, ob seine Kritiken immer haltbar oder zuweilen unhaltbar waren, sondern von seinen treffenden Pointen und brillanten Definitionen, von dem Witz, der Vehemenz, dem Temperament seiner Attacken, von der Kühnheit seiner publizistischen Erscheinung und von seiner dichterischen Begabung.

Um 1910 wurde auch er Herausgeber einer ganz subjektiven Zeitschrift, des »Kleinen Pan« (so genannt zur Unterscheidung von der Luxuszeitschrift »Pan«, die etwa ein Jahrzehnt vorher, auf dem Höhepunkt des Jugendstils, ein paar Jahre lang erschienen war und die selbst ein dekorativer Höhepunkt dieses Jugendstils war). Kerr leitete seine Zeitschrift mit der Originalität, dem Eigenwillen und Eigensinn, den man von ihm erwarten konnte. Wenn er auch nicht allein oder fast allein den Inhalt verfaßte, so blieb er doch sehr deutlich der Mittelpunkt – es war und blieb sein Organ, und man las seine Glossen und seine Artikel zuallererst. Er propagierte die sehr zukunftsvolle Idee der »Großstadtlyrik«, deren begabteste junge Köpfe Ernst Blass und Ferdinand Hardekopf waren. Das Schlagwort, aber auch das Programm wirkten bis 1933 nach, und noch die Nazis leiteten aus ihm ihren polemischen Slogan »Asphaltdichtung« ab.

Auch Kerrs »Kleiner Pan« sorgte für eine publizistische Sensation, die er freilich aus einem ziemlich unwichtigen Anlaß aufbauschte. Der Kampf richtete sich gegen den Berliner Polizeipräsidenten von Jagow, der ein angeblich zweideutiges, aber durchaus nicht unbedingt kompromittierendes Kärtchen geschrieben hatte, auf dem er die Frau des Besitzers der Zeitschrift, des Kunsthändlers und Verlegers Paul Cassirer, die berühmte und betörende Schauspielerin Tilla Durieux, um ein Teestündchen bat. Das engere Ziel erreichte Kerr, so wie es auch Harden schließlich erreicht hatte, daß der Fürst Eulenburg in der engeren Hofgesellschaft Wilhelms II. verschwand. Von Jagow, der durchaus kein blutrünstiger Bösewicht war, sondern eher ein Original in der kurzen, preußischen, aber zuweilen nicht humorlosen Formulierung seiner Ukase, deren Objekte manchmal von überraschendem praktischem Wert waren – er verbot zum Beispiel den Damen von Berlin das Tragen langer, hervorstechender Hutnadeln in den öffentlichen Vehikeln wie Straßenbahn, Pferdebus und auch in den Logen der Berliner Theater –, nun, dieser gewiß reaktionäre, aber nicht gerade ge-

Wilhelm II. erklärt einem etwas ironischen britischen Offizier, der eine ganz auffallende Ähnlichkeit mit dem jungen Churchill hat, das Manövergelände und die Truppenbewegungen beim Kaisermanöver.

fährliche stockpreußische Offizier mußte auf Befehl des Kaisers als Berliner Polizeipräsident kurz darauf zurücktreten. Verändert wurde dadurch, wie auch durch die Eulenburg-Affäre, nichts Wesentliches, außer daß die persönliche Autorität des Kaisers in den gebildeteren und kulturell höherstehenden Kreisen der deutschen Großstädte mehr und mehr dahinschwand.

Dazu tat aber der Kaiser selbst das Wesentliche, nicht nur durch seine tönenden, blechschmetternden Ansprachen, sondern noch mehr durch seine völlig kunstfremde Initiative, zum Beispiel die Anlage der »Siegesallee« und die marmornen Riesendenkmäler seiner Eltern am Brandenburger Tor. Doch der »Wilhelminismus« blieb trotz dieser Attacken so gut wie unbehelligt, und selbst feine Kulturmenschen mit einer gewissen Macht in den Händen, wie etwa Walther Rathenau, waren und blieben Anhänger des Kaisers und seiner höfischen Hierarchie. Wir nennen ihn hier deshalb beim

Mosaik der Kaiser-Wilhelm-Gedächtniskirche in Berlin. In epigonalem byzantinischem Stil zeigt das Mosaik die Hohenzollernherrscher von Friedrich Wilhelm III. mit Königin Luise bis zum letzten Kronprinzen.

Namen, weil er zuzeiten ein persönlicher Freund des »antiwilhelminischen« Maximilian Harden war und weil sein wahrhaft heroisches Ende seinen Namen in der deutschen Geschichte verklärte und alle seine kuriosen publizistischen Irrwege in seinen Jugendschriften vergessen ließ.

Übrigens war die Ära der subjektiven publizistischen Organe bald unwiederbringlich vorbei. Alfred Kerr bekam die Folgen seines Fehlers, daß er nicht der eigene Verleger seines »Kleinen Pan« war (wie Harden, Péguy, Karl Kraus es bei ihren Zeitschriften waren), bald zu spüren: bei einem Zwist mit seinem Verleger Paul Cassirer dankte er ab.

Hardens »Zukunft« erschien noch – nachdem die Kriegszensur sie in der Zwischenzeit eingestellt hatte – in den zwanziger Jahren, aber ihre Leserschaft, die zum Teil aus den klatschhungrigen Schnüfflern der wilhelminischen Kabinettspolitik bestand, schwand dahin, so daß auch die »Zukunft« schließlich von Harden aufgegeben wurde. Er arbeitete jetzt

Kaiser Wilhelm II.
in der Prachtuni-
form der Garde-
kürassiere und
seine junge Frau
Auguste Viktoria.

an den Zeitschriften anderer mit. Aber mancherlei berechtigte – und ebensoviel unberechtigte – Enttäuschung hatte den Alternden sehr empfindlich und bitter gemacht, und er zerstritt sich mit fast jeder Redaktion. Die Sensation der indiskretesten Chronik Wilhelms II. und seiner Ära, zu der Harden durch Jahrzehnte alle scharfen Waffen gesammelt hatte, erzielte ein anderer, weit Geringerer: Emil Ludwig. Und obwohl Harden selbst gezögert hatte, die maßgebende geschlossene Monographie Wilhelms II. und des Wilhelminismus zu schreiben, zu der er imstande gewesen wäre wie kein anderer, empfand er diesen Erfolg von Emil Ludwig als eigene Niederlage – so etwa wie ein eitler Mann eifersüchtig ist bei dem Erfolg eines anderen bei einem schönen Mädchen, um das er selbst sich gar nicht ernstlich bemüht hat. Denn eitel war Maximilian Harden – er war mindestens ebenso eitel, wie er für seine Zeit wichtig und bedeutend war. Jetzt wissen wir auch, daß er ein Mann war, der innig und treu geliebt wurde.

Zuletzt noch, in den zwanziger Jahren, hatte der Autor dieses Buches einen Mitarbeitervertrag mit Harden, der schließlich überhaupt kaum noch etwas veröffentlichte, für seine literarische Wochenschrift geschlossen. Er erzählt in seinen Lebenserinnerungen »Die literarische Welt«, wie diese ihm wertvolle Mitarbeiterschaft einzig und allein aufrechtzuerhalten war: indem er bei jedem der ziemlich periodischen Ausbrüche von Indignation und Zorn sofort um Entschuldigung, ja um Verzeihung bat, wie absurd immer der Anlaß war, den Harden zuweilen wählte. Dafür wurde er vor allem belohnt durch die gelegentlichen persönlichen Gespräche, die ganz faszinierend wurden durch Exkursionen Hardens in sein eigenes, zuweilen so interessantes Leben, zum Beispiel seine persönlichen Beziehungen zu Bismarck. Weit mehr noch durch die Beiträge, die Harden schickte, allerdings in einer völlig unleserlichen Handschrift, die zuerst einmal durch seinen eigenen ehemaligen Setzer bei der Druckerei Holten entziffert und gesetzt werden mußten, bevor unsere Redaktion sie in ihre Setzerei schicken konnte. Die Essays sprengten oft jedes Maß einer wenig umfangreichen literarischen Wochenschrift, aber sie enthielten immer Bedeutsames und Interessantes, zuweilen Unvergeßliches, zum Beispiel seinen Versuch einer ganz subjektiven Geschichte des Theaters in der Epoche, da er, Harden selbst, noch dem Theater als führender Theaterkritiker verbunden war.

Auch Alfred Kerrs Ruhm, als der für gewisse intellektuelle Kreise allein

Die Alternative des Berliner Theaters um 1900: (l.) Der alternde Hamburger Otto Brahm und (r.) der junge Österreicher Max Reinhardt.

maßgebende Theaterkritiker in deutscher Sprache, verblaßte ein wenig. Seine leidenschaftliche, ganz persönliche Anteilnahme am Theater, die keine Unparteilichkeit und kaum Objektivität kannte, führte ihn zuweilen, oder doch zumindest zweimal in einer entscheidenden Etappe des deutschen Theaters, auf Irrwege, die ins völlig Ungangbare mündeten.

Als der Schauspieler Max Reinhardt in Berlin ein kleines Theater aufmachte und großen Beifall hatte, fand er und vor allem auch sein Ensemble Kerrs Wohlwollen und Zustimmung. Ein kleines Buch von Kerr, »Neue Schauspielkunst«, das sich im wesentlichen auf die von dem jungen Regisseur Max Reinhardt und seinem besonderen Bühnenstil geformte Schauspielergeneration bezog und diesen »neuen Stil« vor allem an der interessanten Schauspielerin Gertrud Eysoldt, einem jungen Star des Reinhardt-Ensembles, demonstrierte, ist das Dokument dieser kurzen Episode. Hier schimmern auch noch immer unsere eigenen, fast märchenhaft zarten ersten Eindrücke von Reinhardts frühen Inszenierungen durch: »Sommernachtstraum«, »Frühlingserwachen« von Wedekind (mit dem Dichter selbst in einer wichtigen Rolle), »Der Kaufmann von Venedig« etc.

GUSTAV KLIMT
DIE UMARMUNG Aquarell, Karton für den Fries im Palais Stoclet. Wien, Sammlung M. Sigmund Primavesi

PABLO PICASSO
IM WIRTSHAUS LAPIN AGILE
Gemälde, 1904. New York, Schenkung Mr. und Mrs. S. P. Payson.
© Spadem, Paris, und Cosmopress, Genf

Eine der schönsten Aufführungen dieses Jahrhunderts unter Max Reinhardt: Wedekinds »Frühlingserwachen« mit Camilla Eibenschütz (r.) und Alexander Moissi (l.) 1906.

Aber das Blatt wendete sich sofort, als es den Kennern und wohl Kerr
selbst klar wurde, daß fortan Max Reinhardt, und nicht mehr Otto Brahm,
der zukünftige Mann des Berliner Theaters war. Und als nun gar Otto
Brahm, älter und schwächer geworden, an Max Reinhardt eines der großen Theater Berlins abtreten mußte, begann Kerrs hemmungsloser Kampf
gegen Max Reinhardt, der über ein Jahrzehnt dauerte und Reinhardts
glänzendste Regieleistungen ebenso überschattete wie seine zweifelhaften
Bühnensensationen, denen Max Reinhardt ja in der Tat damals, und auch
später noch, nicht abgeneigt war. Alfred Kerr war und blieb der Mann Otto
Brahms, der Mann Ibsens, des jungen und mittleren Gerhart Hauptmann,
der Mann der realistischen Bühne, die nur hie und da durch den gedämpf-
ten bürgerlichen Romantizismus Gerhart Hauptmanns um 1910, etwa in
der »Versunkenen Glocke«, dem »Armen Heinrich«, »Und Pippa tanzt«,
unterbrochen werden durfte. Alles, was Reinhardt tat, blieb für Kerr,
daran gemessen, preziös, versnobt und parvenühaft, artverwandt dem
neuen pompösen Wilhelminismus der Reichshauptstadt, der bis in die

Margarete Hauptmann, der junge Benvenuto und Gerhart Hauptmann (l.). Der revolutionäre Dramatiker der nächsten Generation, Frank Wedekind (r.), eilt hochelegant, mit Frackmantel und Bowlerhat, und mit seiner schönen jungen Frau Tilly zu einer Aufführung in Reinhardts »Deutsches Theater«.

zweifelhaften Vergnügungspaläste der »Friedrichstadt«, im Zentrum Berlins, tatsächlich den älteren, guten preußischen Stil verdarb, da wo nach dem Tode Schinkels noch immer ein wenigstens würdevoller klassizistischer oder romantischer Historismus der offiziellen Bauten und wenigen Denkmäler im Stadtbild den Ton angegeben hatte.

Wenn der protzige Stil etwa des neuen »Palais de danse« ebenso wie die Siegesallee das Stadtbild des älteren Berlin verschandelte, so hielt es der Kultur-, Dramen- und Theaterkritiker Alfred Kerr für seine heilige Sendung, die Parallele herauszuarbeiten und anzuprangern zwischen Max Reinhardts »Großem Schauspielhaus«, einem ehemaligen riesigen Zirkusgebäude, das später der pseudomoderne Architekt Hans Poelzig in einem ganz abscheulichen grottenhaften Jugendstil ausbaute, und dem offenbaren prahlerischen Talmikitsch des »Palais de danse« oder der Siegesallee. – Die zweifelhafte Expansionssucht Reinhardts, diese Vorliebe für das Überdimensionale, machte auch seine ehrlichen kritischen Anhänger, wie zum Beispiel den namhaften Theaterkritiker Siegfried Jacobsohn, stutzig.

Aber die beiden Kultur- und Kunsterscheinungen waren dennoch ganz

Gorkis »Nachtasyl« (oben), einer der frühesten großen Regieerfolge Max Reinhardts mit ihm selbst als Darsteller. Und (unten) eine frühe Berliner Aufführung von Gerhart Hauptmanns »Die Weber« vor 1900.

inkommensurabel. Der wilhelminische Kitsch war und blieb immer derselbe, ob es sich nun um eine Art Riesenbordell in der Friedrichstadt handelte oder um ein Riesenstandbild für den verstorbenen »eisernen Kanzler«. Doch Max Reinhardt verfeinerte sich sehr. Zwar seine Großmannssucht blieb, unterstützt von dem Geschäftstalent seines Bruders Edmund – zuzeiten kontrollierte er fünf große Berliner Bühnen, also praktisch das Berliner Theaterleben überhaupt –, aber im Deutschen Theater und in den Kammerspielen gab es so musikalische, feine, bis ins Atmosphärische ausgearbeitete Inszenierungen wie Maeterlincks »Aglavaine und Selisette«, Knut Hamsuns »Vom Teufel geholt« und später zum Beispiel Hofmannsthals »Der Schwierige« oder Galsworthys »Loyalties« mit Ernst Deutsch und Helene Thimig in den Hauptrollen.

Schließlich fand Reinhardt auch, nach vielerlei Experimenten – von Äschylos und Sophokles bis Gerhart Hauptmann und Fritz von Unruh –, seinen Stil für das Große Schauspielhaus, das schwer wie Blei an seinen Füßen hing, in der gehobenen »Show«, in dem witzigen englischen Singspiel »Der Mikado« von Gilbert und Sullivan, und in »Hoffmanns Erzählungen« mit großen, weit wirkenden Stars wie dem unvergleichlichen Max Pallenberg und der ausgezeichneten berühmten Sängerin Jarmila Novotna. Der technische Apparat war ungeheuer und zuweilen auch sehr wirksam für seine Zeit, aber feinere Hintergründe, etwa von »Hoffmanns Erzählungen«, gingen doch verloren.

Doch die grundsätzliche Ablehnung Max Reinhardts, wie Kerr sie viele Jahre lang betrieben hatte, ließ sich schließlich nicht mehr halten. Als Kerr vom Scherlschen »Tag« in Mosses und Theodor Wolffs »Berliner Tageblatt« hinüberwechselte – mit einem Stargehalt, wie man sich in Berlin erzählte –, wurde auch seine Kritik an Max Reinhardt zusehends milder. Böse Zungen behaupteten, daß das eine geheime Vertragsbedingung bei seinem Übergang zu Theodor Wolff gewesen wäre.

Davon kann bei Kerr keine Rede sein. Er war für Bestechungen irgendwelcher Art von außen her völlig unzugänglich und nur korrumpiert durch seinen eigenen Eigensinn, der einen begangenen Fehler nie zugeben wollte.

Der Theater-Expressionismus um 1920 fand in Kerr einen immer mißvergnügteren kritischen Beobachter – mit einer Ausnahme: er schätzte den in der Tat liebenswerten Expressionisten und Menschen Ernst Toller. – Doch inzwischen hatte sich der Berliner publizistische Hintergrund völlig verändert.

Alfred Kerr, der große Theaterkritiker und Lebensgenießer: im Stil der Zeit hatte er (wie vor ihm Ferdinand Lassalle) seine orientalische Raucherecke. Der Baldachin, unter dem er sitzt, kann auch symbolisch gedeutet werden: er fühlte sich als Kalif.

Unter den Expressionisten, die Kerr mit mehr oder weniger beißendem Witz abgelehnt hatte – obwohl die ganze Bewegung doch zum guten Teil auf die von ihm 1910 propagierte »Großstadtlyrik« zurückging –, war auch der hochbegabte, zuweilen geniale junge Bert Brecht. Er fand einen unbedingten publizistischen Advokaten in dem namhaften Kritiker des »Berliner Börsencourier« Herbert Ihering. Ihering griff Alfred Kerr frontal an, und seine Bedeutung wuchs um so mehr, da Brecht (und der Komponist Weill) mit der »Dreigroschenoper« einen der größten Theatererfolge der Weimarer Republik erzielte, einen Erfolg, der alle anderen bedeutenden Dramatiker des ehemaligen Expressionismus – etwa Karl Sternheim mit seinen oft brillanten satirischen Komödien oder Georg Kaiser, einen kalten, aber virtuosen Dramatiker auf dem eigentlich irrationalen Gebiet des expressionistischen Theaters – hinter sich ließ.

Herbert Ihering war nicht nur der bedeutendste kritische Gegenspieler Kerrs, sondern auch sein genaues Gegenteil. Wenn Kerr blendend, temperamentvoll, aggressiv, aber immer ganz persönlich auftrat, wenig besorgt um objektive Argumente, war Ihering kühl, gründlich, zum Theoretischen geneigt, eine systematische, nicht eine brillante Figur, aber sehr ernst – und nicht nur klug, sondern auch geschickt in seinem Urteil. Übrigens auch er ein harter Parteimann wie Kerr. Ihering landete schon vor 1933 bei der Kommunistischen Partei wie Bert Brecht. Der ganze jahrelange Konflikt zwischen Kerr und Ihering führte schließlich zu einer sehr einfachen Alternative, die jeder jüngere Dramatiker, der in Berlin aufgeführt wurde, in Kauf zu nehmen hatte: wer von Herbert Ihering besonders gelobt wurde, hatte wenig Chancen, die Gunst Alfred Kerrs zu finden, und umgekehrt. Und diese beiden Stimmen gaben nun den Ausschlag in der großen Theaterstadt Berlin, die vielleicht die bedeutendste und interessanteste Europas wurde. Oder wie Ernst Toller es einmal in einem Gespräch mit dem Autor formulierte: »Es ist ja sehr schön, von Kerr gelobt zu werden, aber überaus unangenehm, von Ihering immer wieder verrissen zu werden.« Von dieser Alternative gab es in der Tat nur wenige Ausnahmen.

Der Wiener Satiriker Karl Kraus, der vermutlich immer wachsenden Wert legte auf eine Erhöhung der Berliner Auflage seiner bekannten Wiener satirischen Zeitschrift »Die Fackel«, schien augenscheinlich um 1925 entschlossen, einen großen Alfred-Kerr-Skandal in Berlin zu entfachen. Er war einmal ein glühender Verehrer Kerrs gewesen, wie er ein glühender Verehrer Maximilian Hardens gewesen war. Von beiden war er längst abgefallen und hatte sie mit seiner durch keine Bedenken publizistischer oder ziviler Art gehemmten Schärfe angegriffen. Seine Feindschaft mit Kerr ging noch auf die Affäre Jagow, also Jahrzehnte zurück. Nun gab es plötzlich einen »Fall Alfred Kerr«, dem Kraus ganze Nummern seiner Zeitschrift bis zum Umfang eines Buches opferte. Die Grundlage des Angriffs gaben ein paar allerdings recht brutale Kriegsgedichte her, die Alfred Kerr am Anfang des Ersten Weltkriegs, also 1914, im »Tag« veröffentlicht hatte.

Aber ein Mann wie Kerr war nicht zu stürzen, weder durch die außerordentlich versierte Skandaltechnik eines geschickten und zuweilen genialen Satirikers noch durch das Labyrinth unhaltbarer Kritiken, in das er selbst sich allmählich verrannt hatte, und gewiß nicht durch die Angriffe eines noch so klugen und gründlichen Kritikers wie Herbert Ihering. Es zeigte sich, daß seine Originalität, seine unnachahmliche Verve ihn trotz allem trug und hielt.

Die junge Tilla Durieux (o. l.), die zum erstenmal in Vertretung der Gertrud Eysoldt Oscar Wildes »Salome« spielte. Ernst Deutsch (o. r.), einer der bedeutendsten Schauspieler der Epoche; Lucie Höflich und Else Heims (u. l.) in der unvergeßlichen ersten Inszenierung des »Sommernachtstraum« durch Max Reinhardt 1906. Albert Bassermann (u. r.) als »Nathan der Weise«, der ebenso wie Ernst Deutsch dem deutschen Theater 1933 verlorenging.

Doch Berlin hörte allmählich auf, die große Theaterstadt Europas zu sein. Max Reinhardt wagte fast nur noch Konversationsstücke, und auch die deutschen Dramatiker brachten nichts Überragendes mehr hervor. Der letzte große literarische Erfolg vor 1933, Ferdinand Bruckners »Verbrecher«, stand neben der »Dreigroschenoper«. Die Nazis übernahmen 1933 die große Theaterstadt Berlin nicht mehr in ihrem Glanz; und obwohl sie viel Geld aufwendeten und nicht immer ungeschickt operierten, erreichte Berlin nie wieder diese Gipfelbedeutung.

Nach einem langen Exil starb Alfred Kerr in Hamburg. Er konnte sich glücklich fühlen, ehe der nächtliche Schlaganfall im »Hotel Atlantic« ihn niederwarf. Das Foreign Office, das durch seine German Section sehr gut informiert war, hatte den berühmten Emigranten, neuerdings auch englischen Staatsbürger, zu einer Studienreise in die Theater der neuen Bundesrepublik eingeladen. Jede publizistische Machtposition hätte ihm jetzt wieder offengestanden, wenn sein hohes Alter ihm erlaubt hätte, sie einzunehmen, und wenn nicht schließlich der Tod interveniert hätte. Mit ihm starb einer der interessantesten Repräsentanten der Epoche des Glanzes, die er um Jahrzehnte überlebt hatte. Bundesdeutsche Redakteure und Vertreter der Britischen Kontrollkommission trugen den Sarg des großen Mannes, der mit der britischen Flagge bedeckt war, nach einer Trauerfeier, bei der Eugen Jochum Beethoven dirigiert hatte, durch die Hamburger Musikhalle hinaus auf das britische Militär-Lorry, das ihn zum Ohlsdorfer Krematorium brachte.

Karl Kraus, zuletzt sein schärfster und brutalster Gegner, war vielleicht das kompletteste Exempel der rein individuellen Publizistik um 1910, mit ihrer magnetischen Anziehungskraft, aber auch mit allen Untugenden rechthaberischen Machthungers, der Skrupellosigkeit, des Verrates hinter einer glänzenden sprachlichen Außenfront und einer quantitativ fast übermenschlichen Leistung. Den Titel seines satirischen Organs, »Die Fackel«, und zunächst auch die ganze drucktechnische Aufmachung hatte er der alten »Lanterne« des Pariser Satirikers Henri de Rochefort nachgeahmt, und ebenso eine Sorte von Satire und Polemik, die vor keiner Grenze der Fairness und des menschlichen Taktes haltmachte und der keine publizistische Waffe zu schlecht war.

»Die Fackel« war zunächst, als sie in den neunziger Jahren des 19. Jahrhunderts gegründet wurde, ein recht bedenkenloses lokales Wiener Skandalblatt. Durch Korruptionsbeschuldigungen gegen den bekanntesten Wiener Kritiker, Hermann Bahr, und andere Personen des öffentlichen Wiener Lebens versuchte Kraus zunächst von sich reden zu machen. Er verlor einen großen Strafprozeß und mußte sich mehrfach zu Rückziehern bequemen. Das schadete einem Organ von der damaligen publizistischen Qualität der »Fackel« freilich nicht im geringsten. Aber er versäumte keine Gelegenheit, über den rein lokalen Charakter der »Fackel« hinauszukommen. Eine solche Gelegenheit bot das Revisionsverfahren in Rennes gegen den Hauptmann des französischen Generalstabs, Dreyfus, von dem wir schon gesprochen haben.

Karl Kraus' publizistische Intervention gegen Dreyfus war vermutlich nicht bona fide unternommen. Wenn er und sein Mitarbeiter, der alte Wilhelm Liebknecht, sich in die Front der französischen Antisemiten, Kriegshetzer und Militaristen einreihten und die »Dreyfusards« – die publizistischen Verteidiger des unschuldigen Dreyfus, darunter Männer wie Emile Zola, den damaligen Journalisten und späteren Ministerpräsidenten Clemenceau, den Dichter Péguy, den großen Erzähler Anatole France – als eine unbedeutende, reklamesüchtige Clique angriffen, so konnten sie unmöglich ein reines Gewissen haben. Bei dem Revisionsprozeß in Rennes, den Kraus zum Anlaß nahm, war bestimmt schon eine große Majorität der Zeitungsleser in aller Welt von der Unschuld des Angeklagten überzeugt. Belastende Dokumente waren zum Teil als Fälschungen aufgedeckt worden. Aber weder Liebknecht noch Karl Kraus hatten irgendwelche Dokumente und Aktenstücke studiert oder kannten Tatbestände, die ihnen das Recht gaben, gegen dieses offenkundig schuldlose Opfer der Justiz aufzutreten. Sie beriefen sich nur immer wieder darauf, daß doch eine solche Zahl von Generälen und hohen Offizieren unmöglich zweimal ein falsches Verdammungsurteil hatte fällen können.

Aber was Karl Kraus zu diesem Husarenritt veranlaßte, war nicht nur seine Tendenz, Harden nachzuahmen, nicht nur ein neuer Versuch, durch eine überraschende Sensation die Publizität der »Fackel« um jeden Preis zu verstärken, es war das Einschwenken in die Richtung des neu auflebenden Antisemitismus in Wien. – Zwei Jahre vor dem Revisionsprozeß von Rennes und den Angriffen der »Fackel« gegen Dreyfus war der »christlich-soziale« und antisemitische Demagoge Karl Lueger nach langem Widerstand des Kaisers Franz Joseph von diesem als Bürgermeister von Wien bestätigt worden. Die Wendung zum Antisemitismus wurde nun sehr deutlich spürbar, nicht nur in den niederen Schichten, die längst antisemitisch gewesen waren, sondern jetzt auch ganz offiziell und offen. Es war freilich eine echt wienerische Art von Antisemitismus, noch nicht die mörderische Hitlersche Art, die die Wiener fast fünfzig Jahre später auch noch perfekt lernen sollten.

Damals hatten kluge Juden noch beträchtliche Möglichkeiten des Ausweichens. Da die Partei sich immerhin »christlich« nannte, konnte sie ihre Haßdemagogie nicht offen auf getaufte Juden ausdehnen. Genau im Jahre der Ernennung Luegers war auch der große Komponist und getaufte Jude Gustav Mahler Direktor der k. k. Hofoper in Wien geworden und blieb es volle zehn Jahre, trotz aller Angriffe.

Wiener Juden konnten sogar bis zu einem gewissen Grade Antisemiten werden, und das war der Weg, den die »Fackel« öfters ging. Sie veröffentlichte zum Beispiel einen scharf antisemitischen Artikel des polnischen Dichters Przybyszewski, und unter ihren wenigen Mitarbeitern war der prominente antisemitische Schriftsteller H. St. Chamberlain, ein Schwiegersohn Richard Wagners, dessen »Grundlagen des 19. Jahrhunderts« die Lektüre des »gebildeten« Antisemiten waren.

Die erste Nummer von Karl Kraus' satirischer Wiener Zeitschrift »Die Fackel« (l.), Karl Kraus von Kokoschka (r.), Lithographie.

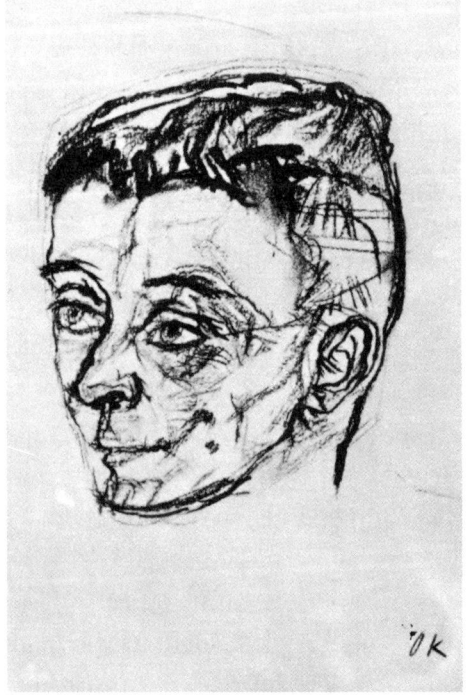

Gustav Mahler (l.), Komponist und Direktor der k. k. Hofoper. Otto Weininger (r.), antisemitischer und antifeministischer Philosoph der Epoche, der als antisemitischer Jude durch Selbstmord endete.

Diese seltsame, ganz befremdliche Freiheit, Jude und doch aktiver Antisemit zu sein, gipfelte in dem paradoxen psychologisch-kritischen Werk des jungen Wiener Philosophen Otto Weininger »Geschlecht und Charakter«, in dem er dem Juden schlechtweg jede ethische Existenz absprach. Weininger freilich zog aus seinen eigenen Schlußfolgerungen als Jude die einzig mögliche Konsequenz: er beging Selbstmord.

Sehr bald darauf taucht der Name Otto Weininger an prominenter Stelle in der »Fackel« auf. Und was weit mehr ist, Karl Kraus machte den sexual-psychologischen Kern dieses Werkes zu seiner eigenen Grundanschauung, auf der alle seine darauffolgenden Artikel und Aphorismen über »das Weib« ruhten, die in den nächsten Jahren reichlich in der »Fackel« erschienen. Die zahlreichen Artikel der »Fackel« über Skandale, Strafprozesse, Verbrechen aller Art, bei denen eine Frau oder vielmehr »das Weib« im Mittelpunkt stand, waren auf diesen Sexualtheorien aufgebaut. Und solche Skandale, Prozesse, Verbrechen gab es damals in beträchtlichen Mengen.

Doch bald bot sich ihm ein weiteres Feld, nicht minder skandalös, nicht minder pikant, und doch von echter zeitgeschichtlicher, kulturgeschichtlicher und psychologischer Wichtigkeit: Die Emanzipation der Frau schritt voran und hatte sich dabei auf einem Seitenweg verlaufen. Ibsen hatte sich in seinem Drama »Nora«, vielleicht seinem berühmtesten und wirksamsten Drama, freilich für die uneingeschränkte seelische Freiheit und Selbstbestimmung der Frau eingesetzt — aber er sprach nicht von der politischen Freiheit. Die führenden Sexualdichter und Sexualphilosophen der Zeit — wir verwenden diese Begriffe in einem rein geistigen und keineswegs herabsetzenden Sinn —, ein Strindberg, ein Otto Weininger, ein Frank Wedekind, gingen einen ganz anderen Weg. Sie stellten sich scharf gegen die politische und soziale Emanzipation der Frau (Strindberg nannte seinen norwegischen Fast-Mitbürger Ibsen verächtlich einen Weiberknecht), aber sie behaupteten und bestaunten, bewunderten oder haßten, je nachdem, eine angebliche grenzenlose Pan-Sexualität der Frau, die ganz verschieden sei von der des Mannes und einerseits an das Dämonische, andererseits aber an das Animalische grenze und die menschlichen und ethischen Elemente im weiblichen Wesen so gut wie ganz absorbiere. Über all das wird in diesem Buch in anderem Zusammenhang noch ausführlich zu sprechen sein.

Der junge Karl Kraus war ein großer Bewunderer Wedekinds, dessen »Büchse der Pandora« er als erster um 1910 aufzuführen wagte — natürlich nur vor einem geladenen Wiener Publikum, an eine öffentliche Aufführung war damals gar nicht zu denken. Für seine aphoristische Philosophie, deren Geist dann auch in seine größeren »Fackel«-Aufsätze einging, war die Frau auch wesentlich ein sexuelles Wesen, in geistesproduktiver und ethischer Hinsicht eigentlich nichts als ein leerer Raum, eine bloße Möglichkeit, die nur auf die Erlösung durch den produktiven Geist des Mannes wartet, den sie selbst durch ihre Erotik entflammt und produktiv macht. Er war also, was Politik betraf, im Sinne der »Frauenrechtler« ein völliger Reaktionär. Er verspottete diese Kämpfer um die Gleichberechtigung der Frau — aber mit Wedekind, und im Gegensatz zu dem Frauenhasser Strindberg, verteidigte er das Recht der Frau, über ihren Körper frei zu verfügen, auch noch im Sinne eines sexuellen Anarchismus. Treue oder Loyalität der Frau hatten in diesem Weltbild keinen Platz.

Er hatte, im Stadium einer halben Emanzipation der Frau, damals reichlich Gelegenheit, in einigen weithin skandalösen Fällen, namentlich in den

»Dämon Weib«, das Zeitthema, wie es Franz v. Stuck sah, einer der berühmtesten
Maler der Epoche aus der älteren Schule.

höchsten Gesellschaftsschichten, als ihr geistiger Advokat aufzutreten und gleichzeitig der chronischen Sensationssucht seiner Zeitschrift zu dienen. Aber er vertrat auch die kleine, schutzlose Prostituierte in ihrem Recht auf Menschlichkeit, auf menschliche Behandlung, die es damals für sie kaum gab, und sogar die Bordellmutter in ihrem Recht auf ein gewisses Maß von Korruption innerhalb der riesenhaften moralischen Korruption, namentlich in der k. k. Polizei. In dieser Atmosphäre entstand damals auch eines der wenigen echten Meisterwerke der sekretierten Pornographie, der Wiener Dirnenroman »Josephine Mutzenbacher«, der leider auch heute noch nicht, und vermutlich niemals, der Öffentlichkeit vorgelegt werden kann. In seiner unerschrockenen Kraßheit und Wahrhaftigkeit ist er gar nicht zu vergleichen mit gewissen relativ farblosen und optimistischen Dirnenromanen des »Galanten Zeitalters«, etwa mit der amüsanten und gar nicht schlecht geschriebenen »Fanny Hill«, die heutzutage eine Auferstehung auf breitester verlegerischer Basis im amerikanischen Taschenbuch feiert und auch in Deutschland in mehreren Ausgaben vorliegt – vielmehr nur zu messen an einigen echten Meisterwerken der graphischen Künste, den graphischen Darstellungen der Trostlosigkeit und Apathie des stumpfen, praktisch rechtlosen Lebens im Bordell von Edgar Degas und Henri de Toulouse-Lautrec, im Pariser Milieu, und etwa derselben Epoche angehörend wie Wedekind und Kraus. Wenn man diese vollgültigen Zeitdokumente betrachtet, kann man die ganze Distanz ermessen zu einem gewiß feinen, eleganten, höchst witzigen erotischen Buch ähnlicher Art in beiläufig derselben Periode, Arthur Schnitzlers »Reigen«, das sehr viel Material zu gutbürgerlichem Schmunzeln, aber sehr wenig zur Wahrheit der sozialen Hintergründe bringt. In der belletristischen Literatur war nur ein Genie der Belletristik, Guy de Maupassant, imstande, nichts von den Härten und Finsternissen des Milieus aufzugeben, aber diese in das Seiden- und Silberpapier der Konvention so geschickt einzuwickeln, daß er bei der Polizei und den Strafgerichtshöfen nicht auffiel. Doch diese Novellen – denn von seinen Novellen allein sprechen wir hier –, gewiß die geistigen Ahnen eines Toulouse-Lautrec, liegen zeitlich doch etwas zurück.

Die Frauenemanzipation als politische Erscheinung fand bei uns nur wenig Unterstützung in den höchsten geistigen und künstlerischen Kreisen. Selbst noch in den zwanziger Jahren, als diese politische Bewegung sich schon so gut wie allgemein durchgesetzt hatte, wurde sie von einer Frau, die viel-

Henri de Toulouse-Lautrec, der das Leben in den Pariser Bordellen illusionslos malte, mit einem seiner Modelle aus diesem Milieu.

leicht die besten erotischen Romane der Belle Epoque schrieb, von der französischen Dichterin Colette, auf das heftigste attackiert, und zwar mit Argumenten, die denen von Weininger, Strindberg und Karl Kraus sehr ähnlich waren.

Die seelische, körperliche und schließlich die politische Emanzipation der Frau war ein langwieriger Prozeß mit mancherlei Rückschlägen. Es waren die Frauen selbst, die nicht immer so sicher waren, daß sie die freie Verfügung über ihren Körper und ihr ganzes Leben wirklich haben wollten. Was die politische Seite dieser Freiheit betraf, so hatte auch sie ihre individuellen Episoden weit ab von irgendwelchen echten revolutionären Absichten.

Der junge König Ludwig II. von Bayern (r.) und seine ihm nie angetraute Verlobte, Herzogin Sophie in Bayern (l.), die spätere Herzogin v. Alençon, die Schwester der Kaiserin Elisabeth von Österreich, Königin von Ungarn.

Kraus schrieb seine Satiren dazu und veröffentlichte diese und verwandte Darstellungen in einem Sammelband »Sittlichkeit und Kriminalität«, der im Rahmen seiner Gesammelten Werke erschien und auch heute noch lesenswert ist. Hauptthemen, die Karl Kraus in der »Fackel« behandelte, waren die Skandale in Hofkreisen, wie zum Beispiel der um die sächsische Kronprinzessin und um eine Coburger Prinzessin. Die Kronprinzessin von Sachsen hatte, nach Lösung ihrer Ehe, den Musiker Enrico Toselli geheiratet, und es wurden ihr auch noch Beziehungen zu anderen Männern nachgesagt, und die Prinzessin von Sachsen-Coburg-Gotha entwich mit einem Oberleutnant Mattassich dem höfischen Zwang und der Ehe. Die beiden waren sicherlich keine heroischen Figuren, aber sie versuchten sich ihr Leben nach ihrem eigenen Willen und ihren eigenen legitimen Trieben einzurichten – und so wurden auch die »Fälle« von Karl Kraus behandelt.

Aber diesen offenen, in der Presse offen gemeldeten und besprochenen Skandalen ging eine sehr ähnliche Ehetragödie voraus, deren Einzelheiten lange verborgen blieben – so lange, wie es im monarchistischen

August Macke
Dame in grüner Jacke
Gemälde, 1913. Köln, Wallraf-Richartz-Museum

König Ludwig II. von Bayern mit seinem Privatdampfschiff am Starnberger See vor dem Schloß Berg.

Österreich möglich war, und das heißt fast bis zum Ende der Monarchie —: die Tragödie der Herzogin Sophie von Alençon, geborenen Prinzessin in Bayern, einer Schwester der Kaiserin Elisabeth von Österreich, der Gemahlin Franz Josephs I.

Alle Verwirrungen, alles Unglück dieses tragischen Lebens läßt sich verstehen, wenn man das entscheidende Jugenderlebnis dieses hübschen Mädchens bedenkt. Sie wurde verlobt mit dem jungen, schönen und glänzenden König Ludwig II. von Bayern, ihrem Vetter, der damals von Frauen geradezu umschwärmt war. Sie hätte sehr glücklich sein können — aber sie war es nicht.

Wir wissen nicht, inwiefern sich schon damals in dem jungen König Symptome seines späteren, zweifellos nicht ganz normalen Geisteszustandes zeigten. Als Bräutigam war er gewiß exzentrisch, und das in einem Maß, das ihn für ein junges Mädchen von bescheidenem Auftreten und nur allzu normaler Glückserwartung ganz unerträglich machen konnte. Er überschüttete sie mit Blumen und Briefen, aber sie hatte sich und ihr ganzes Leben ganz und gar auf ihn einzustellen. Oft fuhr er tief in der Nacht un-

HENRI ROUSSEAU
EIN ABEND IM KARNEVAL
Gemälde, 1886. New York, Collection Louis E. Stern

Ein frostiges Verlobungsphoto von Ludwig II. von Bayern und der Herzogin Sophie, das im Publikum verbreitet wurde. Trotz der gespielten kühnen Haltung des königlichen Bräutigams sollte diese Verlobung beiden nur Unglück bringen.

erwartet an dem Schloß am Starnberger See vor in einer seiner silbernen oder goldenen Phantasiekutschen oder im Märchenschlitten mit Fackeln und Vorreitern. Dann hatte das junge Mädchen, das schon schlief, aufzu-

Medaillon, das zu diesem Anlaß geprägt und bald wieder eingeschmolzen wurde.

Kaiserin und Königin Elisabeth, eine der besten Reiterinnen, im Milieu ihrer Heimat
Possenhofen am Starnberger See.

stehen, sich in Hoftracht zu kleiden und ihm unten im Salon Gesellschaft zu leisten. Seine leidenschaftliche, aber offenbar hysterisch gefärbte Anbetung von Richard Wagner und seiner Musik teilte sie nicht und war auch nicht imstande, sie zu simulieren.

Aber das alles war nicht ausschlaggebend. In dem Bräutigam spielte sich ohne Zweifel eine schwere seelische Krise ab. Je näher die Hochzeit rückte, desto klarer wurde es ihm, daß er niemals imstande sein würde, diese Ehe so zu führen, wie es nicht nur die Natur, sondern auch die katholische Kirche und die Staatsräson von ihm erwarteten. Er war sich seiner Homosexualität bewußt geworden, deren sinnlichem Verlangen er vielleicht schon vorher, gewiß aber später, wie seine Tagebücher zeigen, durch Onanie abzuwehren suchte, die aber in ihm die heftigsten Gewissensqualen weckte. In den letzten Jahren betätigte er sich schließlich auf dem üblichen Wege, und die Befürchtung am Wittelsbacher Hof, daß irgend etwas von diesen Vorgängen in die Öffentlichkeit dringen könnte, war es wohl vor allem, was dann zu seiner zwangsweisen Internierung und Absetzung und schließlich zu der Tragödie am Starnberger See, dem Mord am Irrenarzt und dem Selbstmord führte.

Die Vermählung betrieb er zuweilen mit einer nervösen Hast und Übereile, dann wieder wich er angstvoll zurück. Das Datum der Hochzeit wurde wieder und wieder verschoben, und schließlich, nach Intervention ihres herzoglichen Vaters, wurde die Verlobung aufgehoben. Der königliche Bräutigam geriet in einen unbeschreiblichen, fast tobsüchtigen Zustand. Jähzornig warf er die Büste der Braut, die in einem seiner Privatgemächer stand, aus dem Fenster der Residenz auf das Straßenpflaster, wo sie zerschellte, vernichtete ihre Porträts und Photographien und ließ die Gedenkmünzen, die in Erwartung der nahen Hochzeit schon geprägt waren, einschmelzen. Mit diesem Erlebnis begann seine am Ende ganz pathologische Menschenscheu.

Welch niederschmetternden Eindruck alle diese ihr rätselhaften Vorgänge auf das junge, unschuldige Mädchen machten, läßt sich nur ahnen. Es konnten ihr natürlich keine annähernd zureichenden Erklärungen gegeben werden. Zu ihrer ratlosen Verwirrung kam noch ihre fatale Lage als »entlobte Braut« hinzu, die damals allgemein als degradiert galt und nur schwer einen zweiten ehewilligen Mann fand. Und so griff sie zu, als ein zweiter Freier auftauchte, der noch dazu ebenbürtig war: der Herzog von Alençon, ein naher Verwandter des Hauses Bourbon. Aber auch diese

Kaiserin Elisabeth in reifen Jahren, geliebt vor allem von den Ungarn als ihre Königin, und der »schöne Graf Andrassy«, ungarischer Politiker, der vom Klatsch oft als ihr Liebhaber bezeichnet wurde.

Ehe blieb nicht glücklich. Sophie machte einen schwachen Versuch, ihre persönliche Unabhängigkeit zu wahren, als sie sich in einen gebildeten bürgerlichen Mann leidenschaftlich verliebte, aber sie hatte nicht die eiserne Energie ihrer kaiserlichen Schwester, die sich diese persönliche Unabhängigkeit in immer wachsendem Maße erwarb, was ihr freilich durch die Liebe, Galanterie und Freigebigkeit ihres Gatten, des Kaisers Franz Joseph, erleichtert wurde. Die Kaiserin erschien schließlich kaum noch am Wiener Hof, sondern war dauernd auf Reisen, machte in Schottland die großen Parforcejagden mit, segelte im Mittelmeer oder hielt sich in ihrem Sommerpalast Achilleion auf Korfu für kürzere oder längere Zeit auf, immer begleitet von ihrem kleinen Hofstaat, zu dem auch ihre Lieblingskuh gehörte. Nur die Milch dieser Kuh, glaubte sie, könne sie genießen. – Wie sie sich und ob sie sich überhaupt ihr erotisches Leben in dieser relativen, aber doch recht weitgehenden Unabhängigkeit gestaltete, ließe sich nur durch vage Gerüchte beantworten, für deren Richtigkeit es keinen Beweis gibt. Immer wieder wurde sie mit dem Grafen Andrassy in Ver-

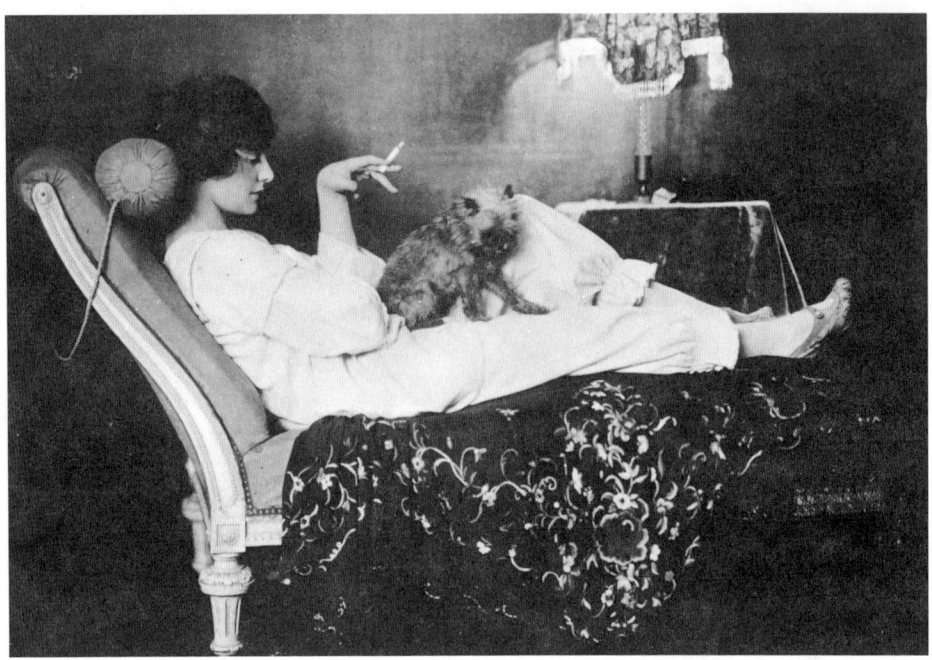

Die emanzipierten Damen um 1900 beginnen Zigaretten zu rauchen, während früher nicht einmal in ihrer Anwesenheit geraucht werden durfte (l. o. in der Wirklichkeit, r. o. in der schwülen Phantasie des Malers Hans Makart).

In einem populären Wiener Vergnügungslokal (l. u.) wird 1896 Johann Strauß d. J. gespielt. Der beliebte Stimmungsball der »feschen Wiener Waschermadeln« (1897), (r. u.) Phantasiebild.

Zu seinem 60. Regierungsjubiläum 1908 empfängt Kaiser Franz Joseph I. im Marie-
Antoinette-Kabinett in Schönbrunn die deutschen Landesfürsten mit Kaiser Wilhelm II.
an der Spitze.

bindung gebracht, einem glänzenden, galanten Aristokraten, der sie feurig
verehrte – und zwar nicht ohne einen offenbar tiefen Eindruck zu machen.
Verliebt auf eine fast mädchenhafte Art war sie auch eine Zeitlang in
einen schottischen Captain, der das Amt als ihr »Pilot« bei den schottischen Treibjagden innehatte, und auch ihr griechischer Vorleser Christo-
manos d. J. wurde vom Klatsch unter ihre Liebhaber gezählt. Wahr ist
dagegen, daß sie ganz vorurteilslos die Freundschaft zwischen ihrem kaiserlichen Gemahl und der hübschen, urwüchsigen, sympathisch-einfachen,
jungen Burgschauspielerin Katharina Schratt selbst arrangiert hat – eine
Freundschaft oder Liebschaft, die bis zum Tode des Kaisers dauerte. Auch
dieses Arrangement wurde zuweilen tendenziös ausgelegt, daß sich die
Kaiserin selbst die Tür offenlassen wollte.

Jedenfalls war ihre Schwester Sophie weder so energisch noch so klug
wie Elisabeth. Sie ließ sich schließlich mit Hilfe des prominenten Nerven-
arztes Prof. Forel freiwillig von der Familie und dem Gatten für eine
Zeitlang internieren. Vielleicht fürchtete sie auch im geheimen, wie ihre
kaiserliche Schwester, die angeblich vererbliche Geisteskrankheit der Wittelsbacher (die in Wahrheit wohl von einer Frau aus anderer Dynastie ein-
geschleppt worden war).

Doch so, zwischen Gericht und Nervenarzt, Scheidung und mehr oder weniger freiwilliger Internierung, endeten fast alle Eskapaden liebeshungriger Damen der höchsten Kreise. Dennoch waren sie die Vortruppe auf dem Wege der Frauenemanzipation.

Die Gebrochenheit ihres Lebens spiegelt sich auch im Tod der Herzogin von Alençon. Sie starb bei dem Brand eines Wohltätigkeitsbazars, der durch einen primitiven, mangelhaft gesicherten kinematographischen Vorführungsapparat der Brüder Lumière verursacht wurde. Der Herzogin wurden mehrfach Wege zur Flucht frei gemacht, aber sie wollte den brennenden Saal nicht verlassen, bevor nicht alle jungen Mädchen in Sicherheit waren. Und so starb sie vielleicht den großen heroischen Tod des Altruismus, vielleicht auch nur aus großer Lebensmüdigkeit. Niemand weiß, ob die bewundernden Verse, die der Dichter Stefan George den beiden Schwestern gewidmet hat, die volle historische Wahrheit hinter sich haben.

Aber es gab in derselben Epoche doch noch andere höchst »emanzipierte« junge Mädchen und junge Frauen, die ihr eigenes Leben lebten, ein Jahrzehnt und mehr bevor es gleichsam ein Programmpunkt der Zeit gewor-

Besuch Kaiser Franz Josephs 1889 in Berlin (im Hintergrund Kaiser Wilhelm II. in österreichischer Uniform) und die hübsche und charmante Hofburgschauspielerin Katharina Schratt, von der Kaiserin Elisabeth selbst ausgewählte »Freundin« Kaiser Franz Josephs. Diese Freundschaft währte bis zum Tode des Kaisers, von jedermann in Österreich respektiert.

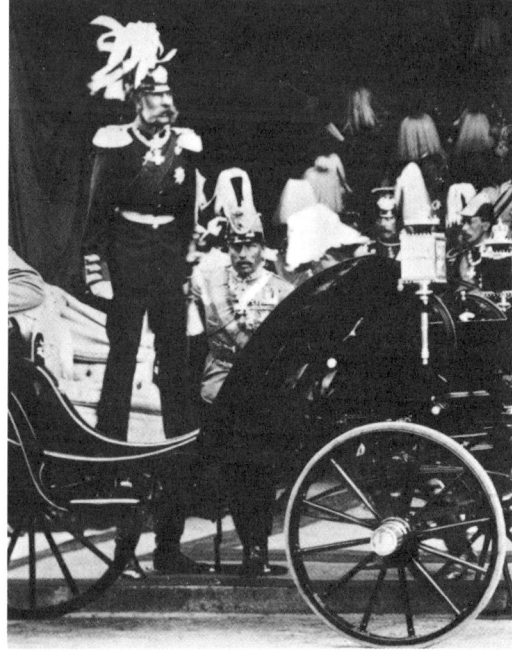

Großes »Théâtre paré« in der k. k. Hofoper zu Ehren des 60jährigen Regierungsjubiläums Franz Josephs. Der Kaiser betritt im Kreise der Erzherzoginnen die Hofloge, bejubelt vom Publikum. Hinter ihm der Erzherzog-Thronfolger Franz Ferdinand von Este.

Die schöne junge Russin Marie Bashkirtseff, reich, mondän, bezaubernd, eine Zeitfigur, von dem jungen Hofmannsthal, Maurice Barrès u. a. bewundert, auch nicht unbegabt als Malerin. Sie starb in jungen Jahren an der Tuberkulose.

den war. Merkwürdigerweise kamen sie meist aus den östlichen europäischen Ländern, deren allgemeines Niveau niedrig war, die aber trotzdem, oder vielleicht gerade deswegen, weibliche Einzelerscheinungen von bemerkenswerter Exzentrik hervorbrachten — was natürlich auch bemerkenswerte finanzielle Mittel voraussetzte.

Eine solche überaus hübsche junge Dame — vielmehr fast noch ein Kind — war die Malerin Marie Bashkirtseff, ein kluges, aber auch schnippisch-

Ein Gemälde der jungen Marie Bashkirtseff, eine Gruppe von Gassenjungen, angekauft von der modernen Staatsgalerie des Palais Luxembourg in Paris.

Zwei berühmte Freunde der Marie Bashkirtseff: (l.) Maurice Barrès, der stark parfü-
mierte »ästhetische« Schriftsteller, der sich dann, mit Charles Maurras, zum literarischen
Führer des französischen extremen Nationalismus entwickelte; und (r.) der geniale Novellenschreiber Guy de Maupassant, mit dem Marie anonym korrespondierte.

schwärmerisches Wesen von großem Ehrgeiz. Sie führte mit dem viel-
beschäftigten, von Frauen umschwärmten Guy de Maupassant einen anonymen Briefwechsel. Ihre Malerei, die sich nicht wesentlich über das
Niveau der Pariser Akademie erhob, hatte doch genügend Qualität, daß
eines ihrer Werke von der damaligen staatlichen Galerie der modernen
Kunst, dem »Luxembourg«, gekauft wurde. Aber es war doch vor allem
ihre schöne Erscheinung, ihre Klugheit und vielleicht die Aura ihrer damals
unheilbaren Krankheit, was auf die Schriftsteller der »ästhetischen Epoche«
so stark wirkte. Der junge Maurice Barrès schrieb über sie unter dem
Titel »Notre dame du sleeping car«, weil sie mit ihrer Mutter so viel
herumreiste, weil der sleeping car eine neue Sache war und weil es damals
»très chic« war, hie und da englische Worte einzustreuen, wie wir durch
Marcel Prousts demimondäne Odette, die spätere Madame Swann wissen.
Der junge Loris (Hofmannsthal) veröffentlichte einen kleinen schönen
Essay über Marie Bashkirtseff. Zuletzt liebte das verwöhnte schnippische
junge Ding sehr ehrlich einen viel älteren, todkranken Maler, Bastien Le-
page. Die beiden Tuberkulösen trösteten einander bis in den Tod. Die
junge Marie gewann den Wettlauf, sie starb vor ihm. – Ihr Tagebuch,

Eine sehr mondäne Pariser Gesellschaft (gemalt von Béraud 1896), wie sie Marcel Proust Jahrzehnte später und bis zu seinem Tod 1922 beschrieb.

Die Russin Lou Andreas-Salomé (l.), Freundin Nietzsches (r.), der sie ein paar Jahre liebte und ihr nachreiste, dann Freundin Rilkes, mit dem sie nach Rußland zu dem großen Leo Tolstoj pilgerte, Geliebte anderer Männer, und zuletzt eine von Sigmund Freud durchaus geschätzte Psychoanalytikerin.

das seinerzeit in zwei Bänden auch deutsch erschienen ist, ebenso wie ihre Korrespondenz mit Maupassant, ist ein unersetzliches Kulturdokument dieser Epoche, die der unsrigen vieles sehr Wesentliches gegeben hat. Die Pointe dieses mondänen, exzentrischen, umschwärmten jungen Geschöpfes ist, daß sie als unberührtes Mädchen gestorben ist.

Eine andere etwas exzentrische weibliche Prominenz aus den höchsten Kreisen Rußlands war Lou Andreas-Salomé, die Tochter des russischen Generals Salomé, die mit Rée, dem Jugendfreund Nietzsches, lebte und herumreiste mit der Vereinbarung, daß keine körperliche Erotik je zwischen ihnen erwachen dürfe. Nietzsche, mit dem sie eine dennoch etwas erotisch gefärbte Episode verband, folgte ihnen, sooft eine Begegnung sich ermöglichen ließ. Sie ist für manche eine Muse Nietzsches, für andere, zum Beispiel für Nietzsches eifersüchtige Schwester, einfach eine Klette. Unsere Epoche um 1910 kannte sie als die von Sigmund Freud geschätzte psychoanalytische Schriftstellerin und als die Reisegefährtin Rilkes nach Moskau und nach Jassnaja Poljana zu Tolstoj.

Sie sind beide frühe, interessante Figuren eines Frauentyps, der sein Leben selbst wählt.

Der Politiker Joseph Caillaux (r.), geschickt, vielleicht allzu geschickt, jedenfalls allzu mitteilsam; und seine zweite Frau (l.), die, um ihn aus den Händen einer Erpresserin, seiner ersten Frau, zu befreien, den Zeitungsmann Calmette erschoß.

Reformbewegungen für die Frauenemanzipation, Frauenvereine und Klubs, auch Frauenkongresse gab es in allen Ländern Europas – und niemand war eifriger in der Reportage über so friedliche Ereignisse als die brave alte »Gartenlaube« – erst die britischen Frauenrechtlerinnen, die »Suffragetten«, sollten andere Saiten aufziehen.

Aber zuweilen tönte auch irgendwo anders ein Revolverschuß, den eine Frau nicht nur aus erotischen, sondern auch aus politischen Gründen abgab. So war es im März 1914 im Falle der zweiten Mme. Caillaux, die den Besitzer und Chefredakteur des »Figaro« Calmette in seinem Büro erschoß, weil er einen politisch sehr kompromittierenden Brief ihres Mannes, der Minister war, veröffentlicht hatte. Diesen Brief, der übrigens ganz alt war, hatte die erste Frau Caillaux dem Chefredakteur verkauft, und angesichts der Rachsucht und Geldgier dieser Frau waren weitere Veröffentlichungen dieser Art zu befürchten. Am 28. Juli 1914 wird die des Mordes angeklagte zweite Mme. Caillaux vom Gericht freigesprochen. – An demselben Tag erklärt Österreich Serbien den Krieg. Eine Welt beginnt zu versinken.

Noch eine andere typische Frauenaffäre wurde damals, 1914, in aller Öffentlichkeit ausgetragen: die Affäre des Hauses Wahnfried in Bayreuth.

Unter den recht zahlreichen Krisen und
Dramen im Leben Richard Wagners war
wohl die entscheidende, daß er seinem
besten Freund und treuesten Anhänger
Hans v. Bülow (l. o.) seine Frau Cosima,
die Tochter Franz Liszts, wegnahm,
eine ehrgeizige Frau, die die Bayreuther Festspiele durchgesetzt hat. (l. u.) Als absolute Herrin des Festspielhauses nach
Wagners Tod geht die uralte Frau zum
letztenmal am Arme ihres Sohnes Siegfried durch die Gassen Bayreuths. R. o.
der Meister selbst, in einem gestickten
kostbaren Schlafrock, wie er sie liebte, mit
seinem Antlitz, gezeichnet von Genie und
großer Härte um den Mund.

Alle drei Kinder, die Richard Wagner mit Cosima hatte, waren im juristischen Sinn illegal, denn Cosima – selbst von unehelicher Abkunft – gebar die drei, Isolde, Eva und Siegfried, bevor die Scheidung von ihrem ersten Mann, Hans von Bülow, ehemals Wagners bestem Freund, rechtskräftig geworden war. Nun, 1913 wurden die Musikdramen Richard Wagners frei, und die Finanzen von »Haus Wahnfried« wankten bedenklich. Am 30. Juni 1913 teilte Siegfried seiner älteren Schwester Isolde (Beidler) mit, daß sie nicht von Wagner abstamme, sondern von Hans von Bülow. Das wäre nur möglich gewesen, wenn Cosima – nun fast achtzig – in einer gewissen Zeit mit beiden Männern intim zusammen gelebt hätte, was von allen Biographen Wagners bisher entrüstet verneint worden war. Auch Richard Wagner selbst hatte Isolde von ihrer Geburt an als sein Kind betrachtet, und Cosima hatte sie immer in diesem Sinn erzogen. Nun nahm die alte, bigott und sehr prüde gewordene Frau die Schande auf sich, um den Finanzen des Hauses aufzuhelfen. Die Affäre wurde später durch einen Vergleich beigelegt, aber sie zeigt, in welchem Zustand des Abbaus sich die alte patriarchalische Familie gerade in den höchsten Kreisen künstlerischer Aristokratie schon befand, welches Ausmaß persönlicher Unabhängigkeit einer Frau von dem Format einer Cosima zugebilligt wurde.

Der Epilog ist eine Tragikomödie: der Kampf der Suffragetten, der mit bisher unerhörten Kampfmethoden geführt wird. Antike Gefäße werden von ihnen im Museum zerschlagen, unschätzbare Gemälde aufgeschlitzt. Eine Suffragette warf sich vor das Pferd König Georgs V. bei einem morgendlichen Spazierritt des Monarchen, um überritten zu werden und einen großen Skandal zu provozieren. Sie kämpften brutal und provozierten Männer, die sie bekämpften, zu Brutalitäten, allen voran Lady Emmeline Pankhurst. Die kämpferischen Demonstrationen der Suffragetten erschütterten ganz London. Und manchem, der diese wilden Straßenszenen miterlebt hat und der mythisch gestimmt ist, mag es als der echte Ausdruck eines mänadenhaften Pandämoniums erschienen sein. Das Resultat dieser wilden Ausbrüche war dann auch der politische Sieg der Frauen im Kampf um die Gleichberechtigung – das absolute Patriarchat hatte, nach einer Herrschaft von einigen Jahrtausenden, abgedankt.

Lady Pankhurst wird bei einer Demonstration der Suffragetten in London verhaftet.

II

DIE ENTDECKUNG EINER REVOLUTION

Die Entdeckung einer Revolution – und zwar der vielleicht größten, entscheidenden, ja einzig wahren Revolution des endenden 19. und beginnenden 20. Jahrhunderts, die in ihrem ganzen Umfang und ihrer ganzen Tiefe noch nie analysiert und beschrieben, kaum erkannt worden ist –, diese fast anonym gebliebene historische Tatsache, die sich in ihrem Wesentlichen gleichsam unterirdisch abspielte, rechtfertigt wohl eine ausführlichere Untersuchung.

Der Vorgang ist nichts Geringeres als das Ende einer Institution, die sich über Jahrtausende zurückerstreckt: die patriarchalische Familie, der patriarchalische Staat, die patriarchalische Welt. Sie ist in knapp zehn Jahren zusammengestürzt. Sie hat viele Etappen gekannt und natürlich auch manche Änderungen erlebt. So hatte im 19. Jahrhundert der Mann nicht mehr das verbriefte Recht, auf einen Verdacht hin, ohne nähere Untersuchung, seine Frau zu töten, aber er hatte noch immer das Recht der körperlichen Züchtigung, wenn sie ihm nicht gehorchte, wie mehr als ein Kupferstich des frühen 19. Jahrhunderts aus dem viktorianischen England zeigt. Er konnte sie natürlich auch anbeten wie ein höheres Wesen, und es war sogar ziemlich üblich, das zu tun. Die sogenannten »Reformen« im Zeitalter der Emanzipation bedeuteten, nach einem letzten Aufbäumen der mythischen Macht der Frau, eine schleichende, aber dauernde Ernüchterung.

Das mythische Schlachtfeld der Entscheidungskämpfe hinterließ weniger äußere Änderungen, als irgend jemand sich hätte vorstellen können. Die von der Frau mitverwaltete Welt sah, zumindest in politischer Hinsicht, nicht wesentlich anders aus als die patriarchalische. Die Brutalisierung der Staatsmaschine und die – bisher – zwei Weltkriege können wir unmöglich auf das Schuldkonto der Frau setzen, aber in den Abgründen und, wenn man so sagen darf, in den Himmeln des Menschenlebens hat sich vieles geändert.

Es sind vor allem Strindbergs frühe Dramen »Die Gläubiger«, »Der

Sarah Bernhardt, Gemälde von Clarin, Paris.

Vater«, »Fräulein Julie« und andere, in denen die Frau die Teufelin ist, die Verführerin und Verderberin, und mit dem »Totentanz« ist die neue Formel Leben geworden, zumindest starkes, grausames, oft hinreißendes Bühnenleben: so entstand die These vom Kampf der Geschlechter, vom Eros als unversöhnlichem Liebeshaß, die vielleicht Nietzsche als erster formulierte, als er Bizets »Carmen« mit der Verzückung des Grauens hörte.

Das ist etwas ganz anderes als etwa Zolas »Nana«, die Schmeißfliege, die den faulenden männlichen Halbkadavern das letzte Blut aus den Adern saugt und dadurch zugleich ihre proletarischen Väter an den Schiebern der Börse und Politik rächt. Bei Strindberg breitet sich die irdische Hölle aus; ein theosophisch-mystischer Kenner wie Swedenborg würde ihren Gestank unfehlbar gerochen haben. Das gilt für Strindberg überhaupt: er war zuweilen ein großer, zuweilen ein miserabler Dramatiker, dessen Visionskraft häufig versagte oder ins Unfreiwillig-Komische abglitt, aber er war unfehlbar wie Swedenborg in seinen parapsychologischen Instinkten, er kannte sich in Himmel und Hölle auf Erden besser aus als in der Wirklichkeit.

Dieser Kampf der Geschlechter breitet sich in mythisch-magischen Sphären aus, fast wie durch ein Naturgesetz. Die Reaktion ist zurückzuverfolgen bis in die Gedankenwelt frühchristlicher Asketen in der ägyptischen Wüste und einiger afrikanisch-griechischer Kirchenväter, nach denen die Frau immer das geblieben ist, was sie nach der biblischen Erzählung von ihrer Schöpfung an war: Verführerin und Verderberin des Mannes – und dennoch die Frau, zu deren Geschlecht auch die Gottesmutter Maria gehörte und Maria Magdalena, die büßende heilige Sünderin. Mit der ambivalenten Symbolik dieser gegensätzlichen Gestalten tritt die Frau dann auch in Strindbergs späteren mystischen Dramen auf, etwa in der Trilogie »Nach Damaskus«, die Paul Wiegler in seiner großartigen »Geschichte der Weltliteratur« so beschreibt: »Der Passionsweg des trotzigen Unbekannten, den die Dame, Freundin und Geliebte, Furie und wieder Madonna begleitet und der hinauf zum christlichen Kloster kommt.« Bis zu seinen späten swedenborgianisch-mystischen Aufzeichnungen in den »Blaubüchern« setzt sich diese Mythisierung der Frau fort, die die moderne Philosophie um 1900 (Otto Weininger) wie die Literatur und zuletzt auch den höheren Journalismus (Karl Kraus in seinen frühen Aphorismen) befruchtet.

August Strindberg in den Jahren der Verzweiflung und Not in Paris (u.) und in späteren Jahren (o.). Nach einem Leben voller Leidenschaft und Haß wurde er zum Mystiker seiner »Jahresfestspiele«, der »Gespenstersonate« und der »Blaubücher«. Aber der Sache der Fabrik- und Handarbeiter blieb er treu und wurde von diesen als Sozialist gefeiert.

Henrik Ibsen in seinem Arbeitszimmer in Christiania, heute Oslo.

Ob der Dichter die Frau zur Göttin, zur Heiligen, zur eigentlichen Inspiratorin seiner geistigen Schöpfungen machte – oder zur Vernichterin, zum weiblichen Beelzebub, das Resultat in der weltlichen Sphäre ist eigentlich immer dasselbe: die Frau ist eben nicht ein Mensch wie der Mann. Sei sie höher oder tiefer, heiliger oder teuflischer als der Mann, sie ist nicht wie er. Der Kampf um die politischen und sozialen Rechte der Frau wäre dann ein Unding. Wir haben diese Wendung schon angedeutet.

Hier beginnt also die Wendung zum Irrationalen, die dann in unsere mörderische Epoche führen sollte: der Fortschritt überhaupt ist rationale Plattheit, die Aufklärung und der Liberalismus sind nur hindernde negative Elemente auf dem Wege zu männlicher Größe. Zu dieser heroischen Sphäre führt nur der Irrationalismus, der Instinkt, der Antiintellektualismus. Das etwa ist der Gedankenweg eines Ludwig Klages – hier wird er in Verbindung gebracht mit den »mutterrechtlichen« Forschungen des

Schweizers J. J. Bachofen, des großen Archäologen und Träumers. Ja, der Mann des Fortschritts ist auch das biologisch niedrigere Wesen, der Untermensch. Strindberg nennt Ibsen den »darwinschen Äffling«, den »Eskimo«. So sehr also verbreitet und vertieft sich der Kampf gegen die Frauenemanzipation, als ginge es mit weniger Aufwand gar nicht ab.

Sie alle, von Strindberg bis Weininger, knüpfen dabei an zwei frühere geistige Großmächte an, sogar auch dort, wo sie sie verneinen: Baudelaire und Richard Wagner, den Dichter der Kundry in »Parsifal«, der dämonisch verführenden Lilith und der büßenden Maria Magdalena in einer Person. Auch für Baudelaire ist die Frau zugleich die reine Maria und die weibliche Verkörperung des Teufels:

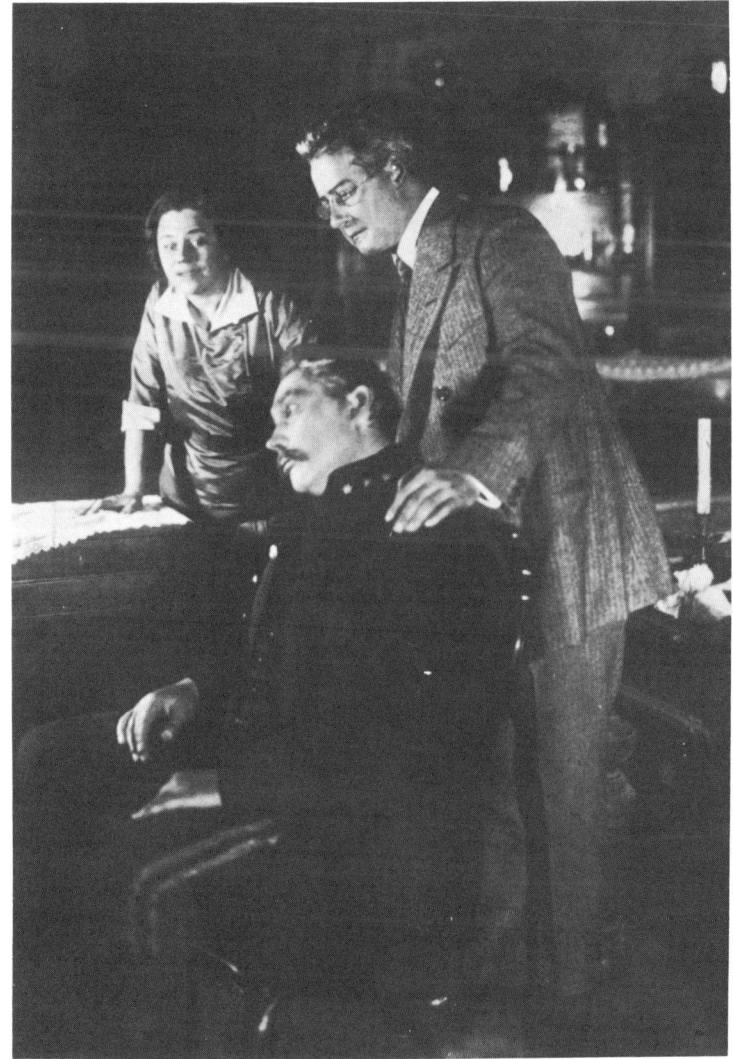

Schlußszene aus Strindbergs »Totentanz« mit Gertrud Eysoldt, Paul Wegener und Biensfeld: ein Drama des mörderischen Hasses, der Einsamkeit und der Verlassenheit.

Charles Baudelaire, nach einem Gemälde von Emile Deroy 1844 (l.). Und Richard Wagner in jüngeren Jahren, den Baudelaire aus Anlaß der katastrophalen »Tannhäuser«-Aufführung in Paris verteidigt hat (r.).

Aus: Les femmes damnées (Die Verdammnis der Frauen)

> *Ihr Jungfrauen und Teufel, Martyrn, Ungeheuer,*
> *Verachtend großen Geistes diese Wirklichkeit,*
> *Sucht fromm und wüst des Grenzenlosen Abenteuer*
> *Voll Lustschrei erst, dann voll der Tränen Bitterkeit.*
> *Den' meine Seele folgt ins höllische Gefilde,*
> *Ich lieb euch, Schwestern, wie ich weine eurem Schmerz,*
> *Für eure düstere Pein, den Durst, den niemand stillte,*
> *Und das von Liebesaschen volle große Herz.*

Aus: Le Possède (Der Besessene)

> *Ob schwarze Nacht, ob roter Morgenrausch – heil allen!*
> *Kein Fleisch an mir, das nicht in diesem Schrei erstürbe:*
> *Geliebter Teufel, laß mich vor dir niederfallen!*

> *Ins Deutsche übertragen von Carlo Schmid.*

Die Gestalt der Kundry in Wagners »Parsifal«, die Otto Weininger für die genialste Konzeption der gesamten Dichtung hielt, erscheint in der Tat in einer der unheimlichsten Szenen der Weltliteratur: der Verführungsszene in Klingsors Zaubergarten.

Wenn das mythische Zeitalter der Frauenherrschaft — in den Forschungen und Träumen der Gelehrten des Matriarchats, in erster Linie J. J. Bachofens — die Herrscherin in dreifacher Gestalt erscheinen läßt: als Mutter, als Amazone (die kämpfende Königin) und als Mänade, so hat Richard Wagner in dieser Szene das Mütterliche und das Mänadische so eng miteinander verknüpft und verwoben zu einem einzigen geistigen Netz der Verführung, daß es jeden, der diese Szene ganz zu Ende denkt, schaudern muß.

Die extremen magisch-erotischen Dichtervisionen eines Baudelaire und eines Richard Wagner enthalten schon das gesamte geistige Urmaterial des neuen Zeitalters um 1900, des Antifeminismus, des erotischen Dämonismus und des neuen Irrationalismus — von Strindberg bis zu Oscar Wildes

Bayreuther Bühnenbild zu »Parsifal« aus dem Jahre 1883.

Das politische Erwachen der Frauen: Massenmeeting während des Streiks der Transportarbeiter 1911 am Towerhill in London. Eine Dame mit Handschuhen und modischem Hut spricht zu den Streikenden, die das weiter nicht auffallend finden.

»Salomé«, aber auch zu der Malerei des Jugendstils, von Franz von Stucks »Sünde« bis zu gewissen Hauptwerken des Wieners Gustav Klimt. Wenn man hier durchaus auch noch einen besonderen Ahnherrn in der Kunstgeschichte suchen will, so liegt – neben Félicien Rops – der Name des französischen Malers Gustave Moreau nahe, den seinerseits geistige Gefolgschaft in die unmittelbare Nähe Baudelaires rückt.

So also sehen wir diesen ganzen dichterischen, denkerischen, musikalischen und kunstgeschichtlichen Aspekt als eine Einheit an, und ihr allgemeiner historischer Sinn ist ihr Endkampf in dem Ringen gegen das jahrtausendealte Patriarchat in der Gesellschaft. Diesen Kampf um die Superiorität verliert der Mann in einem politischen Sinn allmählich vollständig.

Unter der politischen Oberfläche freilich sah die Reaktion auf die siegreiche Endphase der Frauen im Kampf um die Gleichberechtigung etwas anders aus. So wie die »Entmenschung« der Frau durch die Astarothische Vergöttlichung und zugleich durch die höllische Verwerfung der Frauenseele begleitet wurde, so seltsam und verdeckt mythisch war die Reaktion der Frauen beim Herannahen des Sieges. Allgemein gesprochen: Frauen waren und sind immer instinkthaft hellseherisch genug, um zu wissen, daß ihre Schwäche und Hilfsbedürftigkeit, sogar ihre Versklavung und eine Art Haremszauber um sie ein wesentliches Element ihrer weiblichen Macht gewesen sind, bevor die Emanzipation sie zu Bürgern wie jeden anderen Bürger gemacht hatte. Es folgte ein sehr merkwürdiges modisches Phänomen: die neuen »Humpelröcke« um 1910 machten die eleganteren unter den Frauen so schwach, so behindert und hilfsbedürftig, als ob einer schönen flüchtenden Sklavin aus »1001 Nacht« die Fußsehnen durchschnitten worden wären, damit sie nicht ein zweites Mal aus dem Harem entweiche könne. Die eleganten Promenaden der Kurorte und die Salons der Großstädte wurden zu Schauplätzen geschminkter, schöner, trippelnder Frauen, mit künstlichen Kohlenstrichen um die Augen, wie es im

Suffragetten als »Sandwichmen« mit aufrührerischen internationalen Plakaten.

Eine der Salomé-Visionen von Gustave Moreau: Salomé in ihrem ekstatischen Tanz sieht visionär den Kopf Johannis des Täufers.

Aubrey Beardsley: eine seiner berühmtesten Graphiken zu Wildes »Salomé«, die von
Wilde für Sarah Bernhardt geschrieben, aber nicht von ihr gespielt wurde.

Moden um 1910: Humpelröcke und die ersten Hosenröcke.

Orient Sitte war, und mit Turbanen auf den wohlfrisierten Köpfen. Zum erstenmal tauchten auch die langen Hosen als weibliches Kleidungsstück auf, doch keineswegs die sportlichen engen slacks unserer Zeit, vielmehr sehr weite, bunte, seidene Pumphosen, mit Spitzen verziert, das wahre Abbild der Frauentracht im alten Orient.

Paul Poiret, der allmächtige Beherrscher der Pariser Mode durch viele Jahre, schuf nicht eigentlich Damentoiletten, sondern Theaterkostüme zu

Der Modekönig der »Belle Epoque«, Paul Poiret, in seinem Salon, ein Mannequin dekorierend.

einem maßlosen, phantastischen Traum- und Märchenstück, flatternde Gewänder für Feen und Succubi, Geister einer verträumten und überhitzten Erotik, Hüllen für Bajaderen und Geishas, die nicht aus Indien oder Japan, sondern aus irgendwelchen symbolischen Versen von Mallarmé oder Laforgue zu stammen schienen. Es wäre interessant, die mondänste Mode-

MARIE LAURENCIN
DIE MÄDCHEN
Gemälde, 1921

zeitschrift der Zeit, die ganz unvergleichliche »Gazette du bon ton«, daraufhin zu prüfen, wieweit auch hier, in dieser mondänen Phantasmagorie, die
Europäerin sich stilistisch der orientalischen Haremsfrau angenähert hat –
und das ganz genau in der Zeit der wildesten Londoner Suffragetten und
der höchst provinziell wirkenden Frauenrechtlerinnen in ihren geschmack-
losen »Reformkleidern«. Und während die Weltgeschichte sich auf die volle
Gleichberechtigung der Geschlechter zu bewegte, wurde der Typus der
Kämpferin und Frauenrechtlerin das Abgeschmackte, das Unmoderne, das
Überholte par excellence – nicht ohne die tätige Beihilfe von unzähligen
mondänen Damen.

So verkleiden und maskieren sich diese großen Kämpfe, die politisch
und metaphysisch zugleich sind. Sie verstecken sich in hunderterlei Wider-
sprüchen und Paradoxen, die zugleich ihre Waffen sind. Es ist etwas vom
Taoismus in diesen Ideenkämpfen mit herabgelassenem Visier und etwas
von der »Schrift«, wenn dort gesagt wird, daß »zum Laufen nicht hilft
schnell sein, zum Streit nicht hilft stark sein, zur Nahrung nicht hilft geschickt sein, zum Reichtum nicht hilft klug sein« (Kohelet, 9, 11) – Sätze,

Emile Zola in seinem Arbeitszimmer. Der überladene großbürgerliche Prunk im Hause
des revolutionär-sozialistischen Dichters wurde von vielen, z. B. von den Brüdern
Goncourt in ihren Tagebüchern, vermerkt.

die fast wörtlich aus dem Tao-te-king übernommen zu sein scheinen. Es liegt so viel Erhöhung in der Erniedrigung und so viel Erniedrigung hinter dem Endsieg; und doch können Menschen im Augenblick einer schicksalsvollen Entscheidung in dieser komplizierten und widerspruchsvollen Bindung von allem an alles noch immer kämpfen.

Tatsächlich ist der erotische Wert der Frau durch diese vollständige politische und juristische Wendung auf etwa zehn Prozent gesunken. Es wird gebeten, diese kalte Berechnung nicht etwa als einen zynischen Witz aufzufassen: das Weib als Kleinod der Schöpfung hat aufgehört zu existieren. Die heutigen Mädchen und jungen Frauen sind in den billigen Konfektionskleidern – mit einem Make-up, von dem eine Madame de Pompadour sich nicht hat träumen lassen – unvergleichlich hübscher und anmutiger geworden als die schönste Marquise des Rokoko, die teuerste Kokotte der Balzac-Epoche. Aber wenn wir, nur für die Länge eines Augenblicks, einmal seelische, intellektuelle, erotische und finanzielle Werte einander gleichstellen dürfen, so wird herzlich wenig für all das bezahlt. Wo ist hier der Anbeter und Liebhaber von feinster intellektueller Sensitivität wie Stendhal um 1820, der Kavalier von höchstem Glanz wie Casanova, die

Huldigungstanz der Pariser Arbeiterinnen vor dem neu enthüllten Zola-Monument in Suresnes bei Paris (1908).

Sonntagsspaziergang im Londoner Hydepark –

ihr ganzes Leben, buchstäblich ihr ganzes Leben den Frauen widmen, für die es kein anderes Glück, keine andere Kostbarkeit, keine andere Niederlage und Verzweiflung auf Erden gibt als die bei schönen Frauen? Wo sind die Millionäre, die Börsenspekulanten, die Industriellen, die Staatsminister, die ihr gesamtes Vermögen, ihre Schlösser und Villen, den ehemaligen Schmuck der Kaiserin Katharina einer Kurtisane, einer Mätresse zu Füßen legen wie bei Balzac oder Zola? Wenn man heute einen klassischen psychologischen Roman des 18. Jahrhunderts liest wie »Les Liaisons dangereuses« von Choderlos de Laclos, worin gleichsam das Letzte eines wahrhaft diabolischen intellektuellen Raffinements wie eine Zitrone ausgepreßt wird, um eine ahnungslose Kleinbürgerin und Betschwester zu verführen, so fragt man sich: Hat der Begriff der Verführung einer Frau

– und ein kleiner Klatsch im Pariser Bois de Boulogne.

heute überhaupt noch irgendeinen Inhalt? Man kennt einander, der
Junge und das Mädchen, man hat sich gern, man geht eine Weile vertrau-
lich umschlungen einher, vorzugsweise bei Tage und in der Hauptstraße
der Stadt, um sich und der Umwelt die Leidenschaft zu demonstrieren, die
man nicht fühlt, man schläft schließlich miteinander, man heiratet einander oder aber man geht weiter zur nächsten »Bekanntschaft«. Ohne besondere Schwierigkeit, ohne dramatische Ausbrüche, ohne Klage.

Es wird hier nicht etwa ironisch gesprochen und gedacht. Wem dieser
Schritt hinweg von Balzac, von Stendhal, von Choderlos de Laclos, ja von
Werthers Leiden durchaus willkommen ist, wem dieser Preis der inneren und äußeren Gleichstellung der beiden Geschlechter durchaus ange-
messen und angenehm scheint – und von denen, die das bezeugen würden,

gibt es heute viele, viele Millionen, junge Frauen, Mädchen und Männer –, der lebt eben »in unserer Zeit«, der ist »mitgegangen«.

Was dabei verlorengeht: eine gewisse Problematik, eine gewisse Einsicht ins Menschenleben, ja in das Menschenschicksal, die tief gegangen ist – wenn der Mensch tief war, der hier fühlte und dachte. Dieser Verlust steht in einem unabwendbaren Zusammenhang mit der nun völlig verblaßten Dialektik der Geschlechter, die zuweilen zu einer Dialektik des Schicksals wurde.

Es wäre interessant und ergiebig, das kulturelle und politische Fazit zu ziehen aus dem halben Jahrhundert seit dem Sieg der Frau um die Gleichberechtigung. Halten wir uns vor allem an die deutsche Entwicklung.

Die Zeit seither hat eine Reihe großer, zumindest merkwürdiger Dichterinnen hervorgebracht, die im Grunde nichts mehr zu tun haben mit der früheren Tradition der Frauendichtung und Frauenliteratur höheren Ranges, einer Ebner-Eschenbach, einer Selma Lagerlöf, einer Ricarda Huch, selbst nichts mit der so tief bewegenden Annette von Droste-Hülshoff. Neuere Dichterinnen, von der genialen Else Lasker-Schüler und Elisabeth Langgässer, über Luise Rinser und Marie-Luise Kaschnitz bis zu Ingeborg Bachmann und der Erzählerin Anna Seghers, sind Dichterinnen aus einem ganz anderen, ihrem eigenen Gesetz, so durchaus weiblich diese Dichtungen auch sein mögen. Es gab eine Malerin wie Paula Modersohn-Becker, eine Bildhauerin Renée Sintenis. Doch kaum eine Bildhauerin vom Range eines Rodin oder Maillol ist erschienen, und auch von den vielen Architektinnen können wir keine als bahnbrechend bezeichnen.

Was aber das merkwürdigste ist: es ist kein großer weiblicher »Staatsmann« hervorgetreten, obgleich sich so viele in verantwortlichen Stellungen für Humanität, für Bildung, in medizinischen, politischen, geistes- und naturwissenschaftlichen Berufen ausgezeichnet haben. Das historische Schicksal von Europa, ja der ganzen Welt, ist fast ausschließlich von Männern bestimmt worden – vielleicht zum Unglück dieser Welt. Es gibt eine einzige Frau, die an der völligen Veränderung unseres Weltbildes, unseres Menschenschicksals mitwirkte: Madame Curie. Aber sie ahnte die umwälzenden Folgen ihrer genialen Entdeckung kaum.

Möglicherweise haben irrationale Gegenströmungen, die wir vorhin angedeutet haben, die Entwicklung der Frau zum führenden Staatsmann verhindert – das Gefühl, daß die Frau mit diesem letzten Sieg etwas un-

Ricarda Huch (l. u.), die große Erzählerin, Dichterin, Historikerin und Li-
teraturhistorikerin. Selbstbildnis der
Worpsweder Malerin Paula Modersohn-Becker (r.): Die echte Künstlerin
der Belle Epoque: unmodisch und zeit-
los. – Die schwedische Erzählerin Selma
Lagerlöf (r. u.), die 1909 den Nobelpreis für Literatur erhielt und als erste
Frau in die schwedische Akademie
gewählt wurde.

Illustration zu »Erdgeist«. Aus der Mappe von Alastair.

wiederbringliches Letztes verlöre. Denn das Antlitz der Frau ist eine Ente-
lechie, es wird eher vom Zeitalter, vom Milieu, von tausend anderen Impon-
derabilien geprägt als vom Schicksal, das sie sich selbst und der Außenwelt
geschaffen hat. Der Typ der Semiramis scheint ausgestorben. Wo es um die
extreme Verkörperung der Macht geht, scheiden sich dann doch wohl die
Wege von Mann und Frau.

In die Nachfolge Strindbergs und seiner Dämonisierung der Frau gehört in unserem Zusammenhang noch eine geniale Erscheinung: Frank Wedekind mit seiner »Lulu«, seinem »Erdgeist« und seiner »Büchse der Pandora« sowie, aus dem späteren Lebenswerk, seiner »Franziska«.

In den beiden »Lulu«-Dramen (»Erdgeist« und »Büchse der Pandora«) zeigt sich schon der Zerfall dieses Prozesses der Mythisierung. Lulus dämonische, mörderische Macht wird auf der Bühne gezeigt und — da Wedekind denn doch ein Genie war — überzeugend erzählt. Sie selbst aber ist vom Anfang an kaum mehr als irgendeine ordinäre Asphalthure. Die sogenannte Dämonie des Weibes wird hier zur Farce zwischen Bierphilistern und Zuhältern reduziert — einerseits der seltsamen Geistesformation Wedekinds entsprechend, gemäß deren eine Wahrheit niemals eine wirkliche Lebenswahrheit sein kann, bevor sie nicht in irgendeiner Weise zur Burleske wird, auch zur tragischen Burleske. Andererseits ist allgemein zu sagen: diese Dämonisierung des Weibes war nur wirklich darstellbar im Wirkungskreis eines jungen Genies wie Wedekind. Wenn er sie nachher, im beginnenden Alter, nochmals künstlich hochtreibt in seiner Figur der »Franziska«, des weiblichen Faust, endet die Vision als wirre, vage, zu-

Aus der Mappe von Alastair. Illustration zu »Erdgeist«.

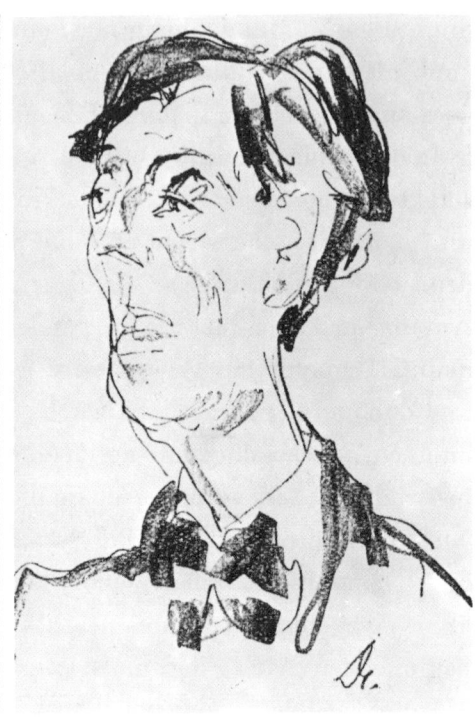

Die Uraufführung der »Büchse der Pandora« 1905 in Wien vor geladenem Publikum, veranstaltet von Karl Kraus, der auch (wie der Autor selbst) eine Rolle spielte (l.). Und eine Karikatur des Komponisten Alban Berg (von Dolbin), dem diese Aufführung so unvergeßlich blieb, daß er schließlich nach Jahrzehnten, am Ende seines Lebens, das Drama in Musik zu setzen begann (r.).

weilen geradezu dilettantische und jedenfalls ganz undeutliche Faust-parodie.

Aber der junge Komponist Alban Berg schöpft aus der einen privaten Aufführung der »Büchse der Pandora«, die Karl Kraus, einer der frühesten kompetenten Wedekindverehrer, am Anfang des Jahrhunderts arrangiert hatte, Inspiration für Jahrzehnte. Alban Bergs Opernfragment »Lulu« ist ein seltsames Kunstwerk sehr hohen Ranges, in welchem der Komponist den Jugendstil im Werke Wedekinds, den er keineswegs als Musiker aufgibt, mit Formen der Musik verschmilzt, die noch um 1960 sich als kühn und zukunftsweisend repräsentieren – ähnlich wie der Maler und Graphiker Edvard Munch aus diesem dämonisierten »Jugendstil« Stilformen entwickelte, die nicht nur den ganzen malerischen Expressionismus vorwegnehmen, sondern vielfach sogar über ihn hinausweisen.

Das höchste Interesse verlangt eine wesentliche Pointe in der Gestaltung des »Dämon Weib« durch Wedekind: er zeigt zum erstenmal den

Besieger und Vernichter dieses Sexualdämons Weib in der »Büchse der Pandora«, in einer Schlußszene von unerreichbarer sadistischer Grellheit. Es ist der Lustmörder »Jack the ripper« (Jack, der Aufschlitzer), eine kriminalhistorische Figur um die Jahrhundertwende. Diese Schlußszene ist nicht nur ein bis zum äußersten Grausen improvisierter Einfall Wedekinds – wenn man will, ist sie zugleich das tragische Ende der Vision des »Dämon Weib« um 1900 überhaupt.

Es ist durchaus kein Zufall, daß gleichzeitig mit der Freilassung unkontrollierbarer irrationaler Kräfte gegen das »schwächere Geschlecht«, die Frauen, auch eine andere, politisch schwächere Minorität attackiert wurde: die Juden. In Otto Weiningers grundlegendem Werk »Geschlecht und Charakter« ist diese Analogie ganz und gar vollzogen: »die Frau« und »der Jude« sind für diesen jüdisch geborenen, tragischen Philosophen fast identisch. Ihnen beiden fehlt der Kern des ethischen Bewußtseins, das eigentlich Menschliche, eigentlich Große im Menschen, es fehlt ihnen selbst der Begriff davon. Otto Weininger zog persönlich alle Konsequen-

Edvard Munch: Symbolisches um »Das Weib« im Zeitstil.

zen aus seiner Philosophie: er ging den nach seiner Doktrin einzig möglichen Weg des Juden zur Größe, er beging Selbstmord. Und indem er so
Ernst machte mit seiner eigenen Doktrin, selbst um den Preis der Aufgabe
seines Ich, bewies er in der Tat eine besondere, kuriose, donquijoteske Art
von Größe.

Die Zeit des »wissenschaftlichen Antisemitismus« war gekommen.
Man bezog sich vor allem auf das vielbändige Werk des französischen
Grafen Gobineau, indem man seine Rassenlehre völlig falsch interpretierte (wovon jeder, der das umfangreiche Werk noch einmal liest, sich
ohne weiteres überzeugen kann). Durch Gobineau erst, der in Bayreuth mit
großen Ehren empfangen wurde, wurden die »Bayreuther Blätter«,
Bayreuth und das Haus Wahnfried ein Mittelpunkt des neuen Antisemitismus, und der englische Schwiegersohn Wagners, Houston Stewart
Chamberlain, einer der intellektuellen »Entdecker« Adolf Hitlers, wurde
schon um 1910 der Prophet dieser Doktrin. Freilich hat das Haus Wahnfried und seine Herrin, Cosima Wagner, deren Antisemitismus noch weit
giftiger war als der des Meisters Richard Wagner, ebensowenig gezögert
wie dieser, jüdische Kräfte und ihr Talent zuweilen an den wichtigsten, ja
entscheidenden Posten der Festspiele einzusetzen, wie zum Beispiel den

Cosima Wagner (etwa 1911) und ihr Schwiegersohn Houston Stewart Chamberlain,
der Verfasser der »Grundlagen des 19. Jahrhunderts«, der am Ende seines Lebens noch
Hitler glorifizierte, aber 1927 starb, drei Jahre vor der uralten Cosima.

Kaiserin Auguste Viktoria geht mit der Kronprinzessin Cecilie, Prinzessin Eitel Friedrich und drei Knaben von Cecilie in einem Potsdamer Park spazieren.

Dirigenten und Münchener Opernintendanten Levi, der in der Tat viele
Jahre lang eine Art künstlerischer Diktatur in Bayreuth ausübte, was die
musikalische Gestaltung der Musikdramen Wagners betraf – eine Diktatur allerdings, die dieser Ehrenmann gewiß nie mißbraucht hat, die aber
doch allmählich, in dem Maße wie er selbst alt wurde zur Überalterung
der Festspiele beitrug, wie zur zeitweiligen Überalterung des Münchener
Musiklebens überhaupt (siehe die wertvollen Memoiren von Hermann
Uhde-Bernays).

Ein zweiter Brennpunkt dieses »neuen Antisemitismus« war in Berlin
der Hof der Kaiserin Auguste Viktoria mit dem Hofprediger Adolf
Stöcker.

Ein dritter: der Kreis um die Schwester Nietzsches, Elisabeth Förster-
Nietzsche, und vor allem ihres Mannes. Friedrich Nietzsche selbst, dessen
frühes philosophisches Werk man von einem rein ideologischen Stand-
punkt aus und mit allen gehörigen Vorbehalten als »antisemitisch« bezeichnen könnte – und auf den sich die Rassen-Antisemiten oft bezogen
haben –, war dermaßen angewidert von diesem Treiben und von den
pseudowissenschaftlichen Schwachköpfen der Zeit wie Lagarde, daß er mit
der für ihn charakteristischen Energie völlig umschlug und zum ersten

VENUS.

Aubrey Beardsley: Venus als Titelillustration zu Richard Wagners Tannhäuser.

Eine der berühmtesten Graphiken von Beardsley: »Die Wagnerianer«.

Dem Bürgermeister Karl Lueger, gegen den Kaiser Franz Joseph von seinem Vetorecht zweimal Gebrauch gemacht hatte, bis er schließlich nachgeben mußte, wird beim großen Blumenkorso im Prater begeistert gehuldigt.

ernsten Analytiker des modernen jüdischen Genius, eines Heinrich Heine, eines Jacques Offenbach, sogar eines Georg Brandes wurde.

Jedenfalls stand die Jahrhundertwende unter dem Zeichen dieses neuen Antisemitismus. Wien, damals eine europäische Kulturstätte ersten Ranges, das viele Jahrzehnte lang liberal gewählt hatte, geriet, wie wir schon erzählten, in die Hände des antisemitischen Demagogen Karl Lueger. Im Sudetengebiet entstanden politische Gruppen und Grüppchen, vor allem unter dem antisemitischen und antichristlichen Ritter von Schönerer, die dann die direkten Ahnherren der Nationalsozialistischen Partei und Adolf Hitlers wurden – selbst der Name der Partei stammt aus dem Sudetengebiet. Mit ihrem Wotanskult, mit ihrem Kampfruf »Heim ins Reich!« wurden sie zu einer nicht zu unterschätzenden Gefahr für die habsburgische Doppelmonarchie. Seltsam war, daß sie geduldet, ja indirekt gefördert wurde durch eine gewisse sich intellektuell gebärdende jüdische Wiener Publizistik.

Wenn sich der neue Antisemitismus »wissenschaftlich« nannte, so war

HENRI DE TOULOUSE-LAUTREC
DER ENGLÄNDER IM MOULIN ROUGE
Farblithographie, 1892

GEORGES SEURAT
DER ZIRKUS
Gemälde. Paris, Louvre

das eine sehr vage Behauptung. Man bezog sich auf die Theorie des interessanten, aber ganz und gar dilettantischen Grafen Gobineau mit seiner Untersuchung der Gleichwertigkeit und Ungleichwertigkeit der Rassen, die sich ihrerseits auf die Staatsphilosophie gewisser reaktionärer adliger Publizisten aus der Zeit der großen Französischen Revolution stützte. Allerdings hatten diese geistigen Ahnherren Gobineaus mit Judentum und Antisemitismus überhaupt noch gar nichts zu tun. Sie faßten vielmehr die Französische Revolution von 1790 als einen Rassenkampf auf, in dem eine niedere Rasse – die keltischen Gallier – eine höhere – den fränkischen Uradel – zu vernichten suchte. Die Theorie von den »beiden Rassen Frankreichs« geht bis auf gewisse Staatstheoretiker im Frankreich des 16. Jahrhunderts zurück (Jean Bodin), übte aber auf die Theoretiker der adligen Emigration in der Französischen Revolution – Bonald und der bedeutende Joseph de Maistre – großen Einfluß aus. Bei Gobineau, der übrigens ein glänzender Erzähler war, wird es zur Hypothese, daß nur eine einzige Rasse, die er vage »die germanische« nennt, wirklich staatenbildend ist.

Der neue »wissenschaftliche« Antisemitismus war also der Rassen-Antisemitismus, und mit einer beträchtlichen Leichtfertigkeit wurden nun Schädel- und andere Körpermessungen publiziert, um diese neue Rassentheorie auch wirklich zu unterbauen und womöglich zu erweitern.

Um derartige kaum beweisbare Hypothesen und Phantasiegebilde war es schon recht still geworden, bis sie durch Hitler und die NSDAP wieder einen unerhörten propagandistischen Auftrieb erhielten.

Man darf aber nicht nur den »wissenschaftlichen« Antisemitismus betrachten, von dem geistreichen Grafen Gobineau angefangen bis zu den primitiven, inferioren und doch gutgläubigen Lehren von Günthers Rassetypen, um den eigentlichen Kern der Bewegung zu erfassen. Denn unter all dieser scheinbaren Wissenschaftlichkeit gärte und glühte pseudomystischer und pseudomythischer Fanatismus wie unter dem neuen Frauenhaß. – Der wahre Klassiker dieses neuen Antisemitismus ist nicht ein feiner, oft sehr witziger Schriftsteller wie Gobineau, sondern es sind Apokryphen, zum Beispiel die gefälschte Schrift über die Weisen von Zion, die unterirdisch die ganze Welt beherrschen.

»Die Protokolle der Weisen von Zion« – das angebliche Programm einer internationalen Geheimorganisation mächtiger reicher Juden, die die ganze Welt depravieren, moralisch schwächen und dann den Juden unterwerfen wollen –, sind zum großen Teil die wörtliche Kopie eines kleinen Buches von Maurice Joly, das 1864 anonym in der »Imprimerie Mertens et fils« in Brüssel erschien und den Titel »Dialog in der Unterwelt zwischen Machiavelli und Montesquieu, oder die Politik des Machiavelli im 19. Jahrhundert, von einem Zeitgenossen« trug. Es handelt gar nicht von Juden, sondern ist ein getarntes geistreiches Pamphlet gegen die skrupellose Machtpolitik Napoleons III. Der Autor Maurice Joly war Advokat und Sekretär jener Prinzessin Mathilde, die bei Marcel Proust, vor allem aber in den Tagebüchern der Goncourts eine Rolle spielt. Sie hatte den größten und anspruchsvollsten literarischen Salon im Paris ihrer Zeit, war eine Tochter Jérômes und somit eine Cousine des Kaisers Napoleon III. Jolys Autorschaft wurde von der politischen Geheimpolizei des Kaisers aufgedeckt, und er wurde zu 15 Monaten Gefängnis und 200 Franc Geldstrafe ziemlich milde verurteilt. (Das Buch erschien auch deutsch in der philosophischen Bibliothek des Verlages Meiner, übersetzt von dem bekannten verstorbenen Philosophen Hans Leisegang.) Wie es um 1909 in die Hände der russischen Geheimpolizei geriet und ziemlich geschickt als antisemitische Enthüllung von dieser umfrisiert und verbreitet, dann so ziemlich in alle Sprachen übersetzt und namentlich unter Hitler in Millionenauflagen propagandistisch verwendet wurde, ist nach 1945 genau erforscht worden.

Die mystisch-esoterischen Gipfel in dieser Art Literatur sind etwa die arisch-germanischen Traumlehren einer »Seherin« wie Mathilde Ludendorff – aber ebenso auch die antisemitischen Höllenbilder eines Streicher im Nürnberger »Stürmer«, die in ihrer kompletten Bestialität und Stupidität dennoch Elemente des Höllenbrueghel und die Vision der »Kothölle« Swedenborgs in sich bergen – wie jedes wirklich Böse mühelos bis in alle Tiefen der Hölle vordringen kann, selbst wenn sein menschlicher Repräsentant ein völlig stupider Analphabet ist wie Streicher.

Hier haben wir die mystischen Schriften des neuen »wissenschaftlichen« Antisemitismus, die einmal gründlich zu studieren und darzustellen ungleich wichtiger, ja wesentlicher wäre als eine Neuausgabe der zeitinteressanten, heute veralteten Schriften von Ludwig Klages.

Denn diese finstere Unterwelt aus Visionen und Höllenträumen, diese wahre Scholastik des Teufels zu ergründen wäre die Aufgabe unserer Zeit – auch, und vor allem, um die tiefen Verbindungen etwa zwischen dem Antifeminismus eines Strindberg und dem Antisemitismus einer

Weib und Sphinx, Graphik von Félicien Rops: eine zeitgemäße Allegorie der Epoche.

Mathilde Ludendorff herzustellen. Daß dort an der Spitze ein wahres — wenngleich verworrenes und verwirrtes — Genie stand, das nicht maßzuhalten wußte (vielleicht weil gerade in seiner Maßlosigkeit, in dieser sonderbaren Mischung von echtem Tiefsinn und sentimentaler Melodramatik sein Genie lag), hier aber nur eine primitive Närrin von vollkommen gutem Glauben und bürgerlicher Ehrsamkeit, das macht im Rahmen dieser Untersuchung keinen wesentlichen Unterschied.

Ein Joseph Görres, die größte geistige Kapazität des Katholizismus in der ersten Hälfte des 19. Jahrhunderts, verbrachte sein ehrwürdiges Alter damit, skurrile Teufelsgeschichten, Geschichten von Besessenen, Hexen und Hellsehern zu sammeln in seiner vielbändigen »Christlichen Mystik« und kam damit fast in die Gefahr, auf den Index der verbotenen Bücher gesetzt zu werden — und das, nachdem er nahe daran gewesen war, zum neuen Kirchenvater des 19. Jahrhunderts proklamiert zu werden. Auch wir dürfen uns nicht scheuen, in solche Abgründe des Daseins hinabzublicken wie Görres, wenn wir mehr vom Menschenleben wissen wollen als das, was uns die Wissenschaft bietet.

Es ist vielleicht an sich nicht unbedingt wichtig, ein zeitlich begrenztes Phänomen wie den Antisemitismus Otto Weiningers oder den Antifeminismus August Strindbergs um die Jahrhundertwende zu untersuchen, aber nur auf diesem Wege werden wir schließlich das wichtigste Phänomen unserer Epoche und vieler Epochen deuten können: das Phänomen Adolf Hitler und den Nationalsozialismus und, um es klar zu sagen, auch die ganze, rätselhafte Blindheit des deutschen Volkes in seiner erdrückenden Majorität zu jener Zeit. — Wir sind uns dessen bewußt, daß wir oft theologische Begriffe verwendet haben, aber wer an der geistigen Wirklichkeit des Teufels und der Hölle zweifelt, wie wird dieser jemals Hitler und seine Epoche wirklich verstehen können?

III

PARIS IN DER BELLE EPOQUE

Man stelle sich einmal vor: in einer kleinen Stadt Frankreichs wächst ein Schuljunge heran, ein einigermaßen merkwürdiges, aber doch nicht allzu auffallendes Kind. Er ist ziemlich frech, gewiß, aber er weiß seine Frechheit durch eine im Grunde ebenso anmaßende wie höflich-kalte Politur zu überspielen. Es ist ihm nicht beizukommen, zumal er ein sehr gescheiter Schüler ist, seine Schulaufgaben lernt oder sich doch ganz großartig durchzumogeln versteht.

In dieser Schule gibt es auch jenen gewissen Oberlehrer oder Mittelschulprofessor, den es fast überall gibt: dick, etwas schmuddlig, mit eingerostetem Leierkastenwissen, das zu nichts anderem mehr taugt als zu den Lektionen, die er Jahr um Jahr aufsagt und von den Schülern wieder abfragt. Er ist leblos und uninteressiert und daher nicht imstande, seine Schüler geistig anzuregen und zu gewinnen. Da er sich keinen Respekt verschaffen kann, wird er ihr Opfer. Sie verhöhnen ihn offen. Meist geht er apathisch darüber hinweg, plötzlich aber brüllt er los, er rast und rüttelt an seinen Ketten, und wer dann in sein Gesicht blickt, in die blutunterlaufenen Augen, den geifernden Mund, erkennt: hier wird der Spießbürger zur Bestie, er würde alle die Jungen zerreißen und verschlingen, wenn er nur könnte.

Die Klasse genießt das Schauspiel, besonders Alfred Jarry, jener höflich-infame, unangreifbare Schüler, und zwei seiner besten Freunde können sich nicht satt sehen an dem hemmungslosen Ausbruch dieses kleinbürgerlichen Vulkans. Daß auf der anderen Seite dieser Untertanen-Seele die eines Massenmörders zutage tritt, fasziniert die Knaben so, daß ihr Geist daran produktiv wird. Sie denken sich ein Schauspiel aus, dessen Held dieser Professor ist. In dem Drama ist er ein Hauptmann, der später König von Polen wird. Er ermordet, erpreßt, betrügt zynisch. Er wird darin »Roi Ubu«, »König Ubu«, genannt, ein Name ganz nahe dem wirklichen Namen des Professors, damit jeder Zuschauer ihn auch hinter der Maske erkenne. Alfred Jarry ist Hauptautor, Hauptdarsteller, Mas-

Auguste Renoir: In der Theaterloge.

103

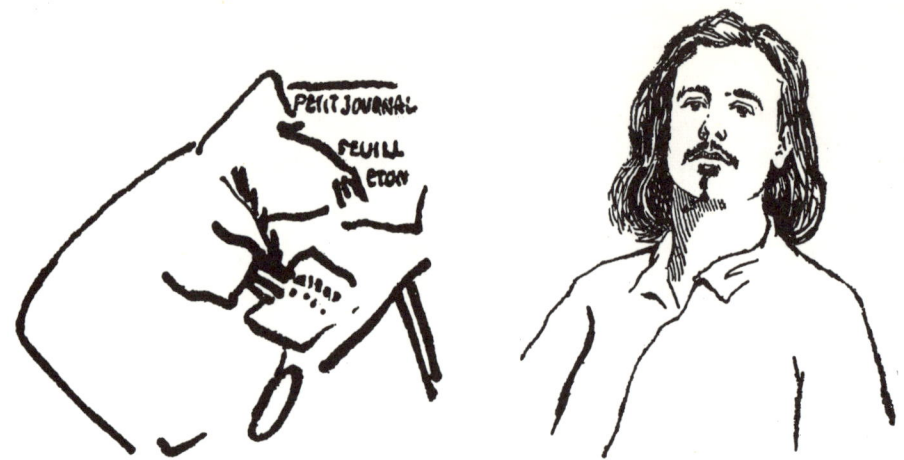

Karikatur Jarrys zum »Vater Ubu« (l.). Ein Jugendbild Jarrys (r.).

ken- und Szenenbildner zugleich. Sie spielen das Stück auf einer improvisierten Dilettantenbühne vor allen Mitschülern mit rauschendem Erfolg.

Dann findet Jarry, daß das Spiel auf einem Marionettentheater noch stärker wirken würde, er überzeugt die Gruppe der Beteiligten, die ständig wächst, und sie beginnen ein Marionettentheater zu bauen, Marionetten aus Pappe zu schneiden und zu bemalen und spielen hier das Stück mit womöglich noch größerem Erfolg. – Als es mit der Schule zu Ende geht, vergessen die anderen das Ganze bald, das Theaterspiel wird eine der komischen Episoden, von denen man später am Stammtisch bei einer Flasche Wein zuweilen erzählt. Einer vergißt es nicht: Alfred Jarry. Er ist besessen und verhext von der Gestalt. Er trägt ein Gewand, das er sich für den unförmigen König Ubu ausgedacht hat, halb mönchisch, halb kriegerisch, er spricht stundenlang in Ubus Sprache. Schließlich schreibt er noch einmal das »Roi Ubu«-Drama. Es ist zugleich eine wilde Groteske, eine Karikatur auf Shakespeares blutigste Königsdramen, ein Schreckensdrama und etwas noch immer dem Marionettentheater Verwandtes. – Das Drama existiert für sich. Aber noch immer lebt und wächst Ubu weiter in Jarrys Phantasie. Und er schreibt und schreibt weiter: »Ubu in Ketten«, »Ubu als Hahnrei« – Ubu ist kaum noch eine menschliche Figur aus Fleisch und Blut. Er wird zum bluttriefenden Dämon, der sein enges bürgerliches Gewissen aus dem Reisekoffer herausholt und es zwingt, seine Mordtaten, sein mörderisches Ich auch noch zu rechtfertigen. Er verhöhnt die Freiheiten des Bourgeois, indem er selbst sich zum Sklaven ernennt und alle narrt. Hier fühlt man, wie das Drama allmählich über das Rationale, selbst über das Phantastische und Karikaturistische hinauswächst ins Symbolische, vielleicht ins Metaphysische.

Eines Tages nennt er diesen Ubu einfach »Le Bourgeois«. Jetzt ist es geschehen, jetzt hat er die Gleichung gefunden. Die letzten uns bekannten Szenen haben kaum noch einen anderen als diesen unbewußt-bewußten symbolischen Zusammenhang. Es ist genau so, wie wenn etwa Heinrich Mann seinen Professor Unrat aus dem Milieu der Schule und des Chantant des »Blauen Engels« herausgenommen hätte und zu einem menschheitsvertilgenden Riesen hätte wachsen lassen.

Erinnert man sich noch an Carl Sternheims glänzende Komödie »Die Hose«? Auch darin tritt ein Spießbürger auf – der Spießbürger als eine Art wotansgläubiger Übermensch. Sternheims bester Freund und Kritiker, Franz Blei, erzählt uns, daß der Dramatiker diese Komödie ur-

Der junge Carl Sternheim (l.) und sein Verkünder Franz Blei (r.), der in seinem Buch über Wedekind und Sternheim eine noch heute lesenswerte Analyse gab. Sein bekanntes Werk »Geist und Leben des Rokoko« wurde 1967 in dieser Sammlung »Große Kulturepochen« neu herausgegeben.

sprünglich »Der Riese« nannte und daß dieser Titel eigentlich der richtige sei. Keineswegs wollte Sternheim den Spießbürger als Riesen einfach verhöhnen. Hier und in allen seinen Bürger-Schippel-Komödien, also in seinem ganzen wesentlichen Lebenswerk, ist deutlich auch die Bewunderung fühlbar, die er für den eisernen Willen des Spießbürgers aufbringt, mit dem dieser sich hinauffrißt, hinauf bis ganz an den Gipfel der Gewalt, der Macht, der Gewalttätigkeit. Der Spießbürger, der dem Staat die Waffen für den Weltkrieg schmiedet. Im letzten Drama der Komödienreihe, betitelt »1913«, sitzt er und weiß: Morgen beginnt dieser Krieg, und ich mit meinen Geschützwerkstätten werde daran zum Milliardär werden. — Sternheim hat es prophetisch vorausgewußt, als er den Zyklus beendete, bis auf die Jahreszahl richtig und präzis.

Der deutsche Spießbürger, der französische Spießbürger als Machthaber. Jarry hat es gewußt, was dieser Spießbürger vermag, Heinrich Mann hat es gewußt, Carl Sternheim hat es gewußt. Aber Jarry ging den anderen um Jahrzehnte voraus. Aus dem Dunst des Absynths, dem er allmählich rettungslos verfallen war, aus dem betäubenden Geruch des Äthers, den er schließlich in lebensgefährlichen Quantitäten zu sich nahm, stieg für ihn über dem Bild des wild brüllenden Professors aus der Schule die Vision des weltverschlingenden apokalyptischen Ungeheuers, des Spießbürgers Adolf Hitler, der mordend, würgend, brennend die ganze Menschheit an den Rand des Abgrundes führt.

Jarry hat inzwischen noch allerlei anderes veröffentlicht, Romane, Novellen, Essays, Feuilletons, aber die Suggestionskraft seines Ubu ist so groß, daß diese Gestalt immer in ihm lebt und daß sich geradezu eine Gemeinde um ihn und »Père Ubu«, »Vater Ubu« bildete. »Père Ubu«, so nennt er ihn und sich selbst manchmal in jovialer Laune, wenn er wieder einmal ganz in dieser Gestalt aufgeht.

Der Zauber, den Jarry in der Gesellschaft ausübte, war seit seinen Knabenjahren unverändert stark geblieben. Seine unbeschreibliche Frechheit, seine Laszivität, sein Zynismus waren überdeckt durch eine ganz eigene dünne Politur von Liebenswürdigkeit und Witz, die die Gesellschaft faszinierte. Sie verzieh ihm alle seine Exzentrizitäten. Er hatte eine gewisse puerile Antipathie gegen frische Wäsche, Seife und eine auch nur halbwegs korrekte Kleidung und erschien meistens bei Gesellschaften in der damals für Radfahrer üblichen Bekleidung — in alten Pumphosen und einem schmutzigen Pullover. Dennoch wurde er ernst genommen und

Programm für das Theater »L'œuvre« zu »Baumeister Solness« von Ibsen, zeitgenössische Lithographie von Edouard Vuillard.

gewann einflußreiche literarische Verbindung, wie zum Beispiel zu Rachilde, einer bekannten Literaturkritikerin, Verfasserin mittelguter Schauerromane, vor allem aber Gemahlin eines höchst einflußreichen Mannes. Sie gehörte zu Jarrys Bewunderinnen – vielleicht war sie sogar eine Zeitlang seine Geliebte, obwohl seine homosexuellen Neigungen ziemlich deutlich sind.

Durch solche Verbindungen kam er zu der Chance seines Lebens: Der Direktor des Theaters »L'œuvre«, des modernsten und literarisch feinsten Theaters von Paris, berief ihn als Berater, Chefdramaturgen, Regisseur, Sekretär – kurz in eine nicht genau definierte, aber wichtige Stellung. Das Theater spielte Ibsen, Strindberg und den jungen Gerhart Hauptmann. Die feinsten Künstler der Zeit, Toulouse-Lautrec, Bonnard, Vuillard, der junge Edvard Munch, entwarfen zuweilen die Bühnenbilder und zeichneten Graphiken für das Programm. Die Programmzettel mit den Originallithographien zum Beispiel zu Gerhart Hauptmanns »Einsame Menschen«, zu Ibsens »Peer Gynt« und »Baumeister Solness«, zu Strindbergs »Vater« und so weiter sind noch heute der Stolz der Sammler und öffentlichen Kupferstichkabinette. Hier in diesem Theater, nahe dem Verlagshaus der Brüder Natanson, wo die ebenso fortschrittliche »Revue blanche« erschien, war eine Zusammenarbeit von hochbegabten jungen Malern und Dichtern zustande gebracht, wie sie später nur noch der junge Max Reinhardt in Berlin um 1910 versucht hat.

Jarry war vor allem interessiert an der Inszenierung von zwei Dramen: Ibsens »Peer Gynt« und seines eigenen »Roi Ubu«. Schon daß er diese zwei Dramen nebeneinanderzustellen wagte, zeigte seine Einordnung des »Ubu« unter die großen Weltanschauungsdramen mit tiefen geistigen Perspektiven. »Peer Gynt« wurde gespielt in den Bühnenbildern Edvard Munchs und der dramaturgischen Bühnenbearbeitung Jarrys. Eine besondere Attraktion für die Pariser war »Anitras Tanz«, komponiert von Grieg, vorgeführt von der durch Toulouse-Lautrec so berühmt gewordenen Tänzerin Jane Avril.

Die Verhandlungen wegen des »Roi Ubu« zogen sich hin. Jarry war ein schwieriger Autor. Eine Reihe von Glückszufällen entschied dann die Sache fast plötzlich. Erstens: der ausgezeichnete Schauspieler Firmin Gémier von der »Comédie Française«, ein Verehrer des Dichters, erklärte sich bereit, die Hauptrolle zu spielen (die Jarry bis dahin am liebsten selbst gespielt hätte). Zweitens: die Maler Pierre Bonnard, Vuillard, Tou-

»Peer Gynt« von Ibsen im »L'œuvre«. Plakat von Edvard Munch.

louse-Lautrec und Sérusier – die bedeutendsten Pariser Maler der Epoche – stellten sich zur Verfügung, um in Zusammenarbeit mit Jarry das Bühnenbild zu schaffen. Und drittens: man hatte eine sehr gute und beliebte Darstellerin für die weibliche Hauptrolle der Mère Ubu, Louise France.

Jarry verlangte, daß schon durch das Bühnenbild und die Kostüme »die Vorstellung des Ewigen« vermittelt werde. Am liebsten hätte er es gesehen, daß alle Personen mit Masken auftreten, um den Charakter des ursprünglichen Marionettentheaters und den Charakter des Ewigen zu wahren, aber das lehnte Firmin Gémier strikt ab, und hier mußte Jarry nachgeben.

Schon wegen des Bühnenbildes sah Jarry dem großen Abend mit Zuversicht entgegen. Er gab dazu eine Erklärung ab: »Es ist eine perfekte Dekoration. Denn so wie man ein Stück in der Ewigkeit spielen lassen kann, indem man zum Beispiel im Jahre 1000 einen Revolver knallen läßt, so werden Sie Türen sehen, die auf Schneefelder unter blauem Himmel hinausführen, mit Uhren geschmückte Kamine, die aufgehen wie Türen, und Palmen, die am Fußende eines Bettes wachsen, so daß auf den Bücherregalen wandelnde kleine Elefanten ihre Blätter fressen können.«

109

Notenumschlag zu »Ubu«
von Bonnard. Es ist der
vierhändige Klavieraus-
zug einer Ouvertüre zu
dem Drama komponiert
von Claude Terrasse, er-
schienen im Verlag der
»Mercure de France«, der
Jarry wohlgewogen war,
besonders weil die Frau
des Herausgebers der
Zeitschrift, die etwas ge-
hobene Schauergeschich-
tenautorin Rachilde, ver-
mutlich Jarrys Geliebte
war.

Firmin Gémier in der
Hauptrolle von »Ubu Roi«
in der Uraufführung vom
28. März 1908.

Ein sehr prominenter englischer Kritiker bemerkte blühende Apfelbäume unter blauem Himmel in der Mitte der Bühne, links ein Bett, fallenden Schnee, einen entblätterten winterlichen Baum, rechts aber eine Palme. Ein Kamin führte nach außen. Dann gab es noch eine Pforte zum Himmel, neben der ein Skelett baumelte. – Man sieht, an diesem Abend wurde der Surrealismus für das Bühnenbild geboren.

Ein guter Teil des Publikums waren Pariser Highbrows, die auf alles vorbereitet waren. Dennoch brach der Theaterskandal gleich nach dem ersten Wort aus, das Firmin Gémier zu sprechen hatte. Dieses Wort war »Merde«! Zwar hatte Jarry mit der Mischung von wilder Exzentrik und zarter Rücksicht, die ihn so sehr zierte, das Wort zu »Merdre« gemildert – da aber »Merdre« überhaupt nichts bedeutet, verstand jedermann im Zuschauerraum das Wort, wie es gemeint war.

Wir würden es wohl auch heute auffallend finden, wenn ein Drama etwa mit dem Ruf »Schiet« begänne, aber wir würden kaum deshalb mit Stuhlbeinen aufeinander losgehen, brüllen, pfeifen und toben. Wir sind eben heute schon ein ziemlich abgehärtetes Publikum, das allerlei erlebt hat: die Darbietungen des Dadaismus, die surrealen Dramen von Stramm, wo wir nicht ein Wort verstanden, die Popkunst und so weiter. Doch vor der Jahrhundertwende mußte dieser Anfang unweigerlich zur Explosion führen. (Der junge Gerhart Hauptmann, noch mehr die radikalsten Naturalisten wie Bjarne C. Holmsen, Arno Holz und Schlaf riskierten ja einiges in dieser Hinsicht, aber das, das hätten sie nicht gewagt, selbst nicht in der »Freien Bühne« Otto Brahms, vor einem geschlossenen Publikum.)

Der Theaterkrach im Pariser Theater »L'œuvre« tobte und wogte in der gewohnten Weise: das Publikum bildete zwei Parteien, die einander mit den wütendsten Beschimpfungen bedachten. Ein Teil schien wild entschlossen, die ganze Sache überhaupt nicht weiterspielen zu lassen. – Nur einer blieb gänzlich ungerührt: der Hauptdarsteller Firmin Gémier. Er schaute eine ganze Weile ruhig zu, dann begann er auf der Bühne einen improvisierten Tanz, zu dem er sich selbst durch Pfeifen begleitete, und zuletzt, als noch einige im Parterre Unfug trieben, legte er sich gelangweilt auf den Souffleurkasten und tat, als ob er einschliefe. Seine Kaltblütigkeit imponierte. Das Publikum begann zu lachen, applaudierte ihm und ließ ihn weiterspielen. Er hatte bewiesen, daß er seiner exzentrischen Rolle vollauf gewachsen war. Das Stück rollte ohne Pause ab. Zum Schluß:

frenetischer Applaus der Anhänger und ein wütendes Pfeifkonzert der Gegner. Der Direktor war nicht unzufrieden: es war der größte Theaterskandal in Paris seit der historischen Uraufführung von Victor Hugos »Hernani«, in welchem die klassizistisch gesinnten alten Abonnenten der »Comédie Française« gegen die exzentrischen jungen Romantiker Gautier, Nerval, Victor Hugo tobten. – Aber zum Unterschied von »Hernani«, der eine neue Epoche des Theaters einleitete, wurde »Roi Ubu« nach der Premiere abgesetzt.

Nun war, um die Wahrheit zu sagen, dem Publikum wirklich etwas viel zugemutet worden, als man erwartete, es solle das Drama mitsamt seiner Philosophie der »Pataphysik« (ein Lieblingsausdruck Jarrys) verstehen. Was gegeben wurde, war die kurze Buchfassung nach dem alten Marionettenspiel, das seinerzeit von mehreren Schülern – mindestens noch zwei Brüdern und Mitschülern – verfaßt worden war. Manche, die den Sachverhalt kannten, erklärten das Drama einfach für ein Plagiat.

Wohl konnte man ahnen, daß es dem grotesken Massenmörder und Betrüger Ubu, König von Polen, dann gedemütigt und geschlagen vom Zaren, bestimmt war, ins Gigantische, Übermenschliche zu wachsen, wohl konnte Jarry das Zeitlose, »das Ewige« im Bühnenbild akzentuieren lassen, aber er war nicht imstande, dem Zuschauer die tieferen Hintergründe des dramatischen Entwurfes begreiflich zu machen. Wer »Roi Ubu« wirklich verstehen will, muß das Drama mit allen seinen phantastischen Anhängseln lesen, in deren Clownerien sich nun wirklich der tiefere Sinn, das Symbolische, das Unwirklich-Allzuwirkliche enthüllt. Es war ihm eben nicht gegeben, wie es später Franz Kafka gegeben war, Traumelemente mit der Wirklichkeit des Alltags so zu verschmelzen, daß der geistige Hintergrund einer Handlung fühlbar, ahnbar gemacht wird, ohne ihn dem Leser oder Betrachter ins Gesicht zu klatschen, daß dieser Hintersinn, Untersinn, Tiefsinn in der Luft schwebt, daß er fast in der Atmosphäre aufgelöst ist und daher so vieldeutig bleibt, wie er es ist. Traumelemente dieser Art sind nicht für die Bühne geeignet, sie sind im Grunde ganz unspielbar.

Übrigens, mindestens ein Mann im Zuschauerraum verstand Jarry ganz genau, und dieser Mann war der vielleicht größte und feinste Geist des damaligen Frankreich, zugleich sein reinster Dichter: Mallarmé. Er kannte Jarry, der häufig zu seinen berühmten wöchentlichen Empfängen erschienen und manchmal als letzter gegangen war, persönlich gut, und er

Eines der zahlreichen meist surrealistischen Kunstwerke, zu denen »Ubu Roi« die Anregung gab: »Ubu Imperator« von Max Ernst (1923).

Fernand Khnopff,
ein Graphiker und
Maler der Déca-
dence um 1900:
symbolisches Ge-
mälde über die
Poesie des Dichters
Stephane Mal-
larmé (1892).

kannte und verstand das Drama mit allen seinen Hintergründen. Aber je mehr er es verstand, desto unsympathischer wurde ihm der Autor, denn er sah auch alle Folgen voraus. Er selbst war ja auch ein Dichter jenseits des Wirklichen, ein Dichter des nur Ahnbaren, aber für ihn kam dieses Überwirkliche aus der Musik des Satzes, dem Reigen der Worte, aus der Aufhebung ihres plumpen Schwergewichtes. Bei Jarry aber sah er einen ganz anderen Weg zum »Surrealen«, den er ablehnte, eben den Weg, den die Surrealisten dann gingen.

Aber da Mallarmé ein Gentleman mit tiefen Neigungen zu englischen Lebens- und Höflichkeitsformen war (er war auch Englischlehrer an einer höheren Mädchenschule), setzte er sich am nächsten Tag hin und schrieb ein paar liebenswürdige Zeilen an Jarry, in denen er die Art seines Verständnisses andeutete und die völlige Verständnislosigkeit des Publikums bedauerte.

Der Name Jarry ist gleichsam ein Knotenpunkt, in dem sich vielerlei geistige Tendenzen miteinander verflechten. Sein Geist hat sich umnachtet, sein Menschliches und Sterbliches verlöschte allmählich. André Gide,

Jean Metzinger: Skizze zu einem Bildnis des Dichters Apollinaire (l.). Cappiello: Titelblatt zu »Le poète assassiné« von Apollinaire, 1916 (r.).

der nicht gerade freundlich zu ihm stand, nennt das tödliche Übel beim Namen: es ist Delirium tremens, hervorgerufen durch den massenhaften Genuß von Äther und anderen Rauschgiften. Jarry versinkt buchstäblich in Schmutz, Armut und Wahnsinn, und keine Hilfe der Freunde kann ihn retten. Aber in der Geschichte des Surrealismus taucht sein Name immer wieder auf. Apollinaire und Breton bezeichnen ihn als den Ahnherrn des Kubismus, der gegenstandslosen Kunst, des Surrealismus, und Tristan Tzara nimmt ihn noch als Vorgänger des französischen Dadaismus in Anspruch.

Ganz unbezweifelbar und für uns unübersehbar ist die Entwicklungslinie, die ihn mit dem »absurden« Theater verbindet. Man kann, wenn man die Fragmente zur Fortsetzung des »Roi Ubu« liest, erkennen, wie er sich mehr und mehr der Absurdität als geistigen Instruments bemächtigt, um das Theater zu »entrealisieren« und zu neuen Möglichkeiten zu führen. Seine Studien zu Bühnenproblemen — oft wiederum um »Roi Ubu« gruppiert — geben die Gewißheit, daß ihm diese Wendung durchaus bewußt war. Bei Jean Tardieu, dem eigentlichen Klassiker der absurden Bühne, hat man oft den Eindruck, daß er diese Schriften genau kannte, als er seine ebenso grotesken wie feinziselierten kleinen Szenen für das Kammertheater schrieb. Und das gilt auch für den frühen Ionesco, Adamow und so weiter.

Wenn wir hier zögern, auch die jungen irrealistischen Dramatiker Englands zu nennen, so ist es nur aus Furcht, ein einmal berührtes Thema allzu summarisch zu behandeln. England hat in seiner eigenen »Nonsens«-Dichtung, von »Alice in Wonderland« und Edward Lear bis in die Gegenwart, eine unversiegliche Quelle des Absurden, der gegenüber man einen einzelnen Schriftsteller wie Jarry und ein einzelnes Theaterstück wie »Roi Ubu« gar nicht nennen sollte. Werden sie aus dieser eigenen, unversiegbaren Quelle schöpfen? Manchmal denken wir, sie tun es ja schon. Wenn sie es aber wirklich täten, sie würden aus dem »absurden Theater« — das heute in Paris fast schon wieder vertrocknet — das große Kunstwerk schaffen, das in Wahrheit einer der tiefsten Gaben des englischen Geistes entsprungen wäre. — Darüber wird in einem anderen Zusammenhang zu sprechen sein.

Wir kehren nach Paris zurück. Diesmal in den Kreis einer schönen, eleganten, jungen Frau, einer gewissen Misia Natanson, der Frau des einen der beiden Herausgeber der »Revue blanche«, Thadée Natanson. Sie war

Das berühmte Frühwerk Picassos, das nach seiner blauen und rosa Periode 1907 den Kubismus einleitete: »Les Demoiselles d'Avignon«.

so etwas wie eine literarische Snobesse, die kein künstlerisches Ereignis in Paris versäumen durfte, aber sie war auch ein warmherziges, liebevolles Wesen und wahrscheinlich eine ausgezeichnete Kunstkennerin. Sie ist vom alten Renoir nicht weniger als achtmal gemalt worden und einige Male von Toulouse-Lautrec. Vuillard, einer der interessantesten Maler unter den Spät-Impressionisten der Zeit, liebte sie leidenschaftlich und hoffnungslos. Ihre Memoiren, auf die wir noch oft zurückgreifen werden, sind eine unerschöpfliche Quelle von Informationen über die zeitgenössische französische Kunst und Literatur. – Merkwürdig ist, daß Misia Natanson, die auch eine der engsten Freundinnen und liebevollsten Verehrerinnen Mallarmés war – natürlich alles nur platonisch, denn auch in dieser Hinsicht

Paul Cézanne: Bildnis des Kunsthändlers Ambroise Vollard.

war der geniale Mann absolut korrekt –, den Dichter Jarry kaum kannte. Und dabei widmet sie zum Beispiel dem jungen Picasso, der doch von »Roi Ubu« so beeindruckt war, daß er dazu Graphiken schuf, Seite um Seite in ihren Memoiren. (Übrigens war der junge Maler Rouault noch tiefer erschüttert; er gab bei dem Kunsthändler Vollard eine monumentale, von ihm illustrierte Ausgabe des »Ubu« heraus.)

Thadée Natansons »Revue blanche« war kein Geschäft, das kann man wohl begreifen, und der Mann der schönen Misia, der etwas von einem Hasardeur und etwas von einem naiven Idealisten an sich hatte, ließ sich auf weit bedenklichere und ungleich kostspieligere Experimente im Osten Europas ein, die ihn an den Rand des Ruins brachten. Er war in diese

Henri de Toulouse-Lautrec: Bildnis der schönen und eleganten Misia Natanson, später Misia Sert.

Spekulationen von Alfred Edwards hineinmanövriert worden, dem Begründer und Besitzer der international geachteten Zeitung »Matin«, einem der reichsten Männer Frankreichs und vielleicht Europas, einem Spekulanten von ganz anderen Ausmaßen, als der kleine, wenn auch ehemals sehr wohlhabende Thadée Natanson es war. Alfred Edwards liebte Misia und begehrte sie mit besessener Leidenschaft. Als Kapitalist in der großen Zeit des Kapitalismus kannte er keinen anderen Weg, als die Dinge zu kaufen, die er begehrte: Schlösser, ungeheure Mengen von Juwelen, Pferde – und so auch die Frau, die er liebte. Natanson befand sich hilflos in den Krallen des Raubtiers. Wenn er die Bedingung Edwards', ihm Misia zu überlassen, nicht annahm, drohte ihm ein völliger, vielleicht betrügerischer Bankrott (obwohl er keinen eigentlichen Betrug begangen hatte). Er war nicht der Mann, lange zu widerstehen. Er flehte Misia an, die Sache mit Edwards »zu arrangieren«. Misia befand sich in einer seltsamen Lage. Die Kameradschaft, das Band der Loyalität, hatte ihr Mann selbst zerbrochen.

Edwards, trotz seiner unbändigen Leidenschaft, handelte ihr gegenüber immer mit Takt und Geschicklichkeit. Er ließ ihr jede Freiheit der Entscheidung, auch als ihr eigener Mann sie längst verkauft hatte. Er umwarb sie stürmisch und ausdauernd — Misia selbst sagte, sie hätte dieses wilde Leuchten des Begehrens in den Augen eines Mannes noch nie gesehen —, aber er raubte sie nicht und übte keinerlei Druck auf sie aus. Als sie endlich ja sagte, war sie wirklich schon im Inneren für ihn gewonnen.

Misia, jetzt Mme. Edwards, lebte fortan das Leben einer vielfachen Millionärin, der so gut wie nichts von den irdischen Gütern verwehrt war. Ihr Mann verwöhnte sie grenzenlos. Er war selbst ein Verschwender und erlaubte ihr mit Freuden das gleiche. Der Rahmen ihres jetzigen Lebensstils waren Schlösser, Villen an der Riviera, die eigene fürstlich ausgestattete Luxusjacht, auf der sie monatelange Kreuzfahrten auf dem ganzen Mittelmeer unternahm, umgeben von Freunden, die sie gern um sich sah, zumeist Künstlern. — Ihrem Charme und Geschmack öffneten sich wie von selbst die sonst sehr schwer zugänglichen Salons der »eigentlichen« Pariser Gesellschaft in den Palais der Pariser Adelsviertel, die ihr bald ebenso vertraut waren wie gewisse exklusive englische Landschlösser in ihren wundervollen Parks.

Selbstverständlich mußte sie in diesen hocharistokratischen Pariser Salons den jungen Marcel Proust treffen, der immer noch in Gesellschaft ging, obwohl er schon durch sein Asthma schwer behindert war. Und selbstverständlich auch den exzentrischen König der Dandies, den Dichter Graf Montesquiou.

Umwedelt von den verehrungsvollen Briefen Prousts, gesättigt vom eigenen Hochmut, elegant und herausfordernd, hielt sich dieser Montesquiou für den Gipfel der zeitgenössischen französischen Dichtung, während er in Wirklichkeit nur eines ihrer interessantesten Literaturmodelle war: er ist nämlich das Modell des Herzogs des Esseintes in Joris-Karl Huysmans' »A rebours«, das Vorbild aller lasterhaften und exzentrischen Literaturdandies bis zu Wildes »Dorian Gray« und Jahrzehnte später das Modell einer perversen Hauptfigur in Prousts großem Gesellschaftsepos »A la recherche du temps perdu«.

Plakat für die Zeitschrift »La revue blanche« der Brüder Natanson, ein Meisterwerk Pierre Bonnards.

Diese Gestalten haben eine unverkennbare, wenngleich zufällige Ähnlichkeit mit einem Mann, der vielleicht – trotz des zärtlich verehrten großen Mallarmé – das ganze Leben der Misia stärker beherrschen sollte als irgendein anderer Mann, obwohl von einer erotischen Bindung nicht die Rede sein kann, denn auch das, wie so manches andere, hat dieser

Pariser Stadtpalais des »Zweiten Barock« aus der Belle Epoque. Hinter solchen Fassaden
bewegte sich z. T. die Gesellschaft, in der eine so viel verehrte Gestalt wie der Dandy und
Dichter Robert de Montesquiou von dem mondänen Maler Giovanni Boldini gemalt
wurde (r.) Der junge Marcel Proust, der Montesquiou schmeichelte und adorierte, beschreibt diese charakteristische, eitle Geste Montesquious mit seinem Spazierstock genau,
die aber auch nicht wenig verführerisch wirkte.

Robert de Montesquiou war das Modell des Herzogs des Esseintes in dem literarisch bahnbrechenden Roman »A rebours« von Joris Karl Huysmans, einem Hauptwerk des ästhetischen Zeitalters, das wiederum Oscar Wilde in seinem »Bildnis des Dorian Gray« sehr tief beeinflußte. – Zuletzt tritt Montesquiou bei Marcel Proust in seinem Romanwerk »A la recherche du temps perdu« besonders in dem Band »Sodome et Gomorrhe« auf. Immer ist er eine Verkörperung der ästhetisch-dekadenten Perversität. Noch dem schwerkranken Proust wird vorgeworfen, daß er Montesquiou durch seine Schilderung in den Tod getrieben habe.

Dandy mit Montesquiou, mit Huysmans' Herzog des Esseintes, mit Prousts Romanfigur und Proust selbst gemeinsam: daß ihm die Frauen im intimen Leben nichts bedeuteten, auch wenn er sie noch so sehr bewunderte und schätzte, auch wenn sie für sein Lebenswerk noch so wichtig waren wie Misia. Er war ein Russe und nannte sich Sergej de Diaghilew. Über die Herkunft seines Adels ist nichts bekannt. Er war zuerst nur ein eleganter Dilettant oder nur ein Halbdilettant des Lebens und der Kunst und entfaltete erst verhältnismäßig spät seine wahren produktiven Fähigkeiten.

Ursprünglich hatte er in Petersburg eine moderne Kunstzeitschrift herausgegeben, die durchaus interessant gewesen sein muß, denn er veröffentlichte Reproduktionen der damals neuesten, etwas ästhetenhaften russischen Maler und Graphiker Bakst, Benois und Somoff – von denen die zwei ersten ihm in der Glanzzeit seines Lebens unendlich viel bedeutet

Léon Bakst: Bühnenentwurf für das Ballett »Thamar« von Balakirew (1912).

Sergej Diaghilew,
der große Initiator
des neuen Balletts
(Gemälde von Léon
Bakst).

haben. Später wurde er Beamter des »Marijnski-Instituts« in Petersburg – das war der offizielle Name der Kaiserlichen Petersburger Hofbühne, die eine Oper, ein Ballett und eine Ballettschule umfaßte, alle von allererstem Rang.

Ballett und Ballettschule galten – wie bei allen großen Hofbühnen – als bevorzugte Rekrutierungsstätten für Mätressen der nächsten männlichen Verwandten des Herrschers. So war die Primaballerina Krscheschinskaja die Geliebte eines Großfürsten und bewohnte daher ihr eigenes Stadtpalais, während die jungen Elevinnen, die vermutlich die besten Lehrkräfte der Welt hatten, in fast klösterlicher Abgeschiedenheit lebten. Unter ihnen waren zwei, die später weltberühmt wurden: die Karssawina und die Pawlowa. Und unter den ganz jungen Eleven war ein hochbegabter Tänzer, dem man eine große Zukunft voraussagte. Er hieß Vaclav Nijinskij und war der Nachfahre einer Familie von Ballettleuten, offenkundig asiatischer Herkunft. Der alte, von allen verehrte Klassiker der Choreographie war Petipa, doch hatte unlängst ein sehr guter Tänzer namens Fokin sich auch als Choreograph hervorgetan, der deutlich einen etwas moderneren Stil anstrebte als Petipa. Man wußte im Kaiserlichen Marijnski Institut sehr gut, daß man in Europa begonnen hatte, das klassische Ballett als eine sterbende Kunst zu erklären. So etwa wie jeder richtige moderne Wagnerianer das Koloratursingen für eine gänzlich überholte Kunst hielt, auch wenn die Koloratur zufällig von Mozart stammte.

Das »Moderne« (man nannte es bei uns mit Vorliebe »Die Moderne«) war überhaupt damals wirklich modern, was durchaus nicht immer der Fall ist. Eine junge Tänzerin aus Amerika, Isadora Duncan, reiste um diese Zeit in der ganzen Welt herum und zeigte ihre Tänze, die überhaupt keine Spitzentänze waren, sondern eher mehr oder weniger edle Gesten zu klassischen Musikstücken – manche den Tanzbildern auf antiken Vasen nachgeahmt. Wie jene antiken Tänzerinnen tanzte auch sie in einem kurzen griechischen Gewand, einer Chlamys, und barfüßig – zur ziemlich allgemeinen Empörung auch solcher Ballettbesucher, die es für selbstverständlich hielten, daß die klassischen Ballerinen in den kürzesten Röckchen tanzten, die kaum bis zum Knie reichten und ihre schönen Beine zeigten. Daß die griechischen Tänzerinnen auf antiken Vasenbildern zuweilen nackt oder doch fast nackt tanzten, nahm die junge Amerikanerin offiziell nicht zur Kenntnis; im engen Kreise führte sie auch das vor, erzählt man. Auch in der Wahl ihrer engsten Freunde zeigte sie sich reform-

Die schöne russische Tänzerin Anna Pawlowa als »Sterbender Schwan« in dem bis heute immer wieder aufgeführten romantischen Ballett »Schwanensee« von Peter Tschaikowsky.

Isadora Duncan, die konsequenteste Vertreterin der totalen Reformen des Tanzes, in älteren Jahren mit ihrem Mann, dem ausgezeichneten russischen Dichter Sergej Jessenin, der durch Selbstmord endete.

bereit. Sie hatte nichts zu tun mit Großfürsten, königlichen Prinzen oder Gardeoffizieren, sondern ihr Freund war lange Jahre ein Vanderbilt aus einer der ältesten holländisch-amerikanischen Dynastien der bürgerlichen Milliardäre in New York. In den Lebenserinnerungen von Franz Blei wird auch eine kleine amoureuse Affäre mit dem Herausgeber der »Insel« und Begründer des Insel-Verlages, Alfred Walther Heymel, angedeutet, einem Mann von sehr gutem Geschmack und erheblichen finanziellen Mitteln. Später heiratete sie in Moskau den genialen Bühnenbildner Edward Gordon Craig, noch später den großen sowjetischen Dichter der frühen Lenin-Periode, Jessenin. In der ganzen Welt, vor allem in Deutschland, machte sie einen tiefen, produktiven Eindruck. Sie starb durch einen Unfall eines schrecklichen Todes.

Der treffliche junge Tänzer und Choreograph Fokin vom Marijnski-Institut in Petersburg sah ein, daß mehr dramatischer Ausdruck in das Ballett gebracht werden konnte, ohne daß auf die Ornamentik des

Spitzentanzes ganz verzichtet werden mußte, wenn man im Inhalt, in der Choreographie, in der ganzen Regie die verspielten alten Motive fallen-ließ, stärkere Motive erfand und der dramatischen Mimik der Tänzer mehr Freiheit ließ.

Es wäre merkwürdig gewesen, wenn er sich mit Diaghilew, der an dem-selben »Institut« arbeitete und sehr viel von einer gewissen Art moderner Kunst verstand, darüber nicht ausgesprochen hätte. Zwei bildende Künst-ler dieser modernen Richtung, Benois und Bakst, erklärten sich bereit, mit-zuarbeiten, und entwarfen Dekorationen und Kostüme für die Oper wie für das Ballett. Namentlich ihre Entwürfe zu Mussorgskijs »Boris Godunow« wurden damals hochgepriesen.

Die Reform des alten Balletts in dieser Richtung lag geradezu in der Luft. Diaghilew, dessen Entdeckerinstinkte oft großartig waren, hatte in seiner Kunstzeitschrift als allererster die Graphiken eines ganz jungen, sehr genialen englischen Künstlers publiziert, der von der zweiten Generation der bedeutenden englischen Präraffaeliten herkam, Schüler des jetzt hoch-offiziösen Sir Edward Burne-Jones, der der berühmte ehemalige Mitar-

Bühnenbild von Alexandre Benois für »Petruschka« von Strawinsky.

P. M. Mussorgskij, der geniale russische Komponist; Gemälde von 1881 (r.). Fedor Schaljapin, der große russische Sänger, zusammen mit dem jungen Dichter Maxim Gorki (l.).

beiter des großen Kunstgewerblers William Morris bei den kostbaren Drucken seiner Kelmscott Press und den wegweisenden, zum Teil ganz wundervollen Wandtapeten und Gobelins war. Von beiden wird noch ausführlicher zu sprechen sein.

Der geniale junge Künstler, den Diaghilew in seiner Kunstzeitschrift herausgestellt hat, war Aubrey Beardsley. Er hat seine präraffaelitische Abkunft, die man seinen frühen graphischen Gestalten geradezu an der Nasenspitze ansehen konnte, niemals verleugnet, auch nicht, als er später ganz andere Wege ging, dekadent, verrucht und geradezu pornographisch wurde. Beardsley war tuberkulös und starb sehr jung, aber der Einfluß seines Lebenswerkes auf die Zeit, ihren Stil, ihre Kunstformen, ihr Kunstgewerbe ist kaum zu ermessen. Und gewiß nicht seine stilbildende Kraft auf das Ballett Diaghilews. Denn wer die graphischen Werke Beardsleys mit Feingefühl sieht, wird sehr bald darauf kommen, daß man sie alle ein überirdisches, überwirkliches Ballett nennen könnte, ein unbewußtes

Ballett der Linien, der Stile, der Gesten und Ornamente. Die ganze Welt scheint Pirouetten zu tanzen, sich schwerelos in die Luft zu heben und zu schweben, oder auch galant auf den Fußspitzen zu trippeln. So viele Stilarten er auch miteinander mischte – Spätrömisches, Rokoko und Barock, den neuen Symbolismus und den neuesten Jugendstil der Zeit: es ist bei ihm alles zusammengewachsen, eine organische Einheit, ein verklärtes Tanzballett.

Der Mann, der die geistige Produktivität dieses scheinbaren Mischstils so gut verstand wie Diaghilew, mochte auch die Fähigkeit haben, das Ballett von Grund auf zu reformieren, ohne es ganz zu zerstören, wie die radikalen Neuerer das wollten. – Vorerst aber wurde dieser Herr Diaghilew, der eine untergeordnete Stellung beim »Marijnski-Institut« hatte, von dem hochadeligen Intendanten fristlos entlassen aus irgendeinem gleichgültigen Anlaß. Augenscheinlich hat er diesen Eklat selbst provoziert.

Tamara Karssawina, die berühmte Tänzerin des russischen Balletts (l.), und die nicht minder berühmte Anna Pawlowa (r.).

Der auffallende Vorgang wurde bei Hofe, wo Diaghilew Gönner hatte, beachtet und in dieser überraschenden, den Betroffenen scheinbar schwer schädigenden Form nicht gebilligt. Man flüsterte sich zu, daß sogar der Zar sich mißbilligend darüber geäußert habe. Und als Diaghilew nun mit dem Vorschlag kam, die wichtigsten Hauptstädte des Westens mit dem Petersburger Kaiserlichen Ballett und der Oper durch einige ihrer besten Leistungen bekannt zu machen, wurde dieser Vorschlag von den dafür maßgebenden Hofkreisen günstig aufgenommen. Man erinnerte sich gern des tiefen und nachhaltigen Eindrucks, den vor einigen Jahren Stanislawskijs Moskauer Schauspieltruppe in Berlin und anderswo gemacht hatte. Sofort begann Diaghilew seine Pläne zu entwerfen. Er war ein großartiger Organisator und hatte schon einige Erfahrungen mit ähnlichen Veranstaltungen im Westen, zumal in Paris. Schon 1906 hatte er in Paris eine Ausstellung russischer Maler veranstaltet und 1907 ein Konzert moderner russischer Musik unter der Leitung von Arthur Nikisch, die allerdings damals noch nicht genügend beachtet worden waren.

Das Gastspiel des Diaghilew-Balletts in Paris war für Misia ein einschneidendes Erlebnis. — Es war noch nicht das Ballett, das dann bis 1929 in ganz Europa und Amerika gastierte, sondern es war Diaghilews allererster Versuch mit einer Truppe der Kaiserlichen Petersburger Oper im Jahre 1908. Mussorgskijs »Boris Godunow« wurde gegeben mit dem Sänger Schaljapin in der Hauptrolle. Es leben ja heute noch Menschen, die Schaljapin in »Boris Godunow« gehört und gesehen haben, und diese werden es verstehen, welche aufwühlende Wirkung die Aufführung auf Misia hatte. Sie schreibt:

»Seit ›Pelléas‹ hat nichts mich so tief bewegt. Und nur ein einziges ähnliches Kunsterlebnis sollte ich im Leben noch haben: Strawinskys ›Le sacre du printemps‹.«

(»Le sacre du printemps«, eine sehr schwierige Aufgabe für das Ballett, wurde von der Diaghilew-Truppe nach endlosen Vorbereitungen zuerst am 29. Mai 1913 in Paris im Théâtre des Champs Elysées aufgeführt.)

Die Aufführung des »Boris Godunow« im Jahre 1908, mit der für Misia »ein neues Kapitel ihres Lebens« beginnt, das weithin sichtbar den Titel »Diaghilew« trägt, war in Paris kein allgemeiner Erfolg. Das Publikum, an moderne russische Musik nicht gewöhnt, blieb den Aufführungen fern. An jedem Abend gähnten furchterregende Lücken im Zuschauerraum.

Jean Cocteau: Strawinsky komponiert »Le sacre du printemps«.

Hier nun zeigte sich Misia Edwards von ihrer allerschönsten Seite. Wo und wann immer sie es vermochte, war sie Künstlern hilfreich gewesen, jetzt aber war sie eine schwerreiche Frau und konnte sich einem Mann wie Diaghilew gegenüber, den sie so tief verehrte, eine ebenso diskrete wie kostspielige Unterstützung leisten: sie kaufte im geheimen alle leeren Plätze des Theaters allabendlich auf und verteilte sie an Bekannte und Musikfreunde. So half sie Diaghilew immer, bis zu seinem Tode. Sie fand stets einen Ausweg für ihn, wenn er in der Klemme war – und das war er sehr oft. Er hatte sich von dem Petersburger Kaiserlichen Ballett bald gelöst, hatte aber einige der besten Künstler an sein eigenes Unternehmen verpflichtet. Seine Stars wurden Weltberühmtheiten, und er mußte sie entsprechend bezahlen, wenn er sie behalten wollte. Der Name Pawlowa verschwand sehr bald von seinen Theaterzetteln, Ida Rubinstein trat nur noch zuweilen auf, die großartige Karssawina blieb länger. Aber die entscheidende Katastrophe für ihn und sein Ballett stand ihm noch bevor.

Nijinskij und die Karssawina in einem der schönsten Ballette der Diaghilew-Truppe: »Der Geist der Rose« nach Carl Maria von Webers »Aufforderung zum Tanz«.

Der junge Eleve Vaclav Nijinskij aus dem Marijnski-Institut mit dem asiatischen Knabengesicht, sehr schüchtern, sehr verschlossen, aber mit einem Körper hart und elastisch wie eine Sprungfeder, entpuppte sich bald als ein wahres und echtes Weltwunder des Balletts. Er hatte etwas von einem Leoparden und etwas von einer Maschine, eine Kraft, die ihn hinaufschnellen ließ und in der Luft endlos herumwirbelte oder ihn springen und fliegen ließ, als gäbe es für ihn überhaupt keine Erdenschwere. Was zwischen Mechanismus und Tier lag, das Menschliche, war in ihm kaum sichtbar, nur dieses zuweilen ganz unheimliche Blitzen in seinen Schlitzaugen. Wenn er im »Geist der Rose« zur Musik Carl Maria von Webers durch das nächtliche Zimmer schwebte, war es, als ob eine verirrte Lerche durch die Luft glitt. Wenn er so leise tanzte, war es nicht nur geräuschlos, es schien stiller zu sein als die Stille selbst. Wenn er in der »Scheherezade« in orientalischen Frauenkleidern tanzte, das Gesicht geschminkt, den Oberkörper halb nackt, die begehrlichen Augen durch irgendein Naturwunder ganz weiblich-sinnlich, doch mit den sehnigen Armen des Mannes, schien er ein verwirrender Hermaphrodit. Wenn er auf der Bühne war, sah man nur ihn.

Diaghilew machte für Nijinskij Reklame, daß alle im Ballett ihn zu hassen begannen. Aber es war ja nur allzu verständlich: Nijinskij war der Star unter den Stars des Balletts. Etwas weniger natürlich war, daß er auch das Liebchen Diaghilews war und wirklich verzärtelt wurde. Als Nijinskij sich auch als Choreograph betätigen wollte, ließ Diaghilew ihm freie Hand, wo und wann er das wünschte, obwohl alle Kenner darin übereinstimmten, daß er kein besonderes choreographisches Talent hatte. Am meisten haßte ihn Fokin, der als der Meisterchoreograph des Balletts galt und große Erfolge aufzuweisen hatte, abgesehen davon, daß er nach dem unerreichbaren Nijinskij wahrscheinlich der beste Tänzer der Truppe war. In dem schwierigen Ballett »Le sacre du printemps« von Strawinsky hatte Nijinskij die Choreographie und Regie übernommen — aber er kam trotz unzähliger Proben nicht zum Ende, bis Diaghilew, der ihn nicht kränken wollte, an Dalcroze nach Hellerau schrieb und ihn um die Hilfe seiner besten Lehrerin aus dem berühmten Institut für rhythmische Gymnastik bat.

Nijinskij galt schon immer als hochmütig — ob zu Recht oder Unrecht läßt sich nicht mehr entscheiden, aber jetzt schien er sich gegen Diaghilew selbst zu wenden. Diaghilew sollte sich nicht einmischen, wenn Nijinskij

Tanzstudie von Auguste Rodin, angeregt durch den Tänzer Nijinskij.

Nijinskij in einem romantischen Ballett.

Nijinskij in »L'après-midi d'un faune« von Debussy, in dem von Bakst entworfenen Kostüm. Debussy wurde von dem berühmten Gedicht Mallarmés inspiriert.

Regie führte, ja, er sollte gar nicht die Bühne betreten dürfen. Er sollte die kleinen Ballettgruppen, mit denen Nijinskij hie und da eigene Gastreisen machte, nicht einmal begleiten dürfen. – War das wirklich nur Hochmut? War es Haß? Wollte der verschlossene Mann sich von Bindungen befreien, die er nicht mehr für notwendig, nicht mehr seiner Natur gemäß, ja nicht mehr für ehrenhaft hielt? – Die Antwort auf diese Fragen sollte bald kommen.

Auf einer Tour der Ballettgruppe nach Brasilien und Argentinien – mit Nijinskij als Star und ohne Diaghilew – kam auch eine junge und hübsche ungarische Tänzerin mit. Sie stammte aus einer guten Familie, französisch-hugenottische Einwanderer, die in Budapest lebten. Über ihr Tanz-

Ida Rubinstein im Garten ihres Pariser Heims. Sie schied bald aus dem russischen Ballett aus und regte eine Reihe aufsehenerregender Ballette an, in denen sie selbst auftrat, z. B. »Der heilige Sebastian« von d'Annunzio und Debussy und die »Josephslegende« von Richard Strauß.

talent machte sich das Mädchen — Romola hieß sie mit Vornamen — keine großen Sorgen. Ihr Ziel war ein ganz anderes. Sie war in Nijinskij verliebt und wollte ihn für sich gewinnen. Sie wußte natürlich, wie alle in der Truppe, von seiner Geschichte mit Diaghilew, aber sie hielt ihren geliebten »Petit« für vollkommen normal. Wenn eine liebende Frau solche Gefühle hat, so hat sie meistens recht — oder, vorsichtiger ausgedrückt: sie behält meistens recht. Im übrigen hatte sie in der Handtasche eine Kopie des wundertätigen Jesuskindleins aus der Loretokirche von Prag und war vollkommen zuversichtlich: es würde ihr schon helfen. Sie wollte ja nichts Schlechtes, nicht für sich und nicht für den geliebten Mann. Jeden Abend betete sie in ihrer Kajüte vor dem wundertätigen Bild, und jeden Tag stellte sie sich, wo sie nur konnte, dem berühmten Mann in den Weg. Er blickte scheu beiseite oder über sie hinweg. Und wenn er schon ein paar Worte zu ihr sprach, so verstand sie ihn nicht, denn sie sprach nicht russisch und er nur schlecht französisch. Sie war allmählich schon ganz verzweifelt. Da kam – kurz vor der Landung bei einem Ball – der alte Baron Ginsberg auf sie zu, ein Freund ihres Vaters und der finanzielle Leiter der Tournee, und sagte feierlich: »Meine liebe Romola, ich halte hiermit um deine Hand an – für meinen großen Freund Nijinskij.«

Zunächst hielt sie es gar nicht für möglich und mußte vorerst in der Kajüte mit ihrem wundertätigen Jesuskindlein von Prag sprechen. Aber natürlich sagte sie beseligt ja, und bald nach der Landung wurde die Hochzeit gefeiert, und die beiden bezogen ein gemeinsames Appartement im Hotel. Und wie immer zweifelnd oder ironisch die Ballettkolleginnen die junge Frau von der Seite anschauten: sie bekam beizeiten ein Kind. Leider nur ein süßes Mädchen, obwohl sie sich doch beide so sehr einen Jungen gewünscht hatten.

Diaghilew, der natürlich telegraphisch von den Ereignissen unterrichtet worden war, war vorerst völlig fassungslos und vernichtet.

Nijinskij hatte augenscheinlich nicht damit gerechnet, daß dieser Schritt die endgültige und unwiderrufliche Trennung von Diaghilew und dem Diaghilew-Ballett bedeutete. Er hielt es für unmöglich, daß Diaghilew einen derartigen Schritt wagen würde, der ja nicht nur den Bruch einer so langen Freundschaft, sondern möglicherweise auch den Ruin des Balletts bedeutete. Auf seiner Seite sah er keine Schwierigkeit, die Freundschaft mit Diaghilew auf einer platonischen Linie fortzusetzen. Er hatte keine Ahnung von der homoerotischen Besessenheit Diaghilews. Wenige Tage später erhielt er ein Telegramm, das in ein paar dürren Worten die Kündigung enthielt.

Im engsten Kreise der Eingeweihten gab es noch Zweifel, ob diese Kündigung, in der Erregung des ersten Augenblicks ausgesprochen, auch wirklich das letzte Wort in dieser Affäre sei. Auch Misia zweifelte. Ihre Analyse der Lage ist scharfsinnig und überzeugend: Diaghilew schien ganz unzugänglich und absolut entschlossen, den Trennungsstrich zu ziehen. Doch war zu bedenken, ob nicht mit der Zeit, wenn sich die Wogen der Erregung gelegt hatten und in der rein privaten Sphäre ein Ersatz für Nijinskij aufgetaucht war – was, wie die Zukunft lehrte, ohne weiteres und in mehr als unbedingt wünschenswertem Ausmaß bald der Fall war –, ob dann bei Diaghilew die nüchternen Erwägungen, der nicht wiedergutzumachende Schaden für das Ballett und der drohende finanzielle Verlust in einer ohnehin aufs äußerste gespannten Situation, nicht doch den Ausschlag geben würden. Daß von Nijinskij keine unnachgiebige Haltung zu erwarten war, hatte sich herumgesprochen und war auch zu Misias Ohren gedrungen. Aber da war noch eine dritte, ebenso wichtige Person: die junge Ehefrau Nijinskijs, Romola. Man konnte es sich an den fünf Fingern ausrechnen, daß Romola unbedingt auf der Trennung von Diaghilew bestehen würde und daß das vielleicht sogar eine unter vier Augen ausgesprochene Bedingung ihres Jawortes und der Hochzeit war.

Und noch einen gab es, der die Kluft nach Kräften zu vertiefen versuchte: Fokin, der als Dramaturg wie als Tänzer alle Vorteile aus dem Zerwürfnis zu ziehen hoffte. Er wußte nicht, daß auch er von Diaghilew schon auf eine geheime Abschußliste gesetzt war. Auch diese Liste kannte Misia. Diaghilews Absicht war eine viel radikalere Modernisierung des ganzen Balletts, der Choreographie, des Bühnenbildes, als Fokin sie je auch nur geahnt hatte, geschweige auszuführen vermochte. Solange Diaghilew in Paris residiert und von dort aus seine Tournees arrangiert hatte, hatte er diesen Plan in sich herumgetragen, nun, nach der Abdankung Nijinskijs, wurde seine Verwirklichung zur dringenden Notwendigkeit. Was er mit Nijinskij verlor, sollte jetzt auf andere Weise wettgemacht werden: die brillantesten modernen Maler von Paris sollten als Meister der Szenerie, die begabtesten und kühnsten der neuen französischen Komponisten für die Musik eingesetzt werden, eine totale zweite Reform der Choreographie und Dramaturgie sollte durchgeführt werden, kurz: das Diaghilew-Ballett sollte endgültig das großartigste, modernste Ballett nicht nur für die High Society von Paris und London, sondern überhaupt für die ganze Welt werden. Picasso schuf die Bühnenbilder für nicht weniger als fünf Ballette: »Parade«, »Le Tricorne«, »Pulcinella«, »Le train bleu«, »Mercure«. André Derain, Georges Braque, Marie Laurencin, Utrillo, Max Ernst, Joan Miró, Cocteau, Rouault malten die Bühnenbilder für andere Ballette. Strawinsky, der vielleicht bedeutendste unter den damaligen Komponisten, schrieb die Musik für acht

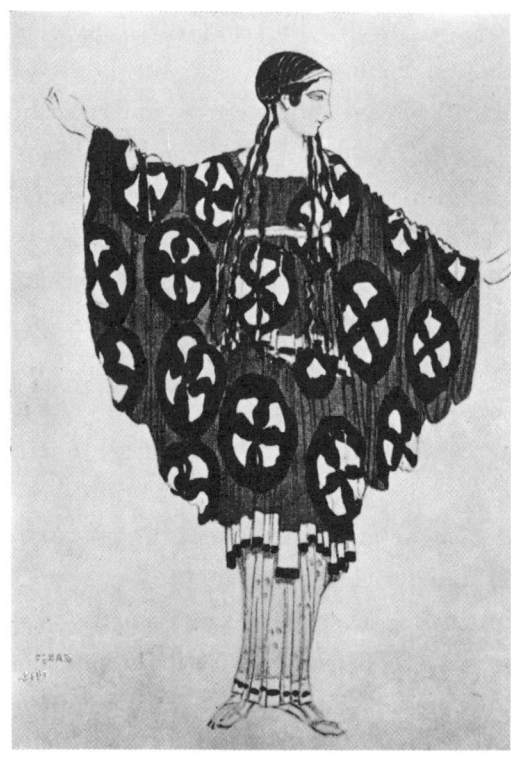

Kostümentwürfe von Léon Bakst für das russische Ballett. Bakst hatte als Bühnengestalter und als Meister der phantastischen Kostüme einen hervorragenden Anteil an der Entwicklung des russischen Balletts, bis er bei Diaghilew von den modernen französischen Meistern abgelöst wurde.

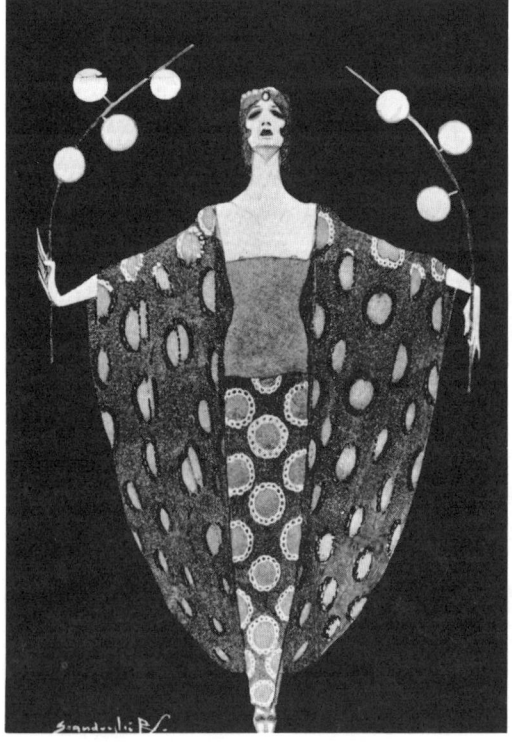

Ballette, darunter Meisterwerke wie »Feuervogel« und »Petruschka«. Von neuen französischen Musikern arbeiteten Francis Poulenc, Auric, Satie, Milhaud mit, von älteren Debussy und Ravel. — Der schwierigste von allen war der junge, aber schon sehr selbstbewußte Strawinsky, der es, wenn die Honorare ausblieben, an Mahnungen, Droh- und Schimpfbriefen nicht fehlen ließ. Ganz allgemein scheint es, daß Diaghilew, wie viele russische Kavaliere jener Zeit, es mit Zahlungsterminen nicht sehr genau nahm. So hatte er früher zum Beispiel eine junge unschuldige Seele wie Nijinskij ohne Schwierigkeiten überredet, einen großen Teil seines Stargehaltes in das Unternehmen zu stecken.

Diaghilews kühne Konzeptionen brachten ihm soviel Erfolge wie Skandale ein, aber keinen Reichtum. Das riesige Unternehmen war immer am Rande des Bankrotts. Diaghilew war keineswegs ein auch nur annähernd wohlsituierter Mann, als er eines Tages Misia telegraphisch bat, nach Venedig zu kommen, da er sehr krank sei. Sie fand ihn in einem sehr bescheidenen kleinen Hotel am Lido, bewacht von zwei blutjungen Tänzern, Sergej Lifar und Kochno. Es ging zu Ende. Misia ließ einen Priester holen, der verschlafen herbeikam und, als er hörte, der Sterbende sei ein Russe, dem Orthodoxen die Absolution verweigerte. Nur Misias zornige Energie vermochte es schließlich, ihn zu bewegen, die Absolutionsformel herunterzusagen. Wenig später starb Diaghilew. Kaum hatte er die Augen geschlossen, als die beiden Knaben in äußerster Eifersucht aufeinander losstürzten und sich im Sterbezimmer halbtot schlugen. Misia und die Pflegerin konnten sie nur mit Mühe voneinander trennen und hinausbefördern. Das war das Ende des großen Diaghilew.

Das persönliche Zerwürfnis zwischen Diaghilew und Nijinskij war nicht endgültig gewesen. Sie sind noch mehrfach zusammengekommen, und in New York tanzte Nijinskij sogar im Rahmen des Diaghilew-Balletts in der »Met«, aber an eine dauernde Zusammenarbeit war nicht mehr zu denken. Nijinskij wurde krank.

Schon lange vorher hatten Mitglieder des Balletts beobachtet, daß der große Tänzer zuweilen völlig geistesabwesend dasaß und dann nur schwer zu wecken war. Auch konnte er aus nichtigen Gründen in sinnlose Wut geraten und mußte dann von Gewalttätigkeiten abgehalten werden. Seine Pläne, darunter ein merkwürdiges Mephistoballett, nahmen immer phantastischere Formen an. Unablässig zeichnete er wirre Skizzen, die nicht zu entziffern waren, und schrieb in seine Tagebücher. Einmal sagte er

EDVARD MUNCH
MÄDCHEN AUF DER BRÜCKE
Gemälde, 1901

Graf Leo Nikolajewitsch Tolstoj, der gewaltige Epiker und Dramatiker, im russischem Bauernkittel im Kreise seiner Familie auf seinem Gut in Jasnaja Poljana.

plötzlich: »Ich möchte Lombroso sprechen.« Lombroso war der damals berühmte Verfasser eines Werkes »Genie und Wahnsinn«.

Das Ehepaar Nijinskij zog sich in die Schweiz, nach St. Moritz, zurück. Hier begannen die Anfälle von Gewalttätigkeit, die das Leben der Frau und des Kindes in Gefahr brachten. Später erzählt Nijinskij in Gesellschaft englischer Gäste dann wieder, er habe vorsätzlich monatelang den Verrückten gespielt, aus künstlerischen Gründen und weil er die Liebe Romolas erproben wollte. Jetzt wisse er auch, wie sehr sie ihn liebe. — Aber immer häufiger kamen die für Romola angstvollen Stunden, da er sie mit kalten, fremden Augen ansah, nicht mehr erkannte und zu allem fähig war. Unter dem Einfluß der Lektüre Tolstojs nahm sein Wahn religiöse Formen an. Einmal nahm er das goldene Kreuz, das dem Töchterchen Kyra gehörte, wanderte damit ziellos durch den Ort und ermahnte jeden, den er traf, in die Kirche zu gehen und zu beten. Dann sprach er davon, nach Rußland zurückzukehren, einen Bauernhof zu kaufen und Bauer zu werden. »Dann lasse ich mich scheiden«, sagte Romola. »Ich bin nicht zur Bäuerin geboren.«

James McNeill Whistler
Sinfonie in Weiss Nr. 2: Mädchen in Weiss
Gemälde. London, Tate Gallery

Strawinskys Ballett
»Feuervogel«, ge-
tanzt von der gro-
ßen Tänzerin Kars-
sawina, eine der
schwierigsten Auf-
gaben des Balletts
(oben). – Anna
Pawlowa in dem ro-
mantischen Ballett
»Giselle« (unten).

Tanzszene aus dem Ballett »Scheherezade« von N. A. Rimsky-Korsakow, das einer der größten Erfolge Diaghilews, Nijinskijs und der Karssawina wurde.

Der erste, der offen zu Romola sprach, war ein kleiner Hausangestellter in Sils Maria. »Ich habe hier einmal einige Zeit in der Nähe Nietzsches gearbeitet«, sagte er. »Ich kenne diese Krankheit in ihren allerfrühesten Anzeichen. Glauben Sie mir bitte, Sie müssen ihn möglichst sofort von einem Spezialisten untersuchen lassen.« Dazu mußte sich Romola nun entschließen. Sie suchte mit Nijinskij, unter unendlichen Vorsichtsmaßnahmen, Professor Bleuler in Zürich auf. Nach der Untersuchung sagte Bleuler zu ihr: »Nun seien Sie sehr tapfer, meine Liebe. Ich kann nichts tun, er ist unheilbar geisteskrank. Sie müssen das Kind wegbringen. Sie müssen sich scheiden lassen. Er muß interniert werden.« – Als sie zu Nijinskij zurückkehrte, blickte er ihr in die Augen, und sein Gesicht verfiel. »Femmka, du bringst mein Todesurteil«, sagte er leise.

Als er vom Hotel »Baur en ville« abgeholt wurde, um in die Anstalt gebracht zu werden, leistete er keinen Widerstand. Die Polizei, die mit dem Pflegepersonal gekommen war, und die Feuerbrigade, die sicherheitshalber das Hotel umstellt hatte, brauchten nicht in Aktion zu treten. Nijinskij, der im Pyjama war, bat nur, sich ankleiden zu dürfen.

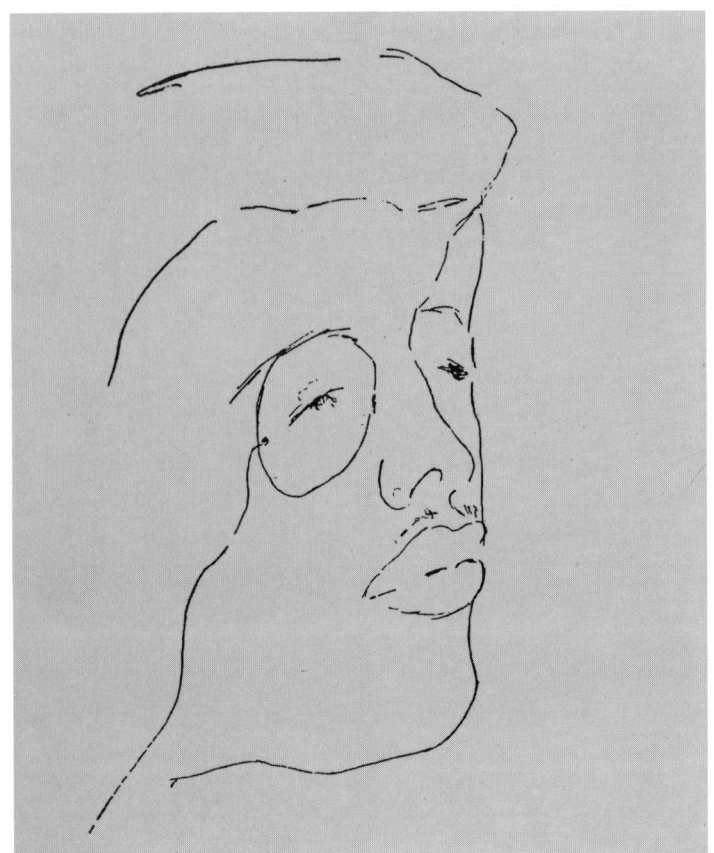

Der junge Diaghilew, Karikatur von Larionow – der Mann, der das klassische Ballett, das schon im Absterben war, zu einer modernen Kunst entwickelte, die ein breites Echo fand.

Keine Macht der Welt brachte Romola dazu, sich von Nijinskij scheiden zu lassen. In ausgeglicheneren Phasen versuchte sie immer wieder, mit ihm zusammen zu leben, und ertrug seine Halluzinationen und gefährlichen Attacken, ohne darüber zu sprechen. Einmal besuchte ihn auch Diaghilew im Sanatorium. Er brach in Tränen aus und stöhnte händeringend: »Was soll ich tun, was soll ich tun? Ich bin schuld daran!« Doch war die Krankheit offenbar in der Familie. Ein Bruder Nijinskijs war ebenfalls viele Jahre, bis zu seinem Tode, interniert. Ob der Bruch zwischen Diaghilew und Nijinskij den Ausbruch beschleunigt hat – wer kann das sagen?

Nijinskij lebte noch 31 Jahre nach Ausbruch der Krankheit. Es wurde alles Denkbare versucht, um seinen Zustand zu bessern. Kapazitäten wie der alte Professor Forel, Wagner-Jauregg, C. G. Jung, sogar der alte Sigmund Freud wurden konsultiert – sie gaben keine Hoffnung. Romola versuchte es auch mit Gesundbetern. Coué riet ihr, Lourdes aufzusuchen – ohne jedes Resultat. Noch einmal leuchtete ein Hoffnungsschimmer auf,

Igor Strawinsky im Jahre 1921; als Komponist hatte er entscheidenden Anteil an der Erneuerung des Balletts durch die Russen um das Jahr 1910.

als ein Wiener Arzt, der auch schwerste Fälle mit seiner Schocktherapie durch Insulin zu bessern suchte, sich zu einem Versuch mit Nijinskij bereit fand. Die wiederholte Behandlung war gefährlich, jede einzelne Injektion brachte komaähnliche Anfälle, aber der Gesamtzustand schien am Ende doch gebessert – für einige Zeit.

Überhaupt blieb die träumerische Abwesenheit seines Geistes, die sich jetzt – wenn er nicht gerade einen Anfall hatte – in passiver Sanftheit und Freundlichkeit äußerte, nicht ohne lichte Unterbrechungen. Seine enorme Musikalität und sein Gefühl für Rhythmus überwanden selbst seine Geistesabwesenheit für einige Zeit. Wenn ihm Bach, Beethoven oder die ihm besonders bekannten Stücke von Strawinsky vorgespielt wurden, erkannte er die Musik, er summte mit, und wenn dann plötzlich unterbrochen wurde, sang er die Melodie richtig weiter. Wenn er zu Vorführungen von Balletten, in denen er selbst einst geglänzt hatte, als Ehrengast geladen wurde – und das geschah öfters auf Veranlassung der jüngeren

Ballettkünstler, die ihn geradezu anbeteten –, so versuchte er oft, unbeobachtet im Schatten der Loge, ein paar Tanzschritte mitzumachen. Kurze Augenblicke, dann versank er wieder in die Umnachtung.

Als Hitler halb Europa überrannt hatte, erwartete auch die Schweiz einen Einfall. Sie war zwar gerüstet – aber im Inneren des Landes machten viele Personen und auch einige Zeitungen aus ihren Sympathien für Hitler keinen Hehl. Die Folge war, daß die Schweizer Fremdenpolizei unnachsichtig scharf wurde, und da dem Ehepaar Nijinskij das Bargeld auszugehen drohte, wurde ihnen, nach vielen Jahren des Aufenthaltes, die Verlängerung des Visums verweigert. Sie hatten nur eine Möglichkeit: nach Budapest zu gehen, zu der Mutter von Romola, einer berühmten Schauspielerin. Mit deutlichem Mißvergnügen sah die alternde Frau ihre Tochter mit dem zwar weltberühmten, aber geistesgestörten Schwiegersohn, doch wollte sie einen Skandal vermeiden und räumte ihnen unwillig einen Raum in ihrem großen Wohnhaus in Buda ein.

Die Situation wurde völlig unerträglich, als deutsche Truppen einmarschierten und Romola von dem Geheimbefehl Hitlers erfuhr, alle Geisteskranken zu töten. Es mußte etwas geschehen, ein Fluchtweg gefunden werden. Die Schweiz blieb nach wie vor unerbittlich. Sie verlangte eine Bargarantie von mindestens 100 000 Goldfranken für das Einreisevisum.

Seit Beginn des Rußlandfeldzuges war jede Aussicht zu entkommen geschwunden. Doch als die deutschen Truppen an der Ostfront zurückzugehen begannen, entschloß sich Romola zu einem Verzweiflungsschritt: Unter großen Schwierigkeiten flüchtete sie mit dem Umnachteten nach der alten Stadt Sopron, auf der Strecke nach Wien, den vorrückenden Russen entgegen. Ihr Plan gelang. Ein hoher russischer Offizier der Okkupationstruppe kannte Nijinskijs Namen und seinen Ruhm und sorgte fortan für sein und Romolas Wohlergehen. Die russischen Soldaten legten einen rührenden Eifer an den Tag, um dem Kranken ihren Respekt und ihre Zuneigung zu beweisen. Als Romola zum Beispiel einmal über Mangel an Milch klagte, führten sie eiligst eine »requirierte« Kuh heran und schenkten sie ihr.

Nijinskij fühlte sich unter den Soldaten ausnehmend wohl, er plauderte mit ihnen völlig vernünftig in seiner Muttersprache und tanzte nachts Kosaken- und Tscherkessentänze mit ihnen. Als Romola sie mit Hinweis auf seine unberechenbaren Wutanfälle warnte, lachten ihr die Soldaten ins Gesicht: »Hab keine Angst, wir verstehen schon, mit ihm zu spre-

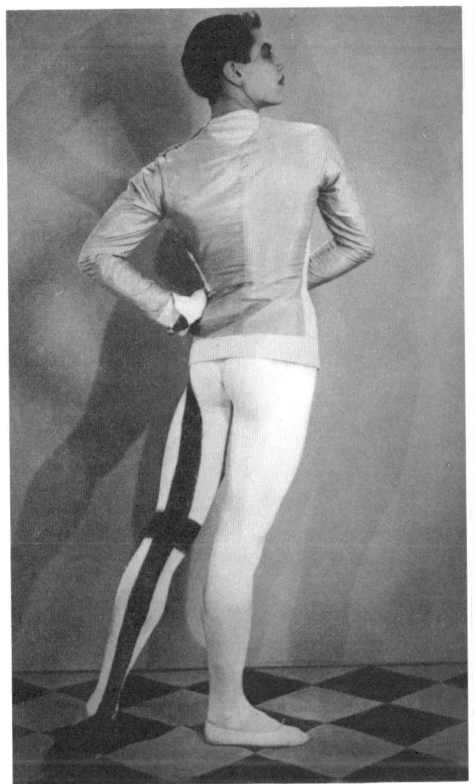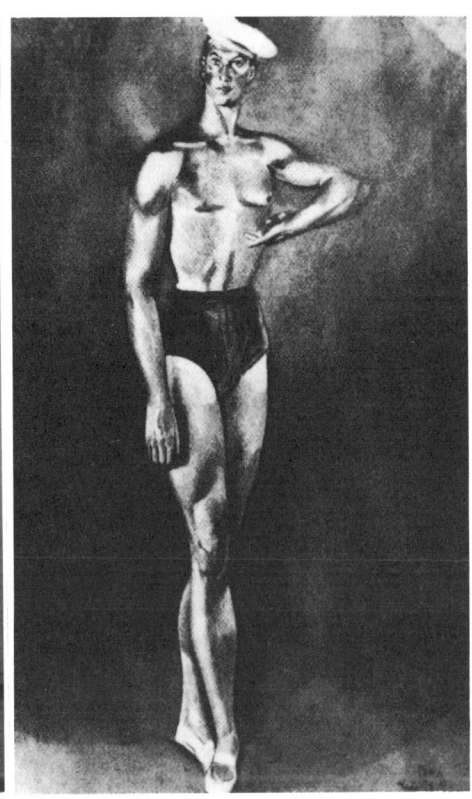

Serge Lifar, einer der interessanten Tänzer aus der Nachfolge Nijinskijs, Gemälde von Pedro Bruna (r.) und in dem Ballett »Romeo und Julia« von S. S. Prokofieff, Kostümentwurf von Max Ernst (l.).

chen!« Als Wien okkupiert und die Eisenbahnstrecke wiederhergestellt war, nahmen die Russen die beiden auf Romolas Wunsch mit nach Wien. Frau Anna Sacher räumte ihnen sofort ein Zimmer in ihrem Hotel ein. Die Russen ließen sie dort wohnen, und auch als das Britische Kommando sich dort etablierte, beließ man ihnen das Quartier noch für längere Zeit. Nur das Ernährungsproblem wurde verzweifelt schwer. Schließlich brachten die Amerikaner sie in eine schöne ländliche Gegend nach Tirol, wo sie Ruhe und Entspannung fanden. Sie blieben immer frei. Mit Hilfe von Freunden erwarben sie später eine Villa in Virginia Water bei London.

In diesem kleinen Landhaus suchte ihn noch einmal sein eigentlicher Nachfolger, Mjassin, auf und brachte die Schallplatten einiger seiner berühmten Ballette und einen Meisterphotographen der damaligen interessantesten illustrierten Zeitung »Marianne« mit. Es wurden die berühmten Anfangsszenen von »Geist der Rose« (nämlich Carl Maria von Webers »Aufforderung zum Tanz«) gespielt, jenes Solo, bei dem Nijinskij sich vormals durch die ganz rätselhaft hohen Sprünge und das Wirbeln in der Luft gleichsam jeder Schwerkraft zu entwinden schien. Mjassin tanzte vor Nijinskijs Augen die Szene genau so, wie dieser sie früher zu tanzen pflegte. Und plötzlich schien Nijinskij zu erwachen. Er stellte sich Mjassin gegenüber und tanzte die Schritte mit – etwas schwerfällig, etwas plump, denn er war inzwischen ein wenig fett geworden und natürlich seit Jahrzehnten ungeübt – aber vollkommen richtig. Mjassin tanzte weiter und weiter, aber Nijinskij setzte sich bald hin und schien nicht mehr interessiert. Doch in den paar Minuten waren so viele Aufnahmen wie möglich gemacht worden. Sie wurden vervielfältigt und waren ein letztes wehmütiges Andenken für die vielen Tausende seiner ehemaligen Verehrer. Ich sah sie mit Tränen in den Augen.

Im Frühjahr 1950 starb Nijinskij an einem Nierenleiden in London. Nachdem die kompetentesten britischen Spezialärzte Romola gesagt hatten, daß sein Leben nicht mehr zu retten sei, wünschte sie noch in aller Eile den Schweizer Spezialarzt zu konsultieren, der früher einmal das Leiden behandelt hatte. Eine Verbindung wurde hergestellt, aber der Arzt war verreist, sein genaues Ziel unbekannt. Da entschloß sich die BBC, der staatliche britische Rundfunk, das Abendprogramm zu unterbrechen und ein SOS für den großen Kranken in die Welt zu senden. Der Schweizer Arzt wurde gebeten, sich mit der Londoner Klinik in Verbindung zu setzen.

Aber Nijinskijs Stunde hatte geschlagen. Im April 1950 starb er in den Armen seiner tapferen Frau. Seit 1919 war er unheilbar krank gewesen.

Mit Nijinskijs Zusammenbruch und Diaghilews Tod war nur eine berühmte Ballett-Truppe aufgelöst, nicht aber die Modernisierung und künstlerische Aktualisierung des Balletts eingestellt worden. Den künstlerischen Standard, den es erreicht hatte, übernahmen andere große Opernbühnen. Neue Ballett-Truppen, Tänzerinnen und Tänzer strebten ihm nach. Das reguläre Ballett mit Spitzentanz war nun nicht mehr eine verstaubte altmodische Sache, die der großen Opern wegen, in denen sie obligatorisch war, mitgeschleppt wurde, sondern jedes größere Opernhaus wünschte sich ein möglichst glänzendes, möglichst modernes Ballett, die neuesten jungen Komponisten, die interessantesten modernen Maler. Die Erscheinung des alten Strawinsky, der schon im Leben Diaghilews und in der Entwicklung seines Balletts eine so entscheidende Rolle gespielt hatte,

Ida Rubinstein, eine der interessantesten Erneuerinnen der Ballettkunst, war zugleich eine der elegantesten Frauen ihrer Zeit.

Der junge Richard Strauß (l.), dessen »Josephslegende« mit der Tänzerin Ida Rubinstein unter der Regie Diaghilews getanzt wurde, und der Dichter Hugo von Hofmannsthal (r.), der dazu wesentliche literarische Anregungen gab, während sein Freund Harry Graf Keßler als Choreograph zeichnete.

war und blieb eine verkörperte Mahnung zu einer Aufgabe, die nie ganz gelöst worden war.

Noch zur Zeit Diaghilews machte Ida Rubinstein mit ihren sensationellen Balletten vor allem in den internationalen mondänen Snobkreisen von sich reden. Sie hatte auch dem russischen Ballett angehört. Augenscheinlich verfügte sie über erhebliche finanzielle Mittel. Sie ließ sich von Gabriele d'Annunzio ein ganz sonderbares, stark parfümiertes und erotisch geschminktes Ballett über den Märtyrertod des hl. Sebastian schreiben, und Debussy schrieb die Musik dazu. Es wurde 1911 mit großem Aufsehen uraufgeführt. Vielleicht noch mehr Aufsehen erregte sie mit der »Josephslegende«. Das Ballettlibretto, an außerbiblische Legenden um Joseph und die Frau des Potiphar anknüpfend, stammte nominell von einem ebenso feinen und faszinierenden wie zuweilen unausstehlichen Kunstmäzen, Harry Graf Keßler. (Wir nannten ihn schon im Zusammenhang mit Henry van de Velde.) Kenner wußten und spürten es, daß in Wahrheit kein Geringerer als der Dichter Hugo von Hofmannsthal mindestens den

Umriß und die grundsätzlichen Charaktere bestimmt hatte. Das Bühnenbild sollte dem prunkvollen Renaissancestil Paolo Veroneses nachgebildet
sein, also keineswegs biblisch im strengeren Sinn. Die Musik schrieb
Richard Strauß. Die Regie führte Diaghilew persönlich, die Rubinstein
tanzte die Frau des Potiphar. Der Clou des Abends, gleichsam sein A und
O, sollte Nijinskij sein als der keusche Jüngling Joseph. Aber Nijinskij
hatte sich eben mit Diaghilew zerstritten, also tanzte der junge Mjassin
seine Rolle und brach damit zu Weltruhm durch. Nijinskij sah sich dieses
Ballett einmal von einer Loge aus an, seinen Kommentar verzeichnet
Romola nicht, die uns diese Episode berichtet hat.

Es gab damals eine ganze Reihe solcher internationaler Sensationen —
solche, die von vornherein dazu bestimmt waren, wie die Ballette der Rubinstein, und solche, die es ohne vorhergehende ausdrückliche Absicht
wurden.

Gehörte Edmond Rostands »Cyrano de Bergerac« zur ersten oder zur
zweiten Gruppe? Es ist schwer zu sagen. Rostand war ein konservativer,
romantischer Dramatiker. Er hat »L'Aiglon« geschrieben, ein patriotisches,
von Rührung triefendes historisches Drama über den Herzog von Reich-

Eine Szene aus der »Josephslegende«, die trotz ihrer biblischen Thematik im Hoch-
renaissancestil Paolo Veroneses inszeniert wurde (Zeichnung von Simont).

stadt, den Sohn des großen Napoleon aus seiner zweiten Ehe mit der Erzherzogin Marie Louise von Habsburg, später, nach Napoleons Fall, Großherzogin von Parma, noch später, nach seinem Tod, Fürstin Montenuovo – die Ahnfrau der am Wiener Hofe so einflußreichen Montenuovos, deren letztes Oberhaupt bis 1917 der überaus mächtige Obersthofmeister Seiner Apostolischen Majestät des Kaisers Franz Joseph I. war.

Der Sohn, den die ziemlich ahnungslose Marie Louise von dem Hegelschen »Weltgeist« Napoleon empfangen hatte, der präsumtive Kronprinz und künftige Kaiser der Franzosen, der imaginäre Napoleon II., lebte nachher, ein Immerhin-Habsburger, bei Hof in Wien als eleganter österreichischer Offizier, der wie jeder elegante österreichische Offizier Wiener Tänzerinnen liebte – eine Liebesaffäre mit der schönen Fanny Elßler ist aber nicht zuverlässig nachweisbar. Den Herzogtitel hatte er von Metternich boshafterweise in Verbindung mit dem Namen einer lächerlichen Kleinstadt erhalten, aber der Mythos und die welthistorische Glorie Na-

Der französische Dramatiker Edmond Rostand, einer der erfolgreichsten um die Jahrhundertwende, in seinem Arbeitszimmer.

Sarah Bernhardt, die Schauspielerin, die als erste im Stil eines internationalen Stars auftrat und entsprechende Reklame machte.
Von der Kritik wurde sie sehr verschieden beurteilt.
Ein feinsinniger Ästhet wie der Erzähler Henry James hielt sie für die größte Darstellerin ihrer Zeit.

poleons schwebten immer um sein unschuldig-liebenswürdiges Jünglingshaupt. Aus seinen Briefen an die Mutter spricht Unschuld, Artigkeit und Respekt. Er starb jung, mit 21 Jahren, und hinterließ nur den historischen Glorienschein über seinem silbernen Sarg in der Wiener Kapuzinergruft.

Aus alledem zimmerte Rostand eine ganz große patriotische Rührkiste, eine herzzerbrechende Tragödie, die die alte Sarah Bernhardt als Hosenrolle, neben dem »Hamlet«, auf allen ihren Tournees zu spielen liebte. Ich sah sie noch als Knabe. Sie war uralt, ihr Gesicht glich einer farbigen Emailmaske, man sagte, daß ihr schrecklicherweise ein Bein amputiert worden war, aber sie spielte noch immer den jungen eleganten Offizier in der weißen österreichischen Galauniform, der eigentlich als Napoleon II. die alten Grenadiere zu neuem Ruhm hatte führen sollen. Und zum Schluß stieg sie hinunter zum Publikum und sammelte für irgendeinen französisch-patriotischen Zweck.

Nun denn, dieser Rostand, der das Rührstück »L'Aiglon« geschrieben hatte, schrieb auch den »Cyrano de Bergerac«. Eigentlich hatte er ihn

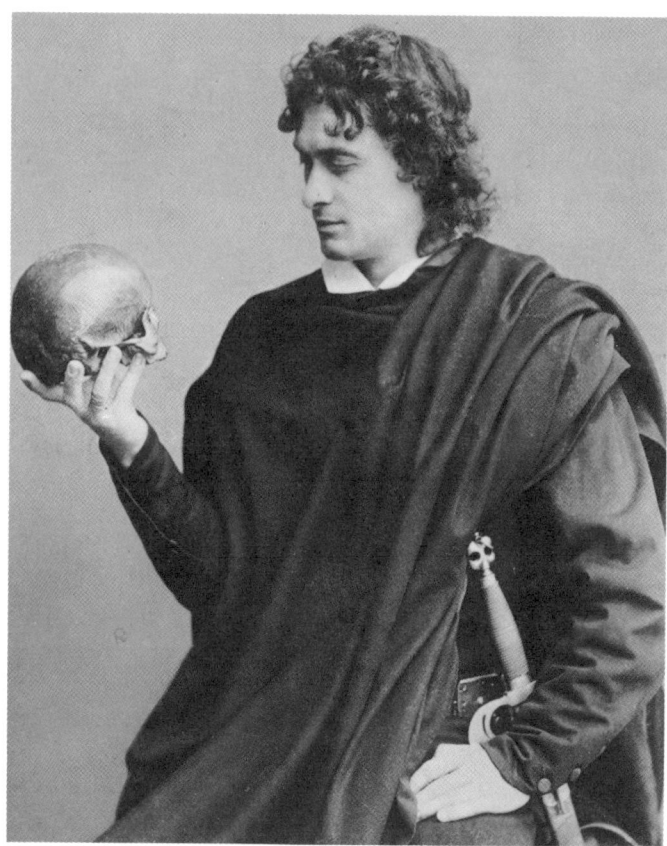

Der größte deutsche Schauspieler seiner Zeit, der Österreicher Josef Kainz, wegen seiner hinreißenden Arien, Stretten und Koloraturen ohne Musik von Tausenden angebetet, als »Hamlet«.

schon vorher geschrieben, schon 1897, aber der ganz große, der internationale Welterfolg des »Cyrano de Bergerac« wuchs langsam. Das Drama gehörte keiner modernen Literaturschule an, es war einer der nationalen Glücksfälle, wie »Tartarin de Tarascon« von Daudet oder gar der »Pickwick-Club« von Dickens, wo sich eine ganze Nation in einigen ihrer wesentlichen Züge humorvoll porträtiert findet und lacht und gerührt ist und applaudiert. Der hochmütige, großsprecherische, tapfere, galante, im Grunde so liebenswerte Gascogner Cyrano de Bergerac mit der langen Nase, der treue Freund und Kamerad, der schweigsame, verzichtende Liebende, der witzige Offizier der Gascogner Kadetten, der phantasievolle Literat und Autor einer »Reise zum Mond«, gespielt von dem älteren Coquelin, gefiel in Frankreich ungemein. In Paris entzückte er so, daß man alle Unterschiede zwischen modernem und unmodernem Drama vergaß.

Doch nun kam das gänzlich Unerwartete. In Wien fing der genialste Schauspieler der Zeit, Josef Kainz, Feuer. Er spielte den Cyrano ganz anders, vermutlich gar nicht so sehr nach dem französischen Geschmack,

Der Schauspieler Jean Coquelin d. Ält., von der Comédie Française, in seiner Erfolgsrolle als »Cyrano de Bergerac« von Edmond Rostand: der arrogante, mißgestaltete, aber unerschrockene und im Herzen edle Titelheld des Dramas.

aber er glänzte und brillierte in den Tiraden, er riß hin in den witzigen Repliken, er rührte in den menschlichen Schicksalsverwicklungen wahrscheinlich noch weit mehr als Coquelin. Es wurde für viele Jahre seine Paraderolle in der deutschen Übersetzung von Fulda. Und so wurde es später auch die beste Rolle des besten tschechischen Schauspielers Vojan im Prager tschechischen Nationaltheater und vermutlich die brillanteste Männerrolle dieser Zeit überhaupt, in vielen anderen Zungen und vielen anderen Nationaltheatern. Dieser spezifische Gascogner Typ wurde zuerst ein französischer Typ und dann ein hinreißender Typus in jeder anderen europäischen Nation. Seit vielen Jahrzehnten, seit Dumas fils um 1850, hatte Frankreich keinen auch nur ähnlichen internationalen Theatererfolg mehr erlebt.

Edmond Rostand war nicht nur ein hochtalentierter, geschickter und witziger Theaterschriftsteller, er muß auch ein sehr kluger Mann gewesen sein. Er wußte, wie prekär im Grunde die Situation eines so berühmten Dramatikers ist, der soeben den absoluten Haupttreffer gezogen hatte, und wie schwierig es daraufhin war, nicht die ganze Welt, die ihm soeben noch frenetisch applaudiert hatte, zu enttäuschen. Aus »Gesundheitsrücksichten« zog er sich zunächst auf seinen Grundbesitz in den Pyrenäen zurück. Zehn volle Jahre, 1900-1910, veröffentlichte er gar nichts für das Theater. Vielleicht wollte er den Eindruck des »Cyrano« zunächst ein wenig abklingen lassen. Nur die damals höchst ehrenvolle Mitgliedschaft der »Französischen Akademie« nahm er an. Erst 1910 ließ er die Reklame für sein neues Stück mit allen Geschützen abfeuern. Wochenlang brachten die Zeitungen aller Länder Berichte und Vermutungen über das neue Drama Rostands. Wiederum sollte der ältere Coquelin die Hauptrolle spielen. Es war von vornherein eine Weltsensation. Eine internationale Elite füllte das Theater am Abend der Uraufführung.

Hatte Rostand damals, um 1900, den Franzosen und aller Welt halb unbewußt durch einen einzigen Typ ans Herz gerührt, so brachte er diesmal eine ausdrückliche Allegorie des Franzosentums in der schönsten alten klassischen Tradition Lafontaines: eine Tierfabel. Die Szenerie war ein Geflügelhof, die Kostüme und Masken waren Hühner und Hahn. Vor allem das kleine, mondäne Perlhuhn und sein Salon gefiel den Pariserinnen sehr. Der rhetorische Höhepunkt aber war der Sonnengesang des siegreichen Hahnes, der den Sonnenaufgang begrüßt, herrlich deklamiert, gesungen, geschmettert und gekräht von Lucien Guitry. – Was dieser Hahn bedeutete, wußte natürlich jeder Franzose, jeder Engländer, jeder Deutsche und jeder interessierte Mann jeder Nation bis zum Zuluhäuptling aus Afrika: es war der gallische Hahn – es war Frankreich selber. Man applaudierte zunächst kräftig, aber es wurde zum Schluß genau das, was Rostand seit zehn Jahren gefürchtet hatte: es wurde eine Enttäuschung.

Sehr erschrocken hielt er inne. Der Katalog seiner Veröffentlichungen verzeichnet nur noch ein dramatisches Werk, wiederum erst zehn Jahre später, 1921. Inzwischen hatte die Welt sich völlig verändert. Wenige nur wissen von diesem letzten Drama: »Die letzte Nacht des Don Juan.« Als es erschien, war sein Dichter schon drei Jahre tot. Er war nur fünfzig Jahre alt geworden. Sein Sohn Maurice, der jetzt etwa 75 Jahre alt sein müßte, war gleichfalls ein talentierter und bekannter Dramatiker, hat aber weder den Witz und Humor noch den patriotischen Pomp noch den Ruhm seines Vaters je erreicht.

Doch der ältere Rostand war, wie schon gesagt, eine fast isolierte Gestalt im Theaterleben von Paris, das im großen ganzen von den Boulevard-

PAUL GAUGUIN
TAHITISCHE FRAUEN
Gemälde, 1899. New York, The Metropolitan Museum of Art
(Schenkung William Church Osborn, 1949)

AUGUST MACKE. SPAZIERGANG IN BLUMEN
Gemälde, 1912. Berlin, Galerie des 20. Jahrhunderts

Edmond Rostand versuchte nach »Cyrano de Bergerac« noch einmal den Gipfel seines Erfolges zu erreichen: im »Chantecler«. Trotz ungeheurer Reklame und der Mitwirkung des ausgezeichneten Lucien Guitry enttäuschte das Schauspiel, eine Allegorie: Frankreich als Hühnerhof.

theatern und ihren neuen Dramatikern beherrscht wurde. Von den Wegen eines Scribe, der wie ein Schweizer Uhrmacher seine dramaturgischen Präzisionsarbeiten von technisch allerhöchstem Rang in wirklichen Meisterwerken, wie z. B. die Komödie »Ein Glas Wasser«, geliefert hatte, der aber von Menschenleben und Menschenschicksalen überhaupt nichts wußte, oder von den eleganten Komödien Meilhacs, den zum Beispiel Marcel Proust zu schätzen wußte, dessen Unsterblichkeit in den zuweilen ganz diabolischen Libretti funkelt, die er zusammen mit Halévy schrieb und die ein Jacques Offenbach (»La belle Hélène«, »La vie Parisienne« etc.) und ein Bizet (»Carmen«) komponiert hat – von allen diesen Wegen war man jetzt auf den Boulevards ganz abgekommen. Der Vater des neuen Boulevard- und Gesellschaftstheaters war zweifellos Dumas fils, der dem neuen Gesellschaftsdrama eine soziale Gewissenspflicht auferlegte, gewiß oft mit primitiven melodramatischen Mitteln, dafür aber um so

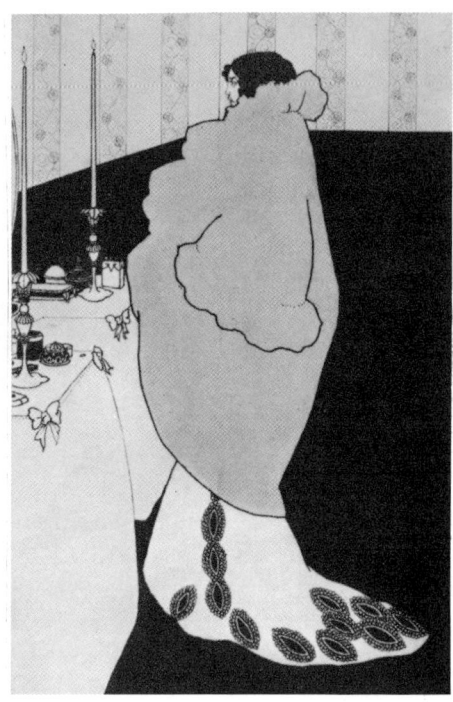

Marie Duplessis, eine gutmütige sentimentale Pariser Kokotte, das Vorbild der unsterb-
lichen »Kameliendame« von Dumas fils (l., Skizze von Roqueplan). Und, ganz stilisiert,
als Buchgraphik von Aubrey Beardsley (r.), der wie sie an Lungentuberkulose starb.

populärer und wirksamer. 1848 erzählte er in einem Roman das tragische
Schicksal der kürzlich verstorbenen Kokotte Marie Duplessis, 1852 dra-
matisierte er es. Es wurde der vielleicht größte Erfolg, den das bürgerliche
Theater überhaupt jemals hatte: »Die Kameliendame.«

Wir erleben hier auch den theaterhistorisch einzigartigen Fall, daß ein
Drama von ungeheurer theatralischer Wirkung von einem großen Genie
der Oper — Verdi — vertont und zu Weltruhm geführt wird, unter dem
Titel »La Traviata«, ohne daß dieser Ruhm das Weiterleben und die
unverwüstliche theatralische Wirkung des Sprechdramas im geringsten
stört. Bis tief in das 20. Jahrhundert bleibt »Die Kameliendame« die Star-
rolle jeder großen Schauspielerin. Eine Sarah Bernhardt hat sie ebenso
gespielt wie die Duse, in Wien die berühmteste Burgtheater-Schauspielerin
Charlotte Wolter, wie in Berlin die berühmteste, Agnes Sorma. Noch in
unserer Zeit, in den zwanziger Jahren, wurde sie von dem jungen Dramatiker Ferdinand Bruckner für Elisabeth Bergner eingerichtet. Und ebenfalls in den zwanziger Jahren errang Greta Garbo im Stummfilm als
Kameliendame einen ihrer Gipfelerfolge.

Vier bedeutende Schauspielerinnen, die alle die Kameliendame spielten: Agnes Sorma (l.) und Adele Sandrock (r.), Greta Garbo (l. u.) und Sarah Bernhardt (r. u.)

Theaterprogramm »Rosmersholm« von Henrik Ibsen im Theater »L'œuvre« von Edouard Vuillard. Diese Graphik wird mit Recht zu den hervorragenden Arbeiten für »L'œuvre« gerechnet.

Der Erfolg blieb Dumas fils auch in anderen Dramen treu: »Demimonde«, »La femme de Claude«, »L'affaire Clemenceau«, »Francillon« — fast alle wieder mit der gewissen sozialen Geste im Dienst der gefallenen oder strauchelnden Frauen.

Wir sollten auf solche theatralischen Erfolge nicht herabblicken, auch wenn sie mit melodramatischen Mitteln nicht gerade ersten Ranges erzielt sind, sondern wir sollten eher darüber nachdenken, wieviel ein sozialkritischer bürgerlicher Dramatiker höchsten Ranges wie Henrik Ibsen schon rein handwerklich (aber doch in einer sehr tiefsinnigen Auffassung des Dramaturgisch-Handwerklichen) von diesem Dumas fils und seiner vielverzweigten Nachfolge im Pariser gesellschaftskritischen Boulevarddrama gelernt hat. Mit einer geradezu genialen Geschicklichkeit hat es Ibsen in seinen bis ins Letzte durchdachten und durchgearbeiteten zeitgenössischen Dramen zustande gebracht, diese Pariser Technik mit der des antiken Dramas zu verschmelzen, und hat dadurch so einzigartige Dramen wie etwa »Gespenster« oder »Rosmersholm« geschaffen, die wahrhaftig mit dem

Zu einer Neuinszenierung in den Berliner Kammerspielen von Ibsens »Gespenstern«
zeichnete der große Edvard Munch ein paar szenische Graphiken für Max Reinhardt.

französischen gesellschaftskritischen Schauspiel seiner Zeit ebenso zusammenhängen wie mit dem Atridenschicksal oder der Enthüllung vergange-
ner Schuld im »Ödipus«. Das ist vielleicht ein Zufall, vielleicht auch ein
fast dämonischer Trick dieses geschicktesten, eitelsten, aber auch bittersten
dramaturgischen Genies seiner Epoche.

Seine Wirkung reicht weit hinüber ins 20. Jahrhundert, sein Weltruhm
ist eigentlich ein Produkt des Berliner Theaters kurz vor der Jahrhundertwende, des Theaterleiters Otto Brahm, der »Freien Bühne«, nicht zuletzt
des jungen Kritikers Alfred Kerr, der seine ganze genialische Jugend für
ihn einsetzte, dann solcher Männer wie Brandes, Elias, Schlenther — last
not least des Verlegers S. Fischer in Berlin —, die alle zusammen die erste
monumentale Gesamtausgabe der Werke Ibsens herausgaben, während der
Dichter, schon beinahe ein lebendiges Monument seiner selbst, der zu-
höchst geehrte Untertan seines gnädigen Königs, von diesem mit den höchsten Orden ausgezeichnet, durch die Gassen Oslos, des damaligen Christiania, in würdevollem langem schwarzem Gehrock mit dem blanken

165

Zylinder auf dem Haupt, den er zehnmal am Tage bürstete, dahinschritt, auf dem Wege zu seinem Stammlokal, einem kleinen Hotelrestaurant, wo sein Lieblingstrank »Pjotr«, eine Flasche französischer Cognac und ein Fläschchen Sodawasser auf seinem Stammtisch bereitstanden, neben sämtlichen verfügbaren Zeitungen, sauber übereinandergeschichtet. – Wenn er zu Hause arbeitete, stand ein Glas mit giftigen Skorpionen vor ihm. Sie und ihr tolles und zugleich hilfloses Gebaren zu beobachten regte ihn an zu seiner dramatischen Arbeit über Menschenschicksale.

Es ist seltsam: über sein persönliches Auftreten und sein Zeremoniell geben Mme. Misia Natanson in ihren hier öfters zitierten Memoiren und der große Wiener Dichter Hugo von Hofmannsthal in einem der interessantesten Gespräche mit dem Autor dieses Buches einen vollkommen identischen Bericht. Misia Natanson und Hugo von Hofmannsthal haben sich vielleicht nie im Leben gesehen. Wir wollen versuchen, den mündlichen Bericht Hofmannsthals als den ungleich lebendigeren wiederzugeben, so gut wir es nach vierzig Jahren vermögen:

Hofmannsthal erzählte: »Ibsen hatte im Wiener Burgtheater eine Premiere, und wir Studenten hatten ihn zu einer kleinen Nachfeier in unserem literarischen Verein, im Hinterzimmer unseres Cafés, eingeladen. Es herrschte höchste Spannung. Der Präsident des Vereins namens Kafka (NB weder identisch noch verwandt mit Franz Kafka) lief nervös auf und ab und rekapitulierte seine sorgsam einstudierte Ansprache. Endlich sahen und hörten wir den Fiaker vorfahren. Ibsen, klein, vornehm, im schwarzen langen Gehrock und Zylinder, trat herein. Er stand würdevoll still und wartete auf die Huldigung. Man applaudierte. Dann stürzte Kafka auf ihn zu und wollte mit seiner Ansprache loslegen. ›Warten Sie!‹ sagte Ibsen hoheitsvoll. Er nahm seinen Zylinder ab und holte ein Kämmchen aus den Hinterflügeln seines feierlichen schwarzen Gehrocks. Er blickte aufmerksam in den Zylinder, auf dessen Grund zwischen dem Seidenfutter ein Spiegelchen eingenäht war, und kämmte seine üppigen weißen Bartkoteletten sorgsam auseinander, bis sie äußert dekorativ das Gesicht umrahmten. Dann steckte er das Kämmchen weg, senkte den Zylinder und befahl kurz: ›So – jetzt bitte!‹, und Kafka durfte seine feierliche Rede beginnen.«

Genau dieselbe Szene schildert Misia, die mit ihrem Mann Thadée Natanson Ibsen in Christiania besuchte, und sie erzählt noch ein wenig mehr. Sie hätte gern ein Photo des verehrten Mannes mit seinem Auto-

Hugo von Hofmannsthal in seinem schönen theresianischen Heim in Rodaun bei Wien in den späten Jahren des Dichters.

gramm gehabt. Man sagte ihr, kein Laden in Christiania würde es wagen, ein Photo von Ibsen zu verkaufen, sie seien alle in seinem Besitz und nur er selbst gebe sie ab, mit seinem Autogramm – doch nur zu einem nicht unerheblichen Preis, der offenbar je nach Vornehmheit und Reichtum des Besuchers gestaffelt war. Allerdings kam es mit Misia, die eine schöne und mondäne Pariserin war, nicht so weit. Für weibliche Schönheit war auch der alte Ibsen offenbar nicht unzugänglich. Als sie ihn darum bat, brachte er ihr am nächsten Tag sogar ein gerahmtes großes Photo mit Autogramm – und verlangte nichts dafür.

Die Vorliebe des alten Ibsen für sehr junge schöne weibliche Wesen sollte noch ein Nachspiel bekommen: rührend und gleichzeitig ein wenig komisch. Ibsen war befreundet gewesen mit dem sehr berühmten und wirklich bemerkenswerten dänischen Literaturhistoriker Georg Brandes, den übrigens schon Nietzsche als seinen verständnisvollsten Kritiker und Protektor gerühmt hatte. Brandes, der unter anderem eine imposante vielbändige Literaturgeschichte der europäischen Völker nach der Französischen Revolution und daneben wohl die erste Biographie seines Landsmannes Kierkegaard geschrieben hatte, der ein »Aufklärer« im Sinne des 18. Jahrhunderts und Biograph Voltaires war, wurde von Geistern vom Typus Strindberg auf das äußerste gehaßt und verachtet, war aber einem alten Liberalen wie Ibsen durchaus willkommen.

Als nun nach Ibsens Tod ein deutscher Verlag – Bard, Marquardt & Co. – eine Biographie Ibsens von Georg Brandes ankündigte und versprach, daß darin aufsehenerregende Briefe des alten Meisters veröffentlicht würden, tat die Familie Ibsens, augenscheinlich sehr revoltiert, alles mögliche, um diese Veröffentlichung zu verhindern. Das gelang nicht. Es waren wehmütige, ein wenig sentimentale Liebesbriefe des würdigen alten Meisters an ein sehr junges Wiener Mädchen fast an der Grenze der Kinderjahre, nach der damaligen strengeren Auffassung von 1910. Der Alte hatte sie in einem Kurort kennengelernt. Was zwischen ihnen wirklich geschehen war, ist unbekannt – sagen wir hypothetisch: Küsse und Umarmungen im abendlichen Kurpark. Aber es ist ein sehr rührendes Dokument des Zwiespaltes zwischen dem überaus bürgerlichen Würdegefühl des berühmten alten Mannes und seiner sehr echten Verliebtheit. Schließlich bat er das junge Mädchen, das in den hochberühmten alten Mann mit dem schönen weißen Backenbart augenscheinlich ebenso dauerhaft verliebt war wie er in sie, ihm nicht mehr zu schreiben – aber wahrhaft mit gebrochenem Herzen. Das Ganze muß in den Augen der norwegischen sehr arrivierten Patrizierfamilie Ibsen in Christiania oder Oslo einfach untragbar gewesen sein, war aber für uns so rührend, daß wir dem ehrwürdigen alten Georg Brandes und seinem Eigensinn, die paar späten Liebesbriefe Ibsens zu veröffentlichen, durchaus rechtgaben – schon weil unsere Eltern es dégoutant fanden. Brandes selbst hatte vermutlich gar nichts dagegen, daß die geniale und bezaubernd schöne Filmschauspielerin Asta Nielsen in Berlin es jedem, den sie näher kannte, erzählte, sie sei als halbes Kind in Kopenhagen von dem alten Georg Brandes »erzogen« und »erweckt« worden – den Reim dazu mochte sich jedermann in Berlin um 1920 selbst machen.

Es ist merkwürdig, wie maßlos empört der Bürger ist, wenn man ihm erzählt, daß ein sehr junges Mädchen und ein älterer Herr einander lieben. Als Gerhart Hauptmann in seinem schönen Drama »Nach Sonnenuntergang« darstellte, wie ein siebzigjähriger Mann und ein etwa siebzehnjähri-

Programm des Theaters »L'œuvre« zu Ibsens »Volksfeind« von 1893, Graphik von Maurice Denis. Henrik Ibsen (l.) in seinen späten Jahren, mit Zylinder, Backenbart und feierlichem Gehrock. Der verdienstvolle und wissensreiche dänische Literaturhistoriker und Kritiker Georg Brandes (r.), den Nietzsche besonders schätzte, Ibsens Freund.

ges Mädchen einander leidenschaftlich lieben, erklärte Max Reinhardt, so etwas könne er dem Publikum – einem Berliner Publikum von 1930! – nicht zumuten. Die Sache wurde so geordnet, daß die schöne und begabte Helene Thimig, die damals wohl über dreißig Jahre alt war, die Rolle dieses ganz jungen Mädchens spielte. Es wurde ein sehr großer Erfolg – aber die eigentliche höchst problematische Pointe, die, wie so manches Mal bei Gerhart Hauptmann, schon ein wenig an das Pathologische grenzt, ging damit verloren.

In Deutschland wurde die Tradition Ibsens von der Vereinigung der »Freien Bühne«, an deren Spitze Männer wie Theodor Wolff, Maximilian Harden, Otto Brahm und Paul Schlenther standen, in den neunziger Jahren gehalten, dann von dem Theater Otto Brahms. Hier wurden auch die ersten Dramen Gerhart Hauptmanns gespielt. Eines, »Einsame Menschen«, wurde später in Paris vom Theater »L'œuvre« übernommen.

Was in Paris Antoines »Théâtre libre« etwa gleichzeitig versuchte, war im Grunde etwas ganz anderes als die Berliner »Freie Bühne«. Das war kein Theaterklub von bürgerlichen geistigen Honoratioren, der zwar etwas riskierte, dessen Finanzen aber wohlgeordnet waren. Antoine hingegen war ein kleiner Angestellter der Pariser Gaswerke, ein Theaterbesessener, ein närrisch-genialischer Kauz, ganz ohne finanzielle Mittel. Sein eigentliches Ideal war ein realistisches Theater ohne gelernte Schauspieler, ausschließlich mit begeisterten Dilettanten besetzt. Und er brachte mit einem solchen Dilettantenensemble zum Beispiel eine ganz ausgezeichnete Aufführung von Gorkis kraß realistischem Drama »Das Nachtasyl« zustande. Er spielte mit Vorliebe neue Dramen, die schon von vielen oder doch einigen anderen Pariser Theatern zurückgewiesen worden waren. Von französischen Autoren: Banville, die Brüder Goncourt, Catulle Mendès, Zola, Mirbeau, von Ausländern natürlich Ibsen, Tolstoj, Turgenjew, den Italiener Verga, den sizilianischen Meister des krassen realistischen »Verismo«, den Verfasser der Novelle »Cavalleria rusticana«, die von ihm selbst dramatisiert und später von dem Komponisten Mascagni als Oper komponiert wurde und auf diesem Umwege Weltruhm erlangte. In Antoines Theater spielte auch zuerst die ausgezeichnete realistische Schauspielerin Réjane, und eine ihrer Glanzrollen war die Hauptrolle in Henri Becques »La Parisienne«. Obwohl dieses Schauspiel dem Boulevardtheater zugerechnet wird, hatte es den Ernst, die Satire, die große Ehrlichkeit Ibsens. Es war Avantgardetheater im Rahmen des gewohnten Salonschau-

Die schöne Mme. Catulle Mendès, die sich Judith Gautier nannte und sehr vieles war:
eine begabte Dichterin, eine der elegantesten Frauen von Paris, die Tochter Théophile
Gautiers und – vermutlich – die letzte Geliebte Richard Wagners (oben). – Coquelin
(l. u.) in der Komödie »Scarron« von Catulle Mendès, ein Sensationserfolg des Jahres
1905. Die prachtvolle Gabrielle Réjane (r. u.), für viele die pariserischste aller Pariser
Schauspielerinnen, ein Naturtalent hohen Ranges.

spiels: Ehebruch, gesellschaftlicher Ehrgeiz und sehr viel Schmutz, diesmal aber kompromißlos gesehen. Es wurde die große Rolle der Réjane und in Wien der Odilon. Dort lief es zusammen mit Hofmannsthals »Der Tor und der Tod« als Premiere an. Große Erfolge auf den Boulevardtheatern, Reichtum und Ruhm schienen Henri Becque bevorzustehen, der ein zweites, ebenso ernstes Schauspiel »Die Raben« aufführen ließ. Er verzichtete auf jeden theatralischen, melodramatischen Effekt, auf Mondänität und eleganten Witz und starb schließlich, wie er gelebt hatte, arm und bitter.

Eine gewisse Ähnlichkeit in der bitteren Weltbetrachtung zeigte der ungleich primitivere Brieux, dessen fast bis in unsere Zeit immer wieder gespieltes Hauptwerk die Justizsatire »Die rote Robe« ist. Drei Dramen von Brieux übersetzte Charlotte Shaw, die Frau von G. B. Shaw, ins Englische, und G. B. Shaw schrieb zu dem Band eine Einleitung: eine sehr hohe literarische Auszeichnung – vielleicht, wie fast alle derartigen Auszeichnungen, mehr ein Kind des Zufalls.

»Sommerabend auf einem Balkon«, Gemälde von René Xavier Prinet. Das Gemälde des Malers, der nicht in der ersten Reihe der Publizität stand, zeigt alle Reize des Lichtes und der Schatten in der Malerei der Epoche.

»Im Parkett eines Pariser Theaters«, Gemälde von dem tschechischen Pariser Maler François Kupka. Der Frack, Claque und Stock aus Ebenholz waren für die größeren Pariser Theater obligatorisch. Darauf achtete der Herr auf erhöhtem Sitz im Vestibül.

Zu den ernsten Repräsentanten des älteren Boulevardtheaters gehörten wohl vor allem Donnay und Capus: feine, elegante, vorsichtige Kritiker der Gesellschaft, die sich gleichwohl mit ihrer Psychologie der Liebe in der besseren bürgerlichen Gesellschaft so manche, wenngleich nicht allzu gewagte Kühnheit leisteten. Alfred Kerr, der sie – wie alle Franzosen dieser Zeit – gut kannte, vermerkt anerkennend, daß sie es zum Beispiel wagten zu zeigen, wie ein Mann zwei Frauen gleich tief und innig liebt – nicht etwa, wie es sonst üblich war, deutlich unterscheidbar, die eine Frau mehr »sinnlich«, »körperlich«, die andere mehr »seelisch«, mehr »geistig«. Kerr vermerkt es mit gemessenem Lob. Gewiß haben diese Autoren und ihresgleichen manches von Ibsen und den modernen skandinavischen Psychologen überhaupt gelernt, aber sie sind doch im Grunde recht kraftlos, blaß, skeptisch und schrecken vor dem Ärgernis zurück, das sie etwa erregen könnten.

Diese Mischung aus konventioneller, beruhigender Form mit einer Psychologie, die manches Besondere wagt und darin zuweilen erstaunlich weit geht, führen die feineren, ernsteren Vertreter des Pariser Boulevardtheaters bis in unsere Zeit fort. Da ist etwa Bourdet mit seinem Drama der weiblichen Homosexualität, der leidenschaftlichen lesbischen Liebe und ihrer grausamen Hörigkeit »Die Gefangene«, das erst nach 1920 von Max Reinhardt mit Helene Thimig und Ernst Deutsch ungezählte Male gespielt wurde. Da ist Géraldys »Aimér«, gleichfalls eine Regie-Meisterleistung Max Reinhardts in seiner letzten Etappe. Der Berliner Erfolg unter Reinhardt erst machte Paris auf das Stück aufmerksam. Überhaupt lagen Reinhardt, der auf jeden etwas riskanten literarischen Erfolg längst verzichtet hatte und doch keine Banalitäten spielen wollte, diese feineren Pariser Salon- und Boulevarddramen mit ihrer gewissen diskreten psychologischen oder gesellschaftskritischen Problematik wie nichts anderes. Und die ziemlich beißende, aber immer noch höchst mondäne und snobbische Pariser Komödie »Le sex faible«, die er bei der Eröffnung seiner neuen Bühne, der »Komödie« am Kurfürstendamm, spielte, war sein letzter rauschender und berauschender Erfolg. Der unübertroffene Magier des echten Bühnenrausches durch mehr als zwei Jahrzehnte trat mit diesen stark parfümierten Pariser Sittendramen ab.

Wir wollen diesen Typ raffinierter Pariser Theaterschriftsteller noch nicht verlassen, ohne den feinnervigsten, leidenschaftlichsten, aber auch grausamsten von ihnen, Lenormand, mit seiner trostlosen Schauspielertragödie »Die Namenlosen«, »Les ratés«, mindestens zu erwähnen.

Die großen Geldverdiener des Genres, die großen Ausbeuter des Boulevardtheaters aber waren andere: etwa ein Henri Bernstein, ein Henri Bataille, ein Paul Hervieu. Oder in der Komödie: die Firma Caillavet und de Flers, die mit ihren banalen, aber pikanten Komödien nach der Jahrhundertwende die unfehlbare Hilfe von Theaterleitern in fast allen Ländern wurde, denen das Wasser bis zum Halse reichte, weil in ihrer Kasse scheinbar unbehebbare Ebbe herrschte.

Die trefflichsten Autoren des Boulevardtheaters sind vielleicht die ganz echten und einfachen humorvollen Talente, die es erkennen und wissen, daß man dieses Genre nicht geistig überanstrengen kann, aber auch nicht deklassieren muß.

Diese eigentlichen Klassiker des Genres sind die Meister der kleinen Form, die, welche das innere Format nicht überschätzen, die geistigen Möglichkeiten nicht überspannen. Ein großer Humorist dieser Form war Courteline mit seinen köstlichen dramatisierten Kleinbürgerspäßen. Ihm

Die großen, von dem Architekten Haussmann entworfenen inneren Boulevards waren ein wahrer Segen für das neuere Paris mit seinem unablässig wachsenden Verkehr. Meister des Impressionismus, wie Pissaro und Renoir, haben sie in ihrer Frühzeit gemalt. Jean Béraud vermittelte einen recht präzisen Eindruck.

Straßenecke ohne Autos, ohne Omnibusse, mit wenigen Pferdedroschken und sogar mit einem Vogelverkäufer. Daß es die Place de l'Opéra (um 1900) war, würden viele heute nicht mehr für glaubhaft halten.

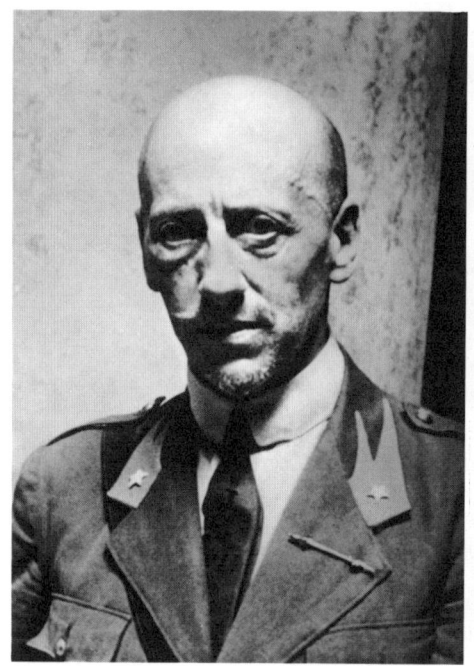

Gabriele d'Annunzio, ein großer Dichter, ein vermutlich recht korrupter Politiker, aber zweifellos der waghalsigste Kriegsheld der neueren Literatur (l.). Er würde es sich vermutlich verbeten haben, neben Victorien Sardou abgebildet zu werden, und wir tun ihm in der Tat damit ein wenig unrecht. Aber das allzu große Pathos rückt oft recht unverwandte Dramatiker einander näher, und schließlich hat Sardou auch reizende, witzige Komödien geschrieben, die der weitaus größere d'Annunzio nie zustande gebracht hätte.

nahe ist der witzige Tristan Bernard oder Marcel Pagnol. Aber auch die Autoren der konventionellen Boulevardposse haben ihre eigentlich produktiven Augenblicke, in denen sie Meisterwerke der kleinen Form schreiben. Etwa Georges Feydeau, der mit der gleichen Geschicklichkeit umfangreichere Boulevardstücke und Einakter für den Boulevard schreibt, Komödien, die ohne Geschmacklosigkeit die Posse streifen, dem aber das eine oder andere Mal etwas ganz Originelles, Zartes, Lustiges in der kleinen Form gelingt, wie der von zwei Kindern gespielte kleine Einakter »Erste Liebe«. Wo aber ernstere Probleme des Lebens berührt werden, überdeckt fast immer die konventionelle Form, das konventionelle Ensemble die Originalität des Problems. Das soziale Pathos, die unbekümmerte traumselige Sentimentalität und Melodramatik eines Dumas fils ist verraucht. Diese Unbekümmertheit haben die feineren, aber schwächeren Nachfahren längst nicht mehr. Sie sind aber auch nicht imstande, die unheimliche bohrende Präzision der modernen Gesellschaftsdramen

Ibsens zu erreichen. Die besseren und besten Pariser Produkte sind fast immer auf der Seite der Komödie, nicht selten mit einem stark pikanten possenhaften Einschlag. Das Hauptrequisit ist das Bett, der wesentliche Reiz die Unterwäsche, das Frou-Frou der kleinen Pariserin.

Der Prototyp des Boulevard-Dramatikers, wohl der repräsentativste, sicher der voluminöseste mit seinem umfangreichen Theaterwerk, vielleicht überhaupt der charakteristischste nach Dumas fils, ist Victorien Sardou, zuletzt fast nur noch Hausdichter der pompösen, exzentrischen Sarah Bernhardt. Das Beste sind seine reizvollen Komödien, wie »Madame Sans Gêne« oder »Divorçons« (»Cyprienne«), die Satire auf das damals eingeführte neue Ehescheidungsgesetz, deren Hauptrollen bis zum Ersten Weltkrieg und darüber hinaus wieder und wieder von den berühmten mondänen Schauspielerinnen dreier oder vierer Generationen gespielt wurden. Das Schlechteste sind seine pathetisch-heroischen Dramen, die Kulissenreißer ihrer Zeit, von denen nur einige wenige auf Umwegen, etwa durch ihre Vertonung (»La Tosca«), den 1908 Verstorbenen überlebt haben.

Auf einem literarisch weit anspruchsvolleren, aber grundsätzlich, in der künstlerischen Gesinnung, kaum höheren Niveau als Sardou setzt der Italiener Gabriele d'Annunzio mit seinen hohl tönenden Tragödien das Genre fort. Und vor wenigen Jahren zeigte ein Theatererfolg in Paris wie

Sarah Bernhardt: das Pariser Theater jener Zeit führt uns immer wieder zu ihr, sie bereitete den Stücken Sardous den großen Erfolg. Der allzu geschickte Dramatiker wurde mehr und mehr ihr Hausdichter.

Maurice Maeterlinck, der dekadente Schöpfer seiner frühen bleichen symbolistischen Schreckensdramen, dann der Autor eines pikanten Welterfolges, des Dramas »Monna Vanna«, der Kenner des Insektenlebens, der Bienen, Ameisen, Termiten – schließlich der weltliche Mystiker aus der Schule Ruysbroecks und der Übersetzer eines Elisabethanischen Inzestdramas »Annabella«, Nobelpreisträger, vom belgischen König zum Grafen ernannt.

der der Françoise Sagan mit ihrem »Schloß in Schweden«, daß die Vitalität dieses Genres noch keineswegs ganz aufgehört hat.

Ganz abzutrennen davon ist das echte literarische Theater. Wir haben einiges davon erwähnt. Gewiß gehört Antoines »Théâtre libre« dazu. Zur Generation von Hofmannsthal und Schnitzler zählt der etwas ältere Jules Renard mit der Dramatisierung seiner Erzählung »Poil de carotte«. Die Hauptrolle wurde von bedeutenden Pariser Schauspielerinnen mit großem Erfolg als »Hosenrolle« gespielt. Welche hohe literarische Einschätzung das Drama – das selten deutsch gespielt wurde – bei uns genossen hat, wird durch die Tatsache bewiesen, daß der Dichter Hofmannsthal es übertragen hat.

Im August 1890 überrascht der ausgezeichnete realistische Erzähler und Kritiker Octave Mirbeau in einem Artikel des »Figaro« Paris mit der Mitteilung, er habe den weitaus genialsten, weitaus absonderlichsten und weitaus naivsten Dramatiker der Zeit entdeckt, »vergleichbar, ja überlegen dem Allerschönsten, was in Shakespeare zu finden ist«. Es ist der belgische Dichter Maurice Maeterlinck, der französisch schreibt. Bis dahin lagen außer einem Gedichtband drei kleine Dramen vor: »La princesse Maleine«,

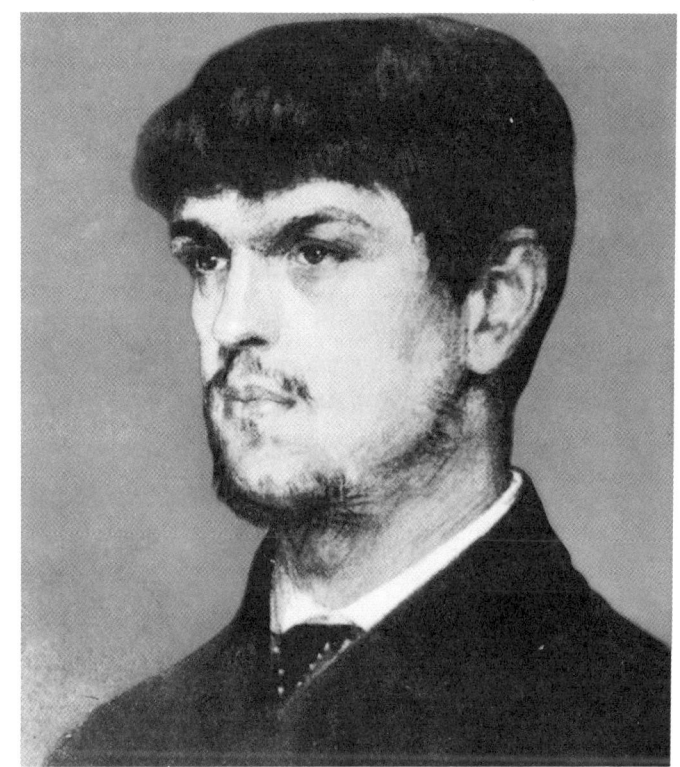

Der junge Claude Debussy, der größte französische Komponist der Epoche mit Maurice Ravel. Debussy geriet durch seine einzige vollendete Oper nach Maeterlincks »Pelléas et Mélisande« in schwere Konflikte mit dem rauflustigen Dichter. – Nijinskij tanzte sein symphonisches Werk nach Mallarmé »Der Nachmittag eines Fauns«. – Aufsehen erregte sein Ballett nach einem Libretto von Gabriele d'Annunzio »Der heilige Sebastian« im Auftrage der reichen russischen Tänzerin Ida Rubinstein.

»Les aveugles«, »L'intruse«. Alle drei erwiesen sich als für das reguläre Theater unspielbar, doch setzten sich für ihre hohen dichterischen Qualitäten in Berlin Maximilian Harden, in Wien Hermann Bahr ein. Übrigens war die Überraschung in Paris doch wohl etwas gedämpft durch die Erfahrung, daß »Figaro« immer wieder einmal »den größten Dichter aller Zeiten« entdeckte. Sein gebildetes Publikum mochte das gern. Maeterlinck veröffentlicht weiter ein paar schattenhafte dramatisierte Sagen und Legenden – eigentlich ein später Nachfahre der englischen Präraffaeliten.

Den sensationellen Theatererfolg holt Maeterlinck zwölf Jahre später nach mit dem Renaissancedrama »Monna Vanna«, mit Georgette Leblanc in der Hauptrolle, Maeterlincks Gemahlin oder Gefährtin, die ihn, wie man sich zuflüstert, hinfort völlig beherrscht. Freilich ist dieser große Erfolg erkauft mit den erstaunlichsten Kompromissen an das Boulevardtheater und an die bürgerliche Moral.

Maeterlincks mythische, symbolistische Dramen werden kaum gespielt, bieten aber den produktiven französischen Musikern unendliche Möglichkeiten mit ihrer Stimmungsdichte. Endlich komponiert der größte von ihnen, Debussy, eines der schönsten: »Pelléas und Mélisande«. 1902 ist die Oper aufführungsreif. Aber es folgt ein ganzer Rattenschwanz von Skandalen. Georgette Leblanc, die auch eine Sängerin war, und zwar eine schlechte, wollte durchaus die Mélisande singen. Debussy war dagegen. Maeterlinck, der nur als Dichter bleich und übersensitiv erschien, als Privatperson aber ein Sportsmann und brillanter Fechter war, wollte Debussy durchaus zum Duell fordern. Als dieser ablehnte, bedrohte er den Komponisten mit einem Stock in dessen eigenem Haus. Er veröffentlichte schließlich einen absurden Brief im »Figaro«, der mit den Worten endete: »Ich wünsche dem Werk einen vollständigen Mißerfolg.«

Am 15. April 1902 hieß es, Debussy habe Selbstmord begangen. Aber am 30. April fand die Generalprobe in der »Opéra comique« vor einem glanzvollen geladenen Publikum statt. Clemenceau, André Gide, Paul Valéry, Paul Claudel, die Colette und viele andere Berühmtheiten der Zeit waren anwesend. Es war jene Aufführung, die unsere Misia als ihr größtes musikalisches Erlebnis bezeichnete. Aber sie endete mit einem Theaterskandal.

Der größte Dramatiker Frankreichs seit Corneille und Racine, weit größer als Maeterlinck, war Paul Claudel. Er wurde in Frankreich selbst lange nicht gespielt. Die Jugenddramen von André Gide, sehr intellektuell, sehr geistreich, ja mit geistiger Tiefe, waren dramatisch zu schwach, um beim Pariser Publikum zu wirken. Erst mit Giraudoux setzte eine neue Welle des französischen literarischen Theaters ein. Der junge Jean Cocteau, obwohl mit seinen frühen symbolistischen Spielen jenseits der Experimentalbühne zunächst kaum denkbar, ist durch und durch ein Mann des Theaters, doch verliert er sich später fast ganz an den Film.

Hier, mit Giraudoux und Cocteau, beginnt aber auch schon der tiefe Einfluß des irrationalen und surrealistischen Sehens, der Einfluß Jarrys, Apollinaires, Bretons. Er leitet über zur Gruppe der »absurden« Bühnendichter, die wir schon erwähnt haben: Ionesco, Adamov, Beckett und so weiter. Auch diese Richtung nähert sich ihrem Ende. Die neueren Dramen Ionescos sind kaum noch surrealistisch oder absurd – eher allegorisch oder, schärfer definiert: leicht auflösbare Scharaden.

Doch Paris ist für den Ausländer nicht eigentlich die große Theaterstadt gewesen – das war, nach dem Ersten Weltkrieg und vor 1933, viel eher Berlin. Paris war und ist zunächst die Stadt der glänzenden Revuen und Music

Raoul Dufy: Bildnis von Cocteau. Cocteau war ein unendlich vielseitiger Künstler. Er schrieb bezaubernde Romane (»Les enfants terribles«), symbolische Dramen, ein von jedem weiblichen Star gern gespieltes virtuoses Monodrama (»Die menschliche Stimme«), komponierte, malte und spielte selbst in seinen Filmen.

»Die Colette« wurde, nach einer einigermaßen bewegten Vergangenheit, eine der besten weiblichen Erzählerinnen der Epoche. Ihr Gemahl für einige Zeit, der sich Monsieur Willy nannte und gleichfalls ein Schriftsteller war, wäre heute ganz vergessen, wenn sie nicht etliches für ihn geschrieben hätte. Gide, Claudel und andere große französische Dichter erklärten sie mit Recht für ein Genie eines gewissen erotischen Genres (nach einem Gemälde von Eugène Pascau).

Halls. Man denkt, diese pariserischste Form müsse auch die älteste sein, doch das ist keineswegs der Fall. London zum Beispiel mit seinen viktorianischen Music Halls hat wahrscheinlich die ältere Tradition. — Aber heute gibt es kaum noch eine echte Music Hall in London in dem alten Sinn, mit ihren glänzenden witzigen Chansonniers, wie sie der Kenner des alten London, Sir Max Beerbohm, beschrieben hat.

Ursprünglich stand nun in Paris die Sache so: Die Oper und die Sozietäre der »Comédie Française« hatten ein Privileg, alle Darstellungen verbieten zu lassen, in denen gesungen oder gesprochen wurde. So kamen für das leichtere Genre nur Pantomimen und Tänze in Betracht. Große Pantomimen wie Débureau waren die Lieblinge von Paris. Dazu kamen die Possenbühnen. Sie durften nur achtzig Sou Eintritt nehmen, ohne Unterschied der Plätze.

Philipp von Orléans — später Philippe Egalité genannt —, der Bruder Ludwigs XVI., litt an chronischem Geldmangel. Um dem abzuhelfen, erlaubte er, daß in seiner architektonisch wundervollen Pariser Residenz, dem »Palais Royal«, Kaffeehäuser sich etablierten. Er erlaubte noch viel mehr. Und so wurde das »Palais Royal« zum Treffpunkt der Literaten und Kaffeehauspolitiker, der Schachspieler, aber auch der Lebemänner und solcher, die es gern werden wollten. Es wird der Rahmen für unzählige Geschichten, Komödien, Skandale. So spielt auch einer der bezauberndsten philosophisch-komödiantischen Dialoge Diderots »Der Neffe des Rameau« — den Goethe aus dem Manuskript übersetzte — im Palais Royal. Andererseits verlor der kleine Leutnant Napoléon Buonaparte seine Unschuld dort an ein kleines Mädchen, das zuvor durch die Wandelgänge promeniert war. Denn die kleinen Mädchen, die dort promenierten, hatten auch meist ihre Zimmer dort, und mit Stolz pflegte die geniale Colette, die um 1920 dort wohnte (ebenso wie der Dichter Jean Cocteau), ihren verehrungsvollen Besuchern zu erzählen, daß in den Zimmern, in denen sie hauste, durch unabsehbare Zeiten fast ausschließlich das Liebesspiel gespielt wurde. Dort zu wohnen, lange nachdem die bürgerliche Ordnung in den Wandelgängen wiederhergestellt war, war ein besonders reizvoller Snobismus für alte Pariser.

Übrigens wurden auch andere Glücksspiele dort gespielt, und nach der Schlacht bei Waterloo und der Einnahme von Paris verlor Feldmarschall Blücher, der ein unheilbarer Hasardeur war, in einem der Cafés, in dem um sehr hohe Einsätze gejeut wurde, an einem einzigen Abend anderthalb

Konzertplakat aus dem Jahre 1895 von J. A. Grün. Die Konzert-Cafés aller Spielarten entstanden in jener Zeit.

Millionen Goldfranc, deren Ersatz durch die Gemeinde von Paris er dringend erhoffte und auch durch allerhand Drohungen forcierte.

Im Palais Royal gab es auch sonst allerlei Sehenswürdigkeiten, zum Beispiel ein Wachsfigurenkabinett, eine Marionettenbühne, auch zuweilen ziemlich rohe Darbietungen oder sehr gewagte Pantomimen, bei denen Vorführende und Publikum sich keinerlei Zwang auferlegten. Das Wichtigste aber waren die Wandelgänge mit den jungen (und älteren) promenierenden Damen, die auch die neueren Revuebühnen bis in unsere Zeit als »Promenoirs« beibehielten. Der männliche Zuschauer fühlte sich dort auf nicht unangenehme Weise eingekreist: den Appetit, den er sich durch gewisse Bühnenbilder holte, wenn er nicht gerade aus Stein war, konnte er nachher auf bequeme Weise stillen – und einige der Promenoir-Damen waren kaum weniger hübsch als die Figurantinnen und Mannequins auf der Bühne. Aber schließlich bekam hier der ganze Betrieb jenen etwas vulgären Charakter, der ganz auf die Bedürfnisse des Provinzonkels mit etwas Geld in der Tasche und wenig Geschicklichkeit bei Damen abgestimmt war. Die bessere Gesellschaft begann die »Zirkusse« vorzuziehen, in denen es andere, geschmackvollere Pantomimen gab, und für die Mädchen, die gut genug reiten lernten, um sich produzieren zu können, gab es hier ganz andere Chancen. So zum Beispiel wurde eine gewisse schöne Blondine namens Clotilde Loisset später Baronin Reichenfeld und morganatische Gemahlin des Prinzen Johann XXII. von Reuß und, nach dessen Tod, Verlobte eines Fürsten Hatzfeld. Kurz darauf aber verunglückte sie tödlich beim Reiten: sie geriet beim Sturz unter ihr Pferd.

Vor der Jahrhundertwende wurden diese nächtlichen »Zirkusse« abgelöst von der neuen Mode des »Café Concert«. Dieses neue Genre setzte sich durch, weil nicht nur bekannte Schauspielerinnen, wie zum Beispiel die Cornélie von der »Comédie Française«, die die höheren Einnahmen im Café Concert der hohen Kunst vorzogen, dort auftraten, sondern

Ein Pariser Café Concert im Freien (Gemälde von Béraud).

Die großartige Diseuse Yvette Guilbert (Photo l., Porträt von Toulouse-Lautrec r.). Henri de Toulouse-Lautrec hat von ihr eine ganze Mappe Graphiken gezeichnet. (unten) Henri de Toulouse-Lautrec in seinem Atelier, auf der Staffelei das Gemälde »Der Tanz im Moulin Rouge«.

LA SAUTERELLE   NINI   LA GOULUE   MOME   GRILLE D'ÉGOUT
PATTES EN L'AIR   FROMAGE

Quadrille im Moulin Rouge mit der Goulue, dem Star der Truppe, in der Mitte im Spa-
gat, und den bekanntesten Tänzerinnen dieses Vergnügungsetablissements. (Unten) Das
Zelt, das Toulouse-Lautrec für seine Lieblingstänzerin, »La Goulue«, bemalte, in dem
sie im Vergnügungsviertel von Neuilly auftrat. Sie starb ganz arm.

Das Kabarett »Chat noir«, das wie die meisten Kabaretts des Montmartre die alte Hausbezeichnung übernahm.

Die alten »Folies Bergères«, Treffpunkt der großen Welt, nachmals die Stätte der pompösesten Revuen.

auch, weil dieses Genre bald selbst neue junge Genies hervorbrachte, wie zum Beispiel die Yvette Guilbert. Maler von ganz besonderer Art, die die Plakate für die Cafés entwarfen, trugen nicht wenig zu dem Erfolg bei. Ihr populärster war Chéret, der weitaus genialste Toulouse-Lautrec. Der Maler Willette gab den kleinen Pariser Mädchen auf der Straße fast die Grazie eines Watteau. Etwas wie revolutionäre Härte lag im Stil Théophile Steinlens, der allerdings um die Jahrhundertwende ein offizieller Propagandist der antisemitischen Dreyfus-Gegner wird.

Seit 1867 wird in einem großen Haus im Faubourg Montmartre getingelt. Das Haus heißt »Les Colonnes d'Hercule«. Seit 1869 führt es den attraktiveren Namen »Folies Bergères«. Es wurde das älteste, berühmteste, mit seinen Dekorationen und Kostümen prunkvollste Revuetheater. Es hatte die schönsten Frauen, einen ganz genialen Clown, genannt »Little Tich«, es wagte mehr bei der Schaustellung ganz und dreiviertel nackter Poseusen, als man es vorher gewohnt war. Später kommt das ähnliche »Casino de Paris« hinzu. Diese beiden Häuser sind die Paradiese der amerikanischen und englischen Touristen und vor allem der Provinzonkel in Paris. Sie verwandeln das Stadtbild von Paris — weit mehr als alle die kleinen Kabaretts, Bars, Cafés am Hang des Montmartre, um die Place Pigalle, wo das »Moulin Rouge« liegt. Paris wird zur Fremden-, zur

»Moulin Rouge«, einstmals ein Mittelpunkt des Pariser Nachtlebens und die Lieblings-
stätte Toulouse-Lautrecs. »Moulin Rouge« steht heute noch wie einst, doch wird der
breiteste Raum von einem simplen Kino eingenommen.

Nächtliche Boulevardiers in Paris; Karikatur von »Sem«, dem »wilden Insekt«, dessen Koh-I-Nor auf dem Montmartre als besonders giftiger Stachel galt.

Touristenstadt. Eine ungeheure Organisation der Touristenindustrie, die größte, die die Welt bis dahin gesehen hat, entwickelt sich jetzt in Paris. Das gut eingespielte System des Touristennepps wird zu einer der größten Einnahmequellen der ehemaligen Hauptstadt Europas. In allen Revueprogrammen, in allen Café-Chantants werden möglichst viele englische Nummern eingelegt. Auf der Place Pigalle stehen um ein Uhr nachts mehr Londoner Rolls-Royce als auf dem Londoner Piccadilly. An gewissen Plätzen von Paris hört man zu gewissen Stunden fast ausschließlich Englisch. Eine nicht abzugrenzende Schar von Mädchen und Frauen bietet sich den Touristen an oder läßt sich diskret anbieten: sie sind frei für Stunden, für Tage, für die Dauer des Aufenthalts – dann hat man plötzlich eine kleine Pariser Freundin für Tage oder Wochen, die sich ihrer Aufgabe mit Takt, Grazie, Diskretion, ja zuweilen mit Zärtlichkeit widmen wird. – Aber, mehr oder weniger geschmackvoll, alles geht doch auf Touristennepp aus.

Das unverhüllte brutale Ausnehmen der Touristen bis auf das letzte

Maurice Utrillo, der Maler des Montmartre, malt ein letztes Mal auf dessen höchstem Punkt, vor der Kirche »Sacré-Cœur«, schon vom Krebsleiden gebeugt. Der Mann, der ihn dabei beobachtet, ist Sacha Guitry, der Schauspieler, Dramatiker und Filmproduzent.

Dieses Montmartre-Gemälde von Maurice Utrillo (1922) zeigt eine der alten Mühlen.
die mehr und mehr der wachsenden Weltstadt weichen mußten.

Pfund ist ein Merkmal des Verfalls, das sich ganz logisch in dem Maße
verbreitet, in dem Paris mehr und mehr von seinem ureigenen Zauber verliert.

Viele der Mädchen aus den Cafés und Revuen heirateten früher sehr
reiche Ausländer: Bankiers, Industrielle, Fürsten. Sie lebten sich meist
rasch in die neue Atmosphäre ein, Skandale gab es so gut wie gar nicht. Es

ist in den Großstädten der ganzen Welt so, daß die Treue solcher Ehefrauen »mit Vergangenheit« meist vorbildlich ist. Sie haben genug vom Amüsierbetrieb, haben mehr als genug davon gesehen, wie roh und brutal Männer sein können auf der Jagd nach Vergnügungen, sie haben genug Gemeinheit und Bitterkeit erfahren.

Gewiß hat das feinere, witzige, meist politisch aktuelle Pariser Kabarett, das so durch und durch französisch ist, unter diesen gigantischen nächtlichen Vergnügungen sehr gelitten. Aber um 1900 ging eben ein ganz einzigartiger, verführerischer Glanz von diesem nächtlichen Paris aus. Man kam in Paris an – und das erste war: man bestellte sich beim Hotelportier Karten für eine Revue – sofern das überhaupt nötig war. Man wollte natürlich auch in die »Comédie« gehen, in den »Louvre«, in das »Luxembourg«, wo damals die neuere Kunst hing und stand – darunter allerdings auch unbeschreiblicher Kitsch –, und wenn man Pariser Freunde besaß und etwas übrig hatte für moderne Kunst und Literatur, wollte man auch in die Cafés gehen, wo Verlaine und Mallarmé einst gesessen hatten, wo jetzt Utrillo und Modigliani saßen, fast immer total besoffen, oder der junge Picasso, immer ganz nüchtern und geschäftig, an einem Tisch mit Apolli-

Picasso und der Tänzer Mjassin, ein berühmter Nachfolger Nijinskijs, besuchten Pompeji während des Ersten Weltkrieges (1917).

Guillaume Apollinaire (l.), in Uniform während des Ersten Weltkrieges. Der eigentliche Ahnherr des Surrealismus war ein überaus enthusiastischer Krieger. Er starb an den Folgen einer Kriegsverletzung. Amedeo Modigliani (r.), einer der begabtesten Maler der Epoche, aus Livorno stammend, wurde kurz vor seinem frühen Tode in Paris plötzlich hochberühmt, als er seine prachtvollen Aktbilder zu malen begann. Mit ihm zogen die ersten Künstler vom Montmartre zum Montparnasse.

naire und Max Jacob, oder wo man gar den alten, hochberühmten »douanier« Rousseau sehen konnte, der übrigens niemals ein »douanier« gewesen ist. Zuerst aber wollte man die Otéro sehen, die Cléo de Mérode, die Mistinguett, die Dolly Sisters, später die bezaubernde Negerin Josephine Baker. Ganz großartig muß die Loïe Fuller gewesen sein, die beim Tanz enorme Quantitäten glitzernder, schillernder, irisierender Seide um sich wirbeln ließ und wie eine riesige Blume aussah, die die ganze Bühne füllte: der lebendig gewordene Jugendstil.

Große Dichter wie der junge Hofmannsthal schrieben über Revuegrößen wie die Dolly Sisters oder die Tänzerin Ruth St. Denis. Um einige gab es geradezu einen Sagenkranz. So soll die Cléo de Mérode viele Jahre hindurch die treue Geliebte König Leopolds II. von Belgien gewesen sein, der einen der pompösesten weißen Vollbärte sein eigen nannte, aber sonst ein ganz grausamer Dummkopf war, wie wir jetzt durch Mark Twain wissen. Er ließ zum Beispiel seinen schwarzen Untertanen in Kongo, die

»La belle Otéro« (o.), die als die schönste Frau der Welt galt, besaß einen Schmuck von Millionenwert. Sie war eine Königin des Pariser Nachtlebens, starb arm in einer kleinen Pension in Nizza. Eine Revueszene mit Cléo de Mérode in der Mitte (u.), die einzige, die ihr den Rang als Schönheit streitig machte.

Loïe Fuller (Plastik von Pierre Roche), die es verstand, ihre schillernden riesigen Seidendraperien beim Tanz so über sich und um sich zu entfalten, daß sie fast die Bühne füllten und sie selbst unsichtbar machten.

Cléo de Mérode, zeitgenössische Plastik; daneben sehr elegant, im Stil ihrer Zeit gekleidet, bei einem Wettrennen. Sie galt allgemein als die Geliebte König Leopolds II. von Belgien. (Der Körper soll nach einem berufsmäßigen Modell geformt sein.)

er als sein persönliches Eigentum betrachtete, beide Hände abhacken, wenn sie nicht aufs Wort parierten. – Seine Beziehungen zur schönen Mérode sind keineswegs verbrieft, aber wir kannten als Gymnasiasten den König nur unter dem Namen »Cléopold«.

Zahlreiche nicht immer diskrete Karikaturen spielten auf dieses Verhältnis an (l.), und Leopold II. (r.) mit dem imposanten Vollbart wurde ganz allgemein »Cléopold« genannt. Er war der erbarmungslose Herr über Kongo.

Dagegen konnte man es jedem Revuestar ohne weiteres glauben, der erzählte, er habe mit dem Prinzen von Wales, dem späteren König Eduard VII., geschlafen. Die Mistinguett beschreibt ihn in ihrer unvergleichlichen Art: »Er war so ein kleiner Dicker, wie man deren viele kennt.« Das ist die ganze Mistinguett. Sie war in Paris das, was man in Berlin »eine Pflanze« nennt. Wenn sie in einer Revue sang: »... ça c'est Paris!«, so glaubte man ihr uneingeschränkt: wo sie war, war Paris. Ich war deshalb als Student jedesmal aufs neue in sie verliebt, wenn ich sie sah. Leider ganz platonisch — es gelang mir nicht einmal, sie kennenzulernen. Aber einmal, kurz vor dem Ladenschluß 1933, gastierte sie in Berlin. Ich hatte damals eben angefangen Theaterkritiken zu schreiben. Was sie auch sang, ich hörte immer: »Ça c'est Paris!« — Aber ihre Gesten waren viel zu groß für das Berliner Theater, in dem sie auftrat. Sie waren am Platz in einer Riesenrevue, in deren Mittelpunkt sie früher gestanden hatte, aber nicht bei einem vergleichsweise bescheidenen Sologastspiel in einem mittleren Berliner Theater. Und dann: es ließ sich nicht leugnen, sie war alt geworden, trotz ihrer noch immer weltberühmt schönen Beine, die auf ich weiß nicht wieviel Hunderttausende Francs versichert waren. Die Berliner Kritiker verrissen sie ... Wer die Berliner zwanziger Jahre kennt, weiß, wie die Kritiker damals verreißen konnten. Nur ich schwamm augenscheinlich noch in süßen Pariser Erinnerungen und schrieb sehr galant, obwohl ich doch gehört und gesehen hatte, wie die Leute um mich herum pfiffen. Da schrieb sie mir einen wehmütigen und dankbaren Brief. Nun hätte ich sie gewiß kennenlernen können, aber ich machte keinen Schritt. Die romantische Geschichte nahm ein Ende wie in Flauberts »Education sentimentale«, wo auch ein Herr in mittleren Jahren zwanzig Jahre zu spät eine Chance bekommt.

Die Mistinguett hat ganz reizende Memoiren geschrieben, um derentwillen man sie auch lieben muß. Darin steht nicht nur jene entwaffnend treffende Formel für König Eduard VII., sondern sie beschreibt darin sehr einfach, wie ein Pariser Mädchen aus ganz kleinbürgerlichen Verhältnissen sich langsam und mühevoll hinauffrackert, immer von einem Café zum nächstgrößeren, bis sie als Star der Revue im »Casino de Paris« oder »Moulin Rouge« ihr Ziel erreicht. Der Durchbruchserfolg der jungen Mistinguett war die berühmte »Valse Chaloupée«, der Apachentanz mit dem »furchtbar dreinblickenden« Max Dearley. Er war bei uns genauso populär wie in Paris. Erst später kam ich darauf, daß dieser Erfolg auf eine Melodie zurückzuführen war, die viele Jahrzehnte alt war. Sie stammt von Jacques Offenbach, dem berühmten Kölner.

Die Mistinguett hatte natürlich Geliebte (sie findet es im Prinzip richtig, mit dem jeweiligen Partner ein Verhältnis zu haben, »nur dann klappt auf der Bühne alles«), aber sie kämpft einen harten Kampf, um sich nicht der Karriere wegen zu prostituieren, was manche Manager als ganz selbstverständlich betrachten. Nicht immer hat sie Glück gehabt in der Liebe. Sie hat den blutjungen Maurice Chevalier entdeckt, der damals entsetzlich schüchtern war, hat ihn gefördert und in jeder Hinsicht aufgepäppelt und ihm überhaupt erst den saloppen, selbstbewußt-eleganten Stil, der ihn berühmt gemacht hat, beigebracht. Und als er endlich berühmt war, hat er sie verlassen (– sagt sie, doch in solchen Sachen irren sich zuweilen auch die ehrlichsten Frauen).

Die Mistinguett war gewiß kein großes Genie – das hat sie sich auch nie eingebildet –, aber seltsam, mit ihr verlösche für eine ganze Generation der einzigartige, unvergleichliche Glanz des nächtlichen Paris.

Edward Prinz von Wales, der spätere Eduard VII., ein nobler Herrscher und geschickter Finanzmann, hier als angehender Modediktator und Bonvivant, und eine seiner zahlreichen, gewiß nicht allzu prüden Pariser Eroberungen: der junge Revuestar Mistinguett, die ihn zärtlich liebte. Dieselbe Mistinguett zeigt ihre sehenswerten berühmten Beine bis übers Knie – eine schockierende Garderobe für jene Jahrzehnte (u.).

Ruth St. Denis in einem ihrer sogenannten indischen Tempeltänze. Weder sie noch ihre Darbietungen hatten irgend etwas mit Indien zu tun, aber die Schönheit dieser Tänze und vor allem ihre eigene Schönheit ist von einem großen Dichter, dem jungen Hugo v. Hofmannsthal, bezeugt.

IV
ZWISCHEN VIKTORIA UND EDUARD VII.

Als ich Gymnasiast war, ließ mich mein Vater zuweilen in die böhmischen Bäder – damals internationale Weltbäder – kommen, wo er alljährlich eine Kur zu machen hatte: nach Marienbad oder Karlsbad. Das dritte, Franzensbad, war ein Badeort für Frauenleiden, besucht vor allem von solchen Frauen, die aus irgendwelchen Gründen keine Kinder bekamen. Die Männer, die während der Saison dorthin reisten, taten es zumeist aus Berufsgründen. Es waren Kellner, Oberkellner, Küchenchefs, Bademeister und dann eine Sorte schwer definierbarer, gutgekleideter, aber halbdunkler Berufsmänner, die sich bereit hielten, die Damen von ihren Leiden auf die natürlichste und eigentlich nächstliegende Art zu kurieren.

Marienbad und Karlsbad waren schon durch die Namen ihrer berühmten Besucher, vor allem ihres erlauchtesten Kurgastes Goethe, in eine höhere Sphäre gerückt. Für den neugierigen Gymnasiasten gab es dort immer den oder jenen höchst sehenswerten Kurgast, auf den der Vater mit einem entsprechenden Kommentar über die Bedeutung und Erscheinung jenes Mannes, dieser Frau hinwies. So sah ich einmal die uralte Exkaiserin Eugénie von Frankreich mit einer Hofdame, zwei geisterhafte Gerippe, ganz und gar in schwarze Seide und Schleier gehüllt, die sich aneinander festzuhalten schienen, um nicht vom Wind davongeweht zu werden. In demselben Jahr sah ich auch Clémenceau, der ein interessantes Novellenbuch über die jüdisch-polnischen Kurgäste schrieb, die es dort in großer Zahl gab, »Au pied de Sinaï«, eines der wenigen belletristischen Werke des harten, gnadenlosen, aber zweifellos überaus fähigen Staatsmannes, Journalisten und Kunstkenners. Das Buch spielt übrigens in der Kunstgeschichte eine ungleich wichtigere Rolle als in der französischen Literatur: es ist von Toulouse-Lautrec durch eine Reihe seiner interessantesten Graphiken illustriert worden. Die Sonderausgaben sind heute ein kostbarer Schatz für Kunstsammler.

Übrigens war die gleichzeitige Anwesenheit der französischen Exkaiserin und des radikalen demokratischen Politikers und ehemaligen »Com-

Studie zu einer Isolde von dem Engländer William Morris.

munards« Clémenceau wahrscheinlich kein bloßer Zufall, wie ich, Jahrzehnte später, in den brillanten Memoiren des französischen Botschafters Paléologue, eines Freundes der Exkaiserin, las.

Zu einem prominenten Kurgast, den ich allerdings nur ein einziges Mal sah, bedurfte es keines Kommentars, weil ich selbst schon alles über ihn las, was mir erreichbar war: Eduard VII., »von Gottes Gnaden König von Großbritannien und Irland, Kaiser von Indien, Verteidiger des Glaubens«. So lautete der volle Titel damals. Er ist seitdem etwas kürzer geworden.

Nun, Eduard VII. war nicht erfüllt von glühendem Eifer, den christlichen Glauben zu verteidigen und etwa in einem neuen Kreuzzug den Türken das Heilige Grab samt Jerusalem wegzunehmen, wie es einige Jahre später sein Nachfolger, Georg V., durch Umstände veranlaßt, wirklich tat — er, oder vielmehr einer seiner Heerführer, General Allenby, und zwar im Ersten Weltkrieg.

Eduard VII. war als Prinz von Wales der Abgott von Paris gewesen, vor allem der Liebling gewisser Schichten hübscher Pariserinnen, von den reizenden und eleganten Schauspielerinnen über die Stars und Tänzerinnen der großen Revuen, den Damen vom Moulin Rouge und Maxim, die Toulouse-Lautrec zeichnete und malte, etwa die temperamentsprühende Cancantänzerin genannt La Goulue oder die dünne, elastische Jane Avril —

Georges Clemenceau, der ehemalige »Communard«, Romanautor, Dramatiker, Journalist, Kunstkenner und nachmals führende Politiker Frankreichs.

Edward Prinz von Wales in Paris. Er liebte die Stadt und ihre Frauen und war das große Modevorbild.

und dann, tiefer hinab, von den Bewohnerinnen gewisser international berühmter und berüchtigter Häuser in der Rue Chabanais und in anderen Gassen. Auch die Bewohnerinnen dieser Häuser hat Toulouse-Lautrec und der vielleicht noch berühmtere Edgar Degas oft skizziert – aber es sind Handzeichnungen und Graphiken, die nur einem engeren Kreis von Kunstfreunden bekannt sind. Eduard VII., als Prinz von Wales, machte hier keine sozialen Unterschiede. Er liebte Paris und die Pariserinnen, ganz besonders die, die ganz urwüchsig, ganz »pariserisch« waren. Er hatte auch keine Bedenken, Prinzen des königlichen Hauses, wenn sie das gehörige Alter erreicht hatten, in einige dieser Geheimnisse des nächtlichen Paris einzuführen.

Wählerischer war er in seinem Umgang mit den Herren von Paris. Sie sollten womöglich Mitglieder des Jockey Clubs oder eines anderen mondänen Pariser Klubs sein. Einen von ihnen kennen wir. Er war ein geschmackvoller, eleganter Mann und ein erfahrener Kunstsammler namens

Gabrielle Réjane mußte erfahren, daß König Eduard VII. (rechts mit zwei Freunden) seine legere Lebensweise mit der Thronbesteigung aufgab und sich fortan seiner Repräsentationspflichten voll bewußt war.

Charles Haas, mit dem der Prinz von Wales sich anfreundete. Jahrzehnte später wurde dieser Charles Haas der ältere Freund eines noch bedeutenderen Mannes, des Dichters Marcel Proust – er ist das Modell zu der Figur des Swann, dessen Schicksal die ersten zwei Bände von Prousts Zeitepos »À la recherche du temps perdu« gewidmet sind.

Übrigens glich dieser Prinz von Wales ein wenig einem anderen englischen Thronerben, dem Shakespeare in den Königsdramen »Heinrich IV.« und »Heinrich V.« ein Denkmal gesetzt hat: Prinz »Hale«, dem Spießgesellen Falstaffs und späteren König Heinrich V. Auch Eduard genoß als Prinz von Wales sein Leben in vollen Zügen, obwohl er es nicht ganz so toll trieb wie sein Vorgänger aus dem Hause Plantagenet.

Auch er wurde ein ernster König, der sich von gewissen Freunden und Freundinnen seiner Pariser Jahre distanzierte, wenn er sie auch nicht auf so brutale Weise von sich stieß wie Prinz Heinz den alten Falstaff. Aber die ausgezeichnete Schauspielerin Réjane erzählte einst, daß sie in einer fremden Stadt — ich glaube, es war Kopenhagen — ganz überraschend den König aus einem Herrenmodegeschäft treten sah. Sie eilte ihm mit offenen Armen entgegen, wie sie es in Paris gewohnt war, aber der König ging an ihr vorüber, als hätte er sie nicht erkannt, und stieg wortlos in seinen wartenden Wagen. Als sie später in ihr Hotel zurückkehrte, fand sie freilich einen riesigen Rosenstrauß mit ein paar entschuldigenden Zeilen vom König: er könne als König leider nicht immer seiner Sympathie auf offener Straße so Ausdruck geben, wie er es wünschte. Ein solches Zartgefühl zeigte Heinrich V. seinem alten Genossen Falstaff gegenüber keineswegs — mindestens nicht bei Shakespeare.

Eduard VII. war schon ein alternder, etwas kränklicher Herr, als er den Thron bestieg. Seine Krönung mußte wegen einer Blinddarmentzündung verschoben werden. Und es scheint, daß er außerdem an den Folgen eines Übels litt, das die damalige Medizin noch nicht mit Sicherheit heilen konnte — das radikale Heilmittel gegen diese Art hartnäckiger Krankheiten wurde leider erst kurz nach seinem Tode entdeckt.

Er hatte dem größten Weltreich seit dem Römischen Reich in der Zeit seines höchsten Reichtums und Glanzes vorzustehen und vorzuleben. Er tat es mit einer vollendeten repräsentativen Haltung. Nur manchmal zeigte seine Ungeduld, seine mühsam unterdrückte Langeweile bei rein repräsentativen Anlässen den alten Lebemann, der viel Interessanteres, vielleicht zu viel davon, erlebt hatte.

Dieser König also weilte in dem gleichen böhmischen Badeort, in dem mein Vater und ich uns aufhielten, und es wäre verwunderlich gewesen, wenn ich ihn nicht zu sehen bekommen hätte. Die Zeitungen brachten jeden Tag spaltenlange Artikel über kleine persönliche Eigenheiten des Königs — so zum Beispiel erfuhr ich die ergreifende Neuigkeit, daß er für seinen Kuraufenthalt von wenigen Wochen einen ganzen Koffer mit über 300 Krawatten mitgebracht hatte.

Die Szene, die den Bruchteil einer Minute dauerte, spielte sich auf einer gedeckten Kurpromenade ab. Dort sprach uns unversehens ein dunkel gekleideter Herr mit einem steifen, schwarzen Hut, einem sogenannten »Bowlerhat«, höflich grüßend an. »Sogleich wird König Eduard VII. hier vorbeikommen«, sagte er, »wollen Sie bitte nicht stehen bleiben und den König nicht auffällig anschauen. Es macht ihn nervös.«

Nun konnte ein Mann, der in den österreichischen Städten nach dem Wiener Derby noch einen steifen schwarzen Hut statt des vorgeschriebenen

Edward Prince of Wales und seine Frau, die spätere schöne Königin Alexandra (beide Mitte), mit Begleitung.

Strohhutes trug, nur ein Polizeibeamter in Zivil sein. Und dieser hatte sich hier den falschen Partner ausgesucht. Mein Vater, dessen monarchische Gefühle gemäßigt waren und sich ausschließlich auf den alten Kaiser Franz Joseph beschränkten, sah den Fremden, zu meinem geheimen Vergnügen, durch sein goldenes Pincenez von oben herab an und antwortete kurz: »Ich pflege Monarchen nicht anzustarren.« Und ging gelassen mit mir weiter.

Aber schon begann das große Schauspiel, von dem mir nichts entging. Es kündigte sich durch eine Wolke von Pariser Parfüm an. Die Damenparfüms müssen damals viel süßer und penetranter gewesen sein als heute, denn mir war, als könnte ich innerhalb dieser süßen Wolke den herben Lavendelduft eines Londoner Gesichtswassers für Herren genau unterscheiden. Der König trug einen hellgrauen Anzug, einen noch helleren

Elegante Gesellschaft beim Morgenspaziergang im Hydepark.

grauen Hut dazu, weiße »spats« oder Gamaschen, wie es sich gehörte, eine farbige Krawatte, die durch einen goldenen Ring mit einem Edelstein gehalten wurde. Er war vollkommen fein und korrekt angezogen, wie ich es nicht anders erwartet hatte. Rechts und links von ihm rauschte je eine Dame mit je einem riesigen, mit bunten Federn und Blumen geschmückten Radhut auf der schönfrisierten Coiffure vorbei. Aber schon, schon war die Parfümwolke entschwebt, die Szene war beendet. »Das waren doch gewiß Pariser Kokotten«, flüsterte ich meinem Vater zu, der sich zu dieser Meinung nicht äußerte. Am nächsten Tag las ich in der Zeitung, daß es zwei aristokratische Damen aus der höchsten Londoner Gesellschaft gewesen waren, die der König zum Lunch eingeladen hatte.

Aber damit endete noch lange nicht meine persönliche Beziehung zu Eduard VII., von der Seine Majestät allerdings keine Ahnung hatte. –

Nach der Versammlung der Ritter des Hosenbandordens mit König Georg V. und Königin Mary in der St.-Georgs-Kapelle, Windsor Castle, bei welcher der junge Prinz von Wales, später Eduard VIII., jetzt Herzog von Windsor, »investiert« wurde.

Prag hatte damals ebenso gute Herrenschneider wie Wien, und die angesehensten hielten im Sommer Filialen in diesem oder jenem böhmischen Badeort offen. Als ich, zurück in Prag, zu meinem Schneider ging, um meinen Herbstanzug zu bestellen — ich riskierte in solchen Fällen einfach die häusliche Szene, wenn die hohe Rechnung mit der Post kam —, empfing mich der Chef triumphierend: »Sie können stolz sein, zu meiner regulären Kundschaft zu gehören. Sie ist im Sommer um einen höchst prominenten Kunden gewachsen: den König von England.«

»Was hat er sich denn machen lassen?«

»Nun, unter anderem einen Mantel zu einem wundervollen Zobelfutter, das er sich mitgebracht hatte. Und einiges andere, ich habe nicht alles im Kopf.« Ich war sehr skeptisch. Warum sollte der König von England sich in Marienbad einen Pelzmantel machen lassen, wenn er in London die besten Schneider der Welt hatte? Ich hielt es für Flunkerei, für einen bloßen Appell an meinen jugendlichen Snobismus, auf den es übrigens – trotz aller Zweifel – nicht ohne Eindruck blieb, wie man sehen kann,

Szene in der Krönungswoche 1910, in der Georg V. gekrönt wurde (Gemälde von Leo Fauve).

da ich mich ja noch nach mehr als einem halben Jahrhundert so genau erinnere. Heute bin ich so gut wie sicher, daß alles, war mir mein Schneider sagte, genau der Wahrheit entsprach.

Der Hofstaat des Königs kostete gewiß jährlich Hunderttausende, und Hunderttausende erhielt er auch dafür durch Parlamentsbeschluß. Durch geschickte Börsengeschäfte, die ein engerer Kreis von Bankiers für ihn ausführte – meist deutsche Juden, die nach dem englischen Adelstitel trachteten, ihrem Vorbild, den Rothschilds, nachstrebend –, erwarb er darüber hinaus ein großes Privatvermögen. Trotz seiner großzügigen Lebensart war er ein Mann, der sehr genau rechnete. Was die Herrenmode seiner Zeit betrifft, durfte er als Fachmann, sogar als höchste Instanz gelten. Vermutlich war es ihm nicht entgangen, daß einige der feinsten Londoner Schneiderfirmen keineswegs englische Zuschneider hatten, sondern Tschechen. Und das dürfte auch der Grund dafür sein, daß ich die Ehre hatte, den gleichen Schneider zu haben wie König Eduard VII.

Seit der Regentschaft eines seiner Vorgänger, des Prinzregenten und

Herrenmoden in Deauville, Sommer 1910. Allgemein wird der Strohhut getragen, steif und eckig (in Österreich »Girardi-Hut« genannt nach dem berühmten Schauspieler, in Paris durch Maurice Chevalier sehr populär geworden) oder weich, aus biegsamem Stroh geflochten, wie er noch heute zuweilen getragen wird (Panamahut). Dazu gehörten weiße Leinen- oder Wollbeinkleider.

Ausritt in Rotten Row, Hydepark.

späteren Königs Georg IV., erwartete das »große« Londoner Herrenschnei-
dergewerbe, daß der König persönlich eine führende Stellung in der Herrenmode einnahm. Eduard VII. schien nicht dazu geschaffen, die Tradition seines Vorgängers fortzusetzen. Er war klein, beleibt und schon er-
graut, als er den Thron bestieg. Und doch sollte er den »Dandy-König«
Georg IV. weit übertreffen als unangefochtener Beherrscher der internationalen Londoner Herrenmode. Er hat auf diesem Gebiet etwas geradezu Produktives geleistet, weit über solche Details hinaus wie den
weichen »Homburg« als praktische Kopfbedeckung bei nichtformalen Anlässen (zum Beispiel Morgenpromenade in Marienbad), den offenen un-
teren Knopf an der Weste (wegen seines Bäuchleins), die Bügelfalte an der
Hose (die er an Reiseanzügen und Pyjamas auch, anders als wir, nämlich
an den Seiten der Beinkleider anbringen ließ), den »Turnover«, den

215

Farbige Glasfenster und Wanddekorationen bewahren vielerorts das Bild der »Belle Epoque« bis in unsere Tage. Die Motive wechseln von stilisierten Blumen bis zu Straßenszenen. Hier sehen wir eine Wanddekoration aus der Garage Michelin in London. Das Zeitalter des Autos beginnt.

Hosenaufschlag (statt die Hosen auf nasser Straße hochzukrempeln). Erst in den neuen Herrenmoden wird er häufig wieder weggelassen.

Wesentlicher ist, daß er gewisse Prinzipien ganz neu eingeführt hat: den bequemen und doch gut aussehenden Alltagsanzug für den Beruf und Spaziergang, als Hauptanzug des Herrn, die Vereinfachung anderer, mehr formaler Kleidungsstücke (Morning Coat oder Cutaway für den hochoffiziellen Frack am Tage, Smoking abends im Hause statt des Fracks usw.). Er hat dadurch die Herrenmode ein für allemal von dem getrennt, was sie dem Charakter einer Kostümierung oder einer Uniform früher oft annäherte, so daß zum Beispiel die Anzüge seines gewiß sehr gut gekleideten frühverstorbenen Vaters Albert schon in wenigen Jahrzehnten wie historische Trachten wirkten. Er schuf einen Standard für die Herrenkleidung und hat die Herrenmode stabilisiert. Auch wenn man einmal breitere und ein anderes Mal schmalere Schultern trug, war diese »Standardmode« im Prinzip über viele Jahrzehnte hinaus gültig.

Diese Standardmode wird allerdings heute vielfach durchbrochen, zu-

Zwei Herzoginnen lächeln: die Herzogin von Marlborough und die Herzogin von Sutherland bei einem der zahlreichen »Wohltätigkeitsfeste« im Parke. Londoner Rechtsanwalt mit der vorschriftsmäßigen Perücke mit seinen Klienten vor dem Gerichtsgebäude.

mal bei den jungen Herren, nicht nur, weil ein Pariser Modellhaus wie Cardin es sich in den Kopf gesetzt hat, Herrenmoden ebenso zu kreieren wie Damenmoden, sondern auch, weil die verschiedenen Alters-, Berufs- und Gesellschaftsgruppen sich jetzt ihre eigenen Gruppenmoden zu schaffen beginnen und ihre eigenen Lieferanten (etwa in Soho) haben. Aber der Standard des »Man about Town«, des gutgekleideten Großstadtbürgers, besteht dennoch weiter, auch ohne den obligatorischen Hut, den Schirm oder Spazierstock und die Handschuhe. Dieser allgemeine Standard hat auch etwas vom Geist unserer Zeit, gerade in seinem inneren Widerspruch: eine Gleichförmigkeit, die dennoch ungleich weitere Möglichkeiten offenläßt und eine individuellere Wahl zuläßt als alle vergangenen Moden. Insofern war Eduards VII. Modediktatur sogar produktiver als die Georgs IV., der doch immer nur ein gelehriger Schüler der »Dandies«, vor allem Brummels, blieb. Durch Eduard VII. wurde die englische Herrenmode auch wirklich tonangebend in der ganzen Welt. Der beste Beweis dafür ist, daß der König selbst um 1910 ohne weiteres einem erstklassigen

Prager Schneider Aufträge geben konnte, ohne befürchten zu müssen, daß daraus am Ende etwas seinem eigenen Stil völlig Zuwiderlaufendes entstehen würde.

Als Politiker und Staatsmann konnte man Eduard VII. schon kurz nach seinem Tode historisch würdigen: er liquidierte die »Burenkriege«, befriedete das britische Weltreich für seine Lebenszeit und darüber hinaus, so weit ein so riesenhaftes Gebilde voller rassischer Differenzen und sozialer Spannungen überhaupt befriedet werden konnte. Er machte England zum reichsten Lande der Welt, wenn es auch am Ende seiner Regierung nur mühsam seine Hegemonie über die noch unvergleichlich größeren wirtschaftlichen Möglichkeiten der USA behauptete. Seine größte Tat, von der er selbst allerdings kaum etwas ahnte: er bekämpfte durch seine Vorliebe für den europäischen Kontinent das Insulare im englischen Charakter, das in schweigender Arroganz den starren Glauben an die Überlegenheit des Briten im Grunde für die beste Lösung aller Weltprobleme hielt. Reisende Engländer — diesen Typus gab es gewiß auch vor Eduard VII., aber es waren neben den im Auslandsdienst stehenden Diplomaten doch immer nur Künstler, Dichter oder reiche, junge Aristokraten, die reisten oder auch einen Teil ihres Lebens ganz im Ausland verbrachten. Lord Byron, Shelley, Keats, das Dichter-Ehepaar Browning, das waren Künstler, die sich selbst aus ihrem Vaterland verbannt hatten aus Protest gegenüber der Heuchelei des falschen bürgerlichen Puritanismus, der nichts mehr von der heroischen Epoche Cromwells in sich hatte. Jetzt aber überschwemmten englische Touristen aller adeligen, bürgerlichen und nichtbürgerlichen Schattierungen nicht nur Paris, die alten italienischen Städte, später Wien und noch später auch die neue Weltstadt Berlin — sondern es galt durchaus als »chic«, unter einem Herrscher, der sich vielleicht in Paris mehr zu Hause fühlte als in London, einen Teil der Zeit außerhalb der Londoner »Season« in einem französischen oder belgischen Badeort oder an der Riviera zu verbringen oder, wenn man es sich leisten konnte, auf der eigenen Jacht im Mittelmeer zu kreuzen und dadurch die phantastischen Kosten der Hofhaltung auf den eigenen, prunkvollen alten Landsitzen etwas herabzusetzen.

Junge englische Adelige heirateten jetzt in wachsender Zahl reiche ausländische Mädchen, vor allem Amerikanerinnen. In die exklusive Herzogsfamilie der Marlborough heiratete die Amerikanerin Miss Consuelo Vanderbilt ein, zugestandenermaßen auch deswegen, weil an dem überdimen-

Die Herzogin von Marlborough, geb. Consuelo Vanderbilt, von Geburt eine Amerikanerin, in großer Toilette mit Herzogskrone, Purpurmantel und Hermelin, gekleidet für die Krönungszeremonie in der Westminster Abbey.

sionalen Landsitz Blenheim Castle bei Oxford (genannt nach einem Flecken in Süddeutschland, wo der Feldmarschall Marlborough mit dem verbündeten Prinzen Eugen von Savoyen über eine Armee Ludwigs XIV. siegte) die nötigsten Modernisierungsarbeiten aus eigenen Mitteln nicht mehr bestritten werden konnten. In einer Seitenlinie der Marlboroughs wurde eine zweite Amerikanerin zur Mutter Winston Churchills, und in der dritten Generation danach heiratete der junge Erbe die unermeßlich reiche Tochter des griechischen Reeders Nearchos, die geschiedene junge Frau des Reeders Onassis – was wohl bedeutet, daß sie, wie jede andere geschiedene Frau, am Hofe von St. James, im Buckingham Palace, offiziell nicht auftreten kann. Sein herzoglicher Vater dagegen geleitet als liebenswürdiger Führer die Touristen durch das riesige Schloß, um es mit Hilfe dieser Einnahmen der Familie zu erhalten und nicht, wie andere seinesgleichen, der Staatsverwaltung des British Court Council übergeben zu müssen.

Die meisten dieser Familien besaßen unter Eduard VII. noch die Mittel, diese immensen Landsitze, die zuweilen Königsschlössern glichen, mit ihren unschätzbaren Werten, darunter Gemälden von Tizian, Rubens, van Dyck, Rembrandt, Goya, Gainsborough und Reynolds, mit ihren Gästeappartements und dem riesigen Stab der Diener und Angestellten, aus eigenem zu erhalten. Daphne Fielding, die ehemalige Marquise von Bath, zählt den »Staff« in Schloß Longleat in Wiltshire zur Zeit Eduards VII. in ihren Memoiren auf. Es waren 43 ständige Angestellte, und zwar:

Die alten englischen Adels- und Landsitze – hier Fort Belvedere des Prinzen von Wales – bargen auserlesene Kunstschätze, erforderten aber auch einen enormen Aufwand an Unterhalt.

1 Haus-Steward
1 Butler
1 Unterbutler
1 Groom of Chambers

1 Kammerdiener
3 Diener
1 Diener für die Wohnung des Steward
2 Bediente für verschiedene Verwendung
2 Boys für die Speisekammern
1 Boy für die Beleuchtung

1 Wirtschaftsdame
2 Zofen der Dame des Hauses
1 Nurse
1 Zofe für die Nurse
8 Hausmädchen
2 Näherinnen
6 Wäscherinnen
2 erfahrene weibliche Bedienstete für Obst, das Einmachen von Früch-
   ten, Trocknen von Lavendel- und Rosenblättern und ähnliche Zwecke.

1 Chef der Küche
2 Küchenmädchen
1 Gemüsemädchen
1 Geschirrmädchen
1 Tagesmädchen

Dazu kamen die Stall- und Wagenbediensteten, Gärtner, Forstbeamte und
so weiter.

Jeder, der im Schloß selbst Dienst machte, mußte nach einem genauen
Protokoll leben. Er hatte seinen bestimmten Platz bei den Mahlzeiten der
Angestellten, er wußte genau, ob er Anspruch auf einen eigenen Schlaf-
raum hatte oder gar mehr als einen Raum. Wenn ein Gast mit dem eigenen
Diener kam – und meistens kamen die Gäste mit ihren eigenen Die-
nern –, so wurde dieser nach dem Range seines Herrn gesetzt, also zum
Beispiel der Kammerdiener eines Herzogs an den obersten Tisch der Ste-
wards und Butlers. Hatte er aber keinen dunklen Dinneranzug, konnte er

Dienerschaft im Edwardischen England. Das Bild zeigt nur eine Dienerschule jener Zeit. Wenn sich die Herrschaft abends zurückzog, sagte allenfalls der Butler: »Good night, Sir, good night, Ma-am.« Aber die Dienerschaft wurde nicht versammelt.

an dieser Tafel leider nicht sitzen, er mußte dann im Speiseraum der Diener essen. Zweimal in der Woche, Dienstag und Donnerstag, war Tanz in den Dienerräumen, allerdings unter den wachsamen Augen der Wirtschafts- dame, die besonders das Benehmen der jungen Hausmädchen streng kon- trollierte. Gelegentlich nahm einer oder der andere von der »Herrschaft« an diesen Vergnügungen teil.

Die sozialen und wirtschaftlichen Kontraste in den englischen Industrie- städten und in London, das in seiner Ausdehnung allmählich alle Dimen- sionen der Großstädte, wie man sie bisher gekannt hatte, sprengte, waren für unsere Begriffe noch immer erschreckend, aber doch nicht mehr so ge- spenstisch wie zur Zeit von Dickens und der liberalen Doktrinäre, die jeden Arbeiterschutz ablehnten mit dem Hinweis darauf, das freie Spiel von Angebot und Nachfrage, das sich schließlich trotz aller Schwankungen zu einer Art immanenten Gleichgewichts einschaukle, dürfe auch auf dem Arbeitsmarkt nicht durch Prohibitivgesetze gestört werden. Etwas, was

Demonstrationszug der streikenden Hafenarbeiter durch die Straßen Londons, 1911.
Das Neue ist: die Polizei mischt sich nicht mehr ein.

der ungemein witzige Anatole France mit der Formulierung umschrieb, der arbeitslose Proletarier und Bettler müsse das gleiche Recht haben, unter Brückenbogen und auf Parkbänken zu schlafen, wie der Millionär. Aber doch war zumindest Frauen- und Kinderarbeit, der Fluch des alten viktorianischen Kapitalismus, schon gesetzlich beschränkt, das Recht auf Koalition der Arbeitnehmer und auf Streiks wenigstens einigermaßen gesichert.

Charakteristisch an dieser Zeit ist, daß trotz allem unermeßlichen Reichtum, bei allem gesellschaftlichen Schliff und kunsthistorischen Sammeleifer die zeitgenössische Kunst kaum etwas davon profitierte. Die öffentliche Architektur behielt den Prunkstil des späten Viktorianismus bei, und wenn die öffentliche Kunstpflege nicht das völlig trostlose Niveau der neuesten Weltstadt Berlin erreichte, so war es nur deshalb, weil der Herrscher, Eduard VII., sich zwar eine durchaus legitime Diktatur über die Herrenmode anmaßte, von der er wirklich etwas verstand, aber nicht über die Kunst, von der er so wenig verstand wie sein Neffe Wilhelm II., der

ALEXEJ VON JAWLENSKY
FRAU MIT STIRNLOCKE
Gemälde, 1913. Wiesbaden, Stadtmuseum

ANDRÉ DERAIN
ST. PAUL'S CATHEDRAL LONDON
Gemälde, 1906. New York, Perl's Galleries

deutsche Kaiser, der einen sehr beträchtlichen Teil seiner mehr als beträchtlichen Macht mit einem geradezu fanatischen Eifer darauf verwandte, seine preußische Residenzstadt Berlin, die vor ihm noch vieles von ihrem klassizistisch-spartanischen Stil bewahrt hatte, womöglich zu der scheußlichsten internationalen Weltstadt des Erdkreises zu machen.

Nun war die Epoche ja überhaupt wenig geneigt, von ihrer zeitgenössischen Kunst, Architektur, überhaupt von dem sich in gewissen fortschrittlichen bürgerlichen Schichten entwickelnden neuen Lebensstil – der sogar zwei kleinere deutsche Höfe, in Weimar und in Darmstadt, für sich einnahm – in seiner ganzen Ausdehnung Kenntnis zu nehmen. Der offizielle Kitsch, der etwa in Paris an öffentlichen Denkmälern und Bauten dieser Epoche produziert wurde, war gewiß im Durchschnitt nicht viel besser als in Berlin, aber Paris war eine alte, schöne Weltstadt, in der dieses Neue

Besuch König Eduards VII. 1909 bei seinem Neffen Kaiser Wilhelm II. Trinksprüche werden gewechselt. Von l. nach r.: Kaiserin Auguste Viktoria, König Eduard VII., Kaiser Wilhelm II., Königin Alexandra, die Gemahlin des Königs von England (aus einer »Illustrierten«).

Aubrey Beardsley: Le Café noir. (1895, jetzt Cambridge, Mass. USA Fogg Art Museum).

aufgesogen wurde, ohne die Atmosphäre zu verderben, Berlin aber entwickelte sich eben erst zur Weltstadt, deren Stillosigkeit von dem elenden
Geschmack ihres Herrschers entscheidend mitbestimmt wurde.

Die sogenannte »Ästhetische Bewegung« mit ihren Zeitschriften »The
Yellow Book«, »The Savoy«, mit ihrem genialen Zeichner Aubrey
Beardsley und ihren weit weniger genialen literarischen Mitarbeitern
wie Dawson, Lionel Johnson, Crakenthrope, Garland, Richard La
Gallienne, dem Essayisten Symons lag ziemlich genau an der Wende
zwischen dem 19. und 20. Jahrhundert und ist hier schon genannt worden.
Sie war bewußt so exzentrisch und exklusiv, daß sie jede breitere Wir-
kung geradezu abwies. Sie war für Deutschland fast folgenreicher als für

ihr eigenes Land: sie ist nämlich eine der Hauptquellen des neuen deutschen Buchkunstgewerbes, der »Insel« und des frühen Insel-Verlags unter Alfred Walter Heymel geworden.

Der reizvolle und elegante Karikaturist der »Beardsley Period«, der gleichzeitig auch ein charmanter Schriftsteller war, Max Beerbohm, »der unvergleichliche Max«, wie ihn zuerst G. B. Shaw und dann alle nannten, gehörte zu der seltenen Sorte der Karikaturisten, deren Stärke der liebenswürdige Witz, nicht Haß ist. Und doch hat er einen Mann tief gehaßt: seinen König, Eduard VII. Er haßte ihn so sehr, daß er ihn nicht karikieren konnte – sobald er es versuchte, wurde eine kaum erkennbare, kaum noch menschliche Fratze daraus. Konkurrenzneid des kleinen Dandy gegen den größeren? Doch wohl nicht nur das, sondern mehr als das: ein aggressiver Protest gegen die ganze Edwardische Epoche, die auch andere seiner Art gewiß nicht akzeptierten, auf die sie aber nur hochmütig-ironisch hinabzublicken versuchten.

Wenn man will, könnte man in Oscar Wilde so etwas wie den möglichen Popularisator der »Ästhetischen Bewegung« sehen, der aber seiner Aufgabe

Einbandentwurf von Aubrey Beardsley (r.) zu Alexander Popes »Der Lockenraub«, 1896. Die exzentrische Zeitschrift »The Yellow Book«, neben »The Savoy« das esoterische Forum der englischen Ästheten, zählte Beardsley zu ihrem ständigen Mitarbeiter neben zahlreichen anderen Prominenten.

Zöglinge der berühmten »Public School« von Eton in der üblichen Uniform.

nicht ganz gewachsen war. Sein »Bildnis des Dorian Gray«, seine stark parfümierten Märchen, seine »Salomé« und seine paradoxen Aphorismen sind im Geist der »Ästhetischen Bewegung« gehalten. Seine Komödien und Schauspiele sind stark mit Paradoxen gepfeffertes, sonst aber ziemlich gewöhnliches Pariser Boulevardtheater, dem er zuweilen, wie in seiner Komödie »Bunbury«, die rasche Wendung zu geben versuchte, als ob er sich über seine Vorbilder lustig mache, indes er zugleich von ihren Avantagen Gebrauch machte. Seine Konzeption, die Grundidee war zuweilen genial wie z. B. im »Bildnis des Dorian Gray«, in manchen seiner sozialistischen Prosaschriften; aber es war etwas so Banales in seinem mondänen Ehrgeiz, daß er alles halb verdarb. Aber überall war sein Erfolg — halb literarisch, halb gesellschaftlich — fraglos.

Bis jene Explosion erfolgte, die die ganze Szenerie um ihn herum verwandelte, vielleicht der skandalöseste Strafprozeß, der jemals geführt wurde, gewiß aber der ekelhafteste. Das Gesetz, das gegen ihn angewendet wurde, war neu, der Richter, vor allem aber der Staatsanwalt, wußte

Oscar Wilde und sein Freund Alfred Douglas, der Hauptschuldige an dem grauenhaften Skandal.

wohl noch nicht aus Erfahrung, mit welcher Schärfe, aber auch mit welcher Diskretion ein solches Gesetz angewendet werden mußte, um seine Wirkung nicht ganz zu verfehlen. Was der sehr ehrgeizige Staatsanwalt, übrigens ein Studienkollege Oscar Wildes, tat, hatte nichts mehr mit dem

»Vergehen« Wildes und dem echten Verbrechen eines homosexuellen Kupplers, der neben Wilde auf der Anklagebank saß, hatte überhaupt gar nichts mehr mit Verbrechen und Sühne zu tun. Es war kaltblütiger Mord, worauf der Staatsanwalt ausging, eine Justizorgie, an die keine sexuelle Orgie, die Wilde je erlebt haben mag, an moralischer Zweideutigkeit heranreichen konnte. Nie, nie mehr sollte dieser Mann überhaupt noch in zivilisierter menschlicher Gesellschaft geduldet werden, das schien das Ziel dieser Anklage. Die Fragen, die der Staatsanwalt nach dem englischen Prozeßverfahren an gewisse Zeugen, zum Beispiel an die Zimmermädchen des Hotels Savoy, richtete, wirken noch heute – die vollständigen Protokolle sind erst vor einigen Jahren publiziert worden – unanständig bis zur Unglaubwürdigkeit, zotenhaft über alle Begriffe. Er selbst, der Staatsanwalt, wirkt auf den heutigen Leser als der weitaus Unanständigste im ganzen Gerichtssaal – und doch hatte der Angeklagte Oscar Wilde sich in seinem Leben manches geleistet an obszönem Benehmen, wie die Verhandlung ergab. Die ehemalige Version, daß sich einfach der alte Victorianische Cant hier an einem Schriftsteller rächte, der ihn oft genug herausgefordert hatte, schwindet angesichts dieser Protokolle dahin.

Der Staatsanwalt hatte ausnahmsweise ganz recht, wenn er erklärte, das literarische Hauptwerk Wildes, »Das Bildnis des Dorian Gray«, sei eigentlich ein einziges Schuldbekenntnis. Da saß Dorian Gray selbst auf der Anklagebank, vom Laster gezeichnet, fett, das seltsam ölige Gesicht aufgedunsen, die großen gelben Zähne mit blitzenden Goldplomben widerlich verziert. Und da saß in der vorderen Reihe der Zuschauer der andere, der zynische, junge Lord mit dem mokanten Lächeln, der nicht angeklagt war, weil niemand gegen ihn eine Anschuldigung erhoben hatte, obwohl Zeugen ihn im Hotel neben Wilde im Bett liegend gesehen hatten. Nach Jahrzehnten sollte er, der gealterte Mann, als Anhänger Hitlers und der britischen faschistischen Gruppe enden.

Gewiß hat dieser zynische junge Herr, der in jeder Beziehung Maßlose, einfach aus einer Art höllischer Amüsiersucht und aus Haß gegen seinen exzentrischen Vater Oscar Wilde systematisch in den Prozeß getrieben, und doch bleibt es ein Rätsel, wieso Oscar Wilde, dutzendfach gewarnt – unter anderem von André Gide selbst – und mit der bis zur letzten Stunde vor seiner Verhaftung offenen Möglichkeit, nach Frankreich zu fliehen, es bis zum vollständigen öffentlichen débacle kommen ließ. Der junge Hofmannsthal hat wenige Jahre später einen Essay veröffentlicht, in dem

Aubrey Beardsley: eine der Graphiken zu Wildes »Salomé«. – Abgesehen davon, daß Beardsley Wilde später überhaupt ignorierte, weil er Furcht hatte, in den Skandal verwickelt zu werden, hatte er einen feinen Instinkt für gewisse vulgäre Züge an Wilde.

er die wohl einzig richtige, einzig mögliche Erklärung gab: es war amor fati – der finstere Abgrund zog Wilde unwiderstehlich an. Er hatte so oft und so anschaulich den Weg in die Selbstzerstörung gezeichnet, nicht nur im »Dorian Gray«, nicht nur in der »Salomé«, daß etwas in ihm ihn jetzt zwanghaft trieb, diesen Weg auch selbst zu gehen.

Die Londoner Theater – zwei Westendtheater spielten eben mit großem Erfolg Stücke von Oscar Wilde – setzten seine dramatischen Werke vom Spielplan ab, seine Verleger lieferten seine Bücher nicht aus. Es sah alles nach einem totalen Boykott aus. Doch in Deutschland erschienen alsbald seine Werke. Der junge Insel-Verlag gab sie in Luxusausgaben heraus, ein deutscher Verlag in Minden/Westfalen und ein Wiener Verlag

Beardsley: Buchillustra- tion »Das Mondmäd- chen schrei- tet aus dem Tempel« zu Dowsons »Pierrot of the Minute«.

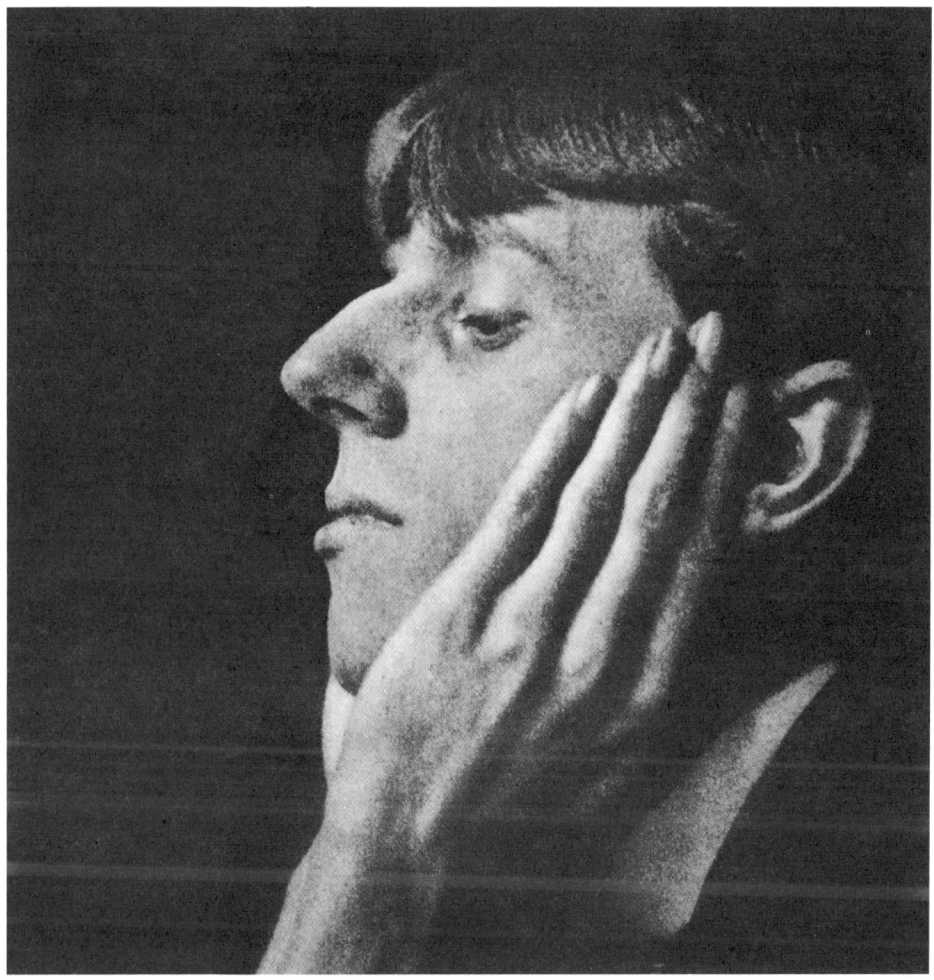

Eines der wenigen Porträts Aubrey Beardsleys, der schon sechsundzwanzigjährig an Tb starb.

boten sogar sämtliche Werke in Gesamtausgabe. Freunde wie Sherard und Robert Ross verteidigten seinen Namen, während seine Frau und seine Söhne einen anderen Familiennamen annahmen.

Oscar Wilde lebte, nach verbüßter Zuchthaushaft, noch Jahre in Paris als erlesene Sehenswürdigkeit für ganz besonders anspruchsvolle, prominente und weniger prominente Literaten und Literaturfreunde. Er saß im Café oder im Restaurant, erzählte noch immer seine oft geistreichen Gleichnisse und ließ die Raketen seines brillanten Geistes steigen. Er starb in einem guten Pariser Hotel – ein auffallend wohlgestalteter Jüngling war der einzige Augenzeuge seines Todes. Er wäre nicht Oscar Wilde gewesen, wenn er nicht sein Leben mit einer witzigen Pointe geendet hätte.

Er sagte nämlich: »Ich sterbe über meine Verhältnisse.« Das alles hätte er ja billiger, nämlich ohne weltweiten Skandal, ohne Verurteilung und ohne die Zuchthausjahre haben können. Aber er wollte eben den höchsten Preis zahlen – und das war schließlich das Heroische an seiner Erscheinung.

Beardsley, der Bedeutendere, Interessantere, aber doch Ärmere, der durch seine Illustrationen zu Wildes »Salomé« der Buchgraphik in aller Welt eine entscheidende Wendung gegeben hatte, sprach – noch blutjung und schon selbst ein Sterbender – nur ironisch über Oscar Wilde: »Dies und das ist ihm ja gelungen, aber er ist in seinen sozialen Ideen schrecklich altmodisch und konventionell. Das hat ihm auch seinen eigenen guten Einfall im ›Dorian Gray‹ verdorben. Er denkt immer an den Effekt, wobei nur Vulgäres herauskommt.« Das sagte Beardsley zu Franz Blei kurz vor seinem frühen Tode bei einer zufälligen Begegnung in einem Pariser Hotel.

Eine Folge hatte der Prozeß Oscar Wildes jedenfalls: der Platz, der für Oscar Wildes pariserisch-englische Kultursynthese im glanzvollen Edwardismus bereit gewesen wäre – ein sehr prominenter Platz –, blieb unbesetzt. Dieser Platz konnte von dem jungen G. B. Shaw nicht eingenommen werden, trotz seines späteren Weltrufes. Seine Komödien hatten eigentlich zunächst in Berlin und New York größeren Erfolg als in London. Beardsley, der gelegentlich auch für ihn einen Theaterzettel mit einer Zeichnung schmückte, nannte seine frühen Komödien sehr boshaft, aber klug »Zeitungsartikel für verteilte Rollen«.

Die Literatur der Epoche war nicht arm, aber wenn wir nach dem Schriftstellernamen suchen, der in die Edwardische Epoche am besten hineinpaßt, so stoßen wir auf Henry James. Er hatte gewiß, zum Unterschied von Wilde, fast nur negative Theatererfolge, ja ganz katastrophale Mißerfolge. Auch seine erzählende Prosa hatte nie die Erfolge seines weit populäreren Vorgängers Wilde – ein paar Novellen vielleicht ausgenommen –, sie war immer sehr exklusiv und kaum in andere Sprachen übersetzbar. Mehrere seiner Hauptwerke waren schon vor 1900 erschienen.

Aber das so ungemein Charakteristische, Edwardische war: er war überhaupt nicht geborener Engländer, sondern Amerikaner (wie so manche englische Hocharistokratin der Epoche, z. B. die vorhin erwähnte Herzogin von Marlborough und ihre Schwägerin, die Mutter Winston Churchills). Auch Henry James stammte aus dem höchst vornehmen Boston und war der Sohn einer hoch angesehenen Familie. Sein Bruder war fast

W. Somerset Maugham, der größte Novellenschreiber nach Guy de Maupassant, zuweilen ein wahres Genie der Prägnanz und der überraschenden Psychologie (l.). – Henry James, der amerikanische Engländer, ein Meister der sprachlichen und psychologischen Finesse, ein Vorgänger Marcel Prousts – als überaus umständliche Privaterscheinung von unwiderstehlicher unfreiwilliger Komik (r.).

berühmter als er, er war der erste amerikanische Philosoph von Weltruf. Er selbst, mit einem sparsamen, aber nicht armen Œuvre von Romanen und längeren Novellen, alle sehr sorgfältig und etwas kompliziert gearbeitet, war geradeheraus ein englischer Gesellschaftssnob wie Oscar Wilde auch. Er berührte nur zeitweilig die Kreise des »Yellow Book«, in dem zum Beispiel eine seiner besten frühen Novellen publiziert wurde. Er hatte die Vorliebe des Königs Eduard VII. und der ganzen Epoche für Paris. Er fühlte sich vollkommen als Engländer, nicht als amerikanischer Autor – obwohl doch der hochliterarische kontinentale Ruhm der USA-Literatur durch seinen amerikanischen Landsmann Edgar Allan Poe und dessen europäische Verehrer, darunter so große französische Dichter wie Baudelaire und Mallarmé, schon etabliert worden war. Seine kuriosen, langgewundenen Lebensweisheiten – er war der umständlichste Pedant in der Konversation, den man sich überhaupt denken kann – ernteten die lächelnde Bewunderung einiger verfeinerter Köpfe, aber brachten ihm auch

Der junge Winston Churchill (ganz vorn, mit Zylinder) beobachtet, wie die Polizei einen Hinterhalt legt gegen Streikende (oben). – Die »Eton-boys« (unten) hören in ihrer Uniform auf der Windsor-Brücke am Schloß eine Proklamation des Königs Georg V. (Eton liegt ganz nahe bei Windsor.)

Idyllische Picnics auf der Themse (oben). – Zuschauer erwarten auf der Treppe der St.-Pauls-Kathedrale die Ankunft des Prinzen von Wales, später Eduard VII., 1893 (unten). St. Paul gilt als Kathedrale und Pantheon der Stadt London, im Gegensatz zur Königlichen Westminster Abbey.

den Haß eines ebenso genialen, doch autochthonen, in England geborenen und in Paris aufgewachsenen Snobs und Erzählers ein, der unvergleichlich bekannter in den breiteren englischen und vor allem in den amerikanischen Leserschichten und unter den Theaterbesuchern werden sollte und der erst vor ganz kurzer Zeit als uralter Mann gestorben ist: W. Somerset Maugham.

Somerset Maughams Notizen in seinen Lebenserinnerungen über die Privatperson Henry James' sind das Boshafteste, Ätzendste, aber auch das Beste, was über ihn geschrieben wurde. Diese Notizen des genialen Somerset Maugham sind die eines richtigen Wolfs im Schafspelz eines belletristischen, fast journalistischen oder feuilletonistischen Stils. Er schildert in diesem banalen Stil mit subtilem Hohn Henry James als einen literarischen Parvenü, als den typischen Ausländer, der durchaus ein Engländer und ein Gentleman sein will und in diesem Bemühen alles typisch Englische nur übertreibt und vergröbert, einschließlich des bekannten englischen Snobismus.

Denn englisch, typisch englisch wollte Henry James sein, der typische englische Gentleman, »The Man about Town«. Und wenn Goethe in einigen Versen einmal von einem Mann spricht, der »sein letztes Glück und seinen letzten Tag« erlebt, so trifft diese schöne Wendung auf keinen mehr zu als auf Henry James: auf dem Totenbett erfuhr er, daß er vom König den höchsten Orden für Verdienste um Kunst und Wissenschaft erhalten habe, den »Order of Merit«. Er errötete ein wenig und drehte sich zur Wand, damit man nicht sehe, wie sehr er sich darüber freute. – Auch das ist Henry James: ein zarter und verschämter Mann noch auf dem Totenbett.

Sein Genius war größer als sein Snobismus. Vielleicht halb gegen seinen Willen stellte er in seinen Hauptwerken immer wieder irgendeine merkwürdige Beziehung von Amerikanern zum alten England, überhaupt zum alten Europa dar. Auf mannigfachen Wegen und Umwegen wuchs sein Nachruhm immer mehr. Er wurde später bewußt gegen Marcel Proust ausgespielt. Erst unlängst las ich von einem namhaften Vertreter des französischen »Neuen Romans« die Bemerkung, Proust sei eigentlich nichts weiter als ein langweiliger Henry James, woraus man wohl schließen kann, daß für die Generation des jungen französischen Romans Henry James interessanter ist als der viel neuere Proust.

In der englischen Kunst gibt es einen fast parallelen Fall zu Henry James: den allerdings beträchtlich älteren J. A. MacNeill Whistler, 1834 geboren in Lowell (Mass.), Porträtist, großartiger Graphiker, Literat, un-

J. A. MacNeill Whistler, unter den Malern eine Parallele zu H. James, weil er auch wie jener völlig Engländer wurde, malte den Schriftsteller Théodore Duret, im Frack mit einer Abendrobe auf dem Arm und einem Fächer in der Hand. Das japanische Blumenmotiv im Hintergrund zeigt, wie sich die Maler jener Zeit der Kunst des japanischen Holzschnittes und seinen Motiven zuwenden.

erschöpflicher Causeur und Dandy wie Oscar Wilde, mit dem ihn eine Art Haßliebe verband. Er hörte nicht auf, durch anzügliche Bemerkungen immer wieder anzudeuten, daß Oscar Wildes beste Witze und Paradoxe nichts anderes als Plagiate der seinigen seien. Wie Oscar Wilde, wie der Dichter Swinburne und der Graphiker Beardsley gehört er zu einer Generation Engländer, die mit der Victorianischen Epoche nichts mehr als das historische Geburtsdatum gemeinsam haben – nicht einmal in einem negativen Sinn, also revoltierend, gehören sie dieser Epoche an. Man könnte G. B. Shaw weit eher als einen nachgeborenen protestierenden, antiviktorianischen Viktorianer ansehen als diese. Sie stehen an der Grenze und tragen viele entscheidende Züge der Edwardischen Epoche.

Der weitaus Wichtigste aller derer, die an dieser Grenze leben, ist in vielfacher Hinsicht ein ganz primitiver Journalist, ein patriotischer und kampflüsterner Blechtrompeter, ein skrupelloser Vertreter der britischen Superiorität in der ganzen Welt, oft ein flacher Unterhaltungsschriftsteller – und doch zuweilen eine geistige Natur mit den unschuldigen Augen eines Kindes, ein wahrhaft ritterlicher Mann und in seinen Hauptwerken ein ganz großer Epiker von den Ausmaßen eines Tolstoj, freilich von einer ganz anderen Mentalität. Ein Homer und ein Oberlehrer zugleich. Wenn es möglich wäre, solche Gegensätze in einer menschlichen Seele zu vereinen, hier wäre eine solche Formel am Platze. Aber es ist wohl nicht möglich. Das Leben des Geistes kennt keine derartig krassen Kontraste, es duldet überhaupt keine scharfen Formulierungen, nur rätselhafte Verbindungen und Übergänge, ein Wesen mit verschiedenen Aspekten, wechselnden Profilen, überraschenden Perspektiven – doch immer ein Individuum, etwas Unteilbares.

Der Name dieses scheinbar so widerspruchsvollen Menschen und Autors ist Rudyard Kipling.

In einer Studie von André Maurois über Rudyard Kipling finde ich die Angabe, er sei der Sohn des Direktors der Kunstakademie in Bombay, John Lockwood Kipling, gewesen, seine Mutter, Alice Kipling geborene Macdonald, sei die Tochter eines Geistlichen gewesen und eine seiner Tanten sei die Frau des berühmten präraffelitischen Malers Sir Edward Burne-Jones, eine andere die des Direktors der Königlichen Kunstakademie, Edward Poynter, gewesen (ein hochberühmter Maler seiner Epoche, der den sonderbaren Bedarf der viktorianischen Salons an aalglatten Nuditäten mit einer gewissen Virtuosität zu beliefern verstand), die dritte aber habe den Vater des späteren Ministerpräsidenten Baldwin geheiratet. So fest also war die Familie Kipling in der höheren viktorianischen und

AMEDEO MODIGLIANI
JEANNE HÉBUTERNE
Gemälde, 1918

G. B. Shaw – hier im Alter auf der Höhe seines Ruhms – gewann nach den ersten großen Erfolgen in Berlin und New York neben Oscar Wilde nur langsam die Gunst der englischen Theaterbesucher.

WILLIAM MORRIS
LA BELLE ISEULT
Gemälde, 1858

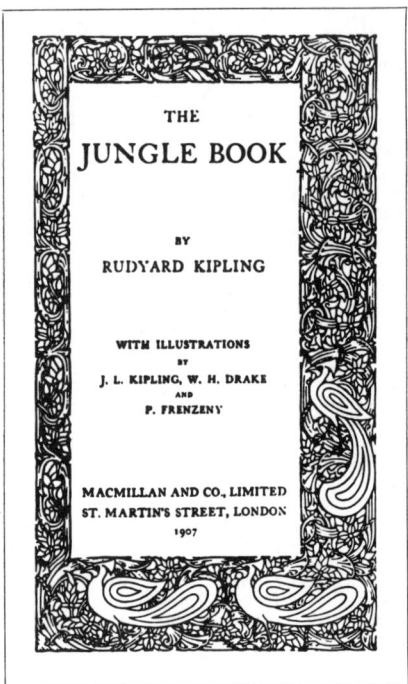

Rudyard Kipling: Photoporträt und Titelblatt seines populärsten Werkes, des »Dschungel-
buchs«.

edwardischen Gesellschaft verankert — obwohl, muß man ganz leise
sagen, schon die Geburt in Indien einen leisen Schatten auf das stolze
Pedigree eines hundertprozentigen Torys warf, damals zur Zeit der alten
Queen, aber auch noch mehrere Jahrzehnte später. Die Frauen hoher englischer Beamter in Britisch-Indien zogen es nämlich vor, rechtzeitig vor
der Niederkunft nach dem alten England zu reisen, wo sie bei nahen
Verwandten oder auf ihrem eigenen Landsitz die Niederkunft erwarteten, damit ihr Kind auf englischem Boden geboren werde und nicht auf
indischem.

Immerhin, das ist die offizielle Version von Rudyard Kiplings Abkunft.
Aber in Paul Wieglers immer zuverlässiger Literaturgeschichte las ich,
daß er überhaupt ein »Halbengländer« war. Und in Bombay um 1930 galt
es als offenes Geheimnis, daß seine eigentliche Mutter eine Inderin gewesen
sei. Daher, sagt man, sein eisenfresserischer viktorianischer Imperialismus:
die Überkompensation eines Minderwertigkeitskomplexes. Denn als anglo-
indischer Mischblütler hätte er überhaupt keinen sozialen Platz gehabt, wer
immer sein Vater war. Die höhere indische Gesellschaft lehnte solche Misch-

blütler ebenso ab wie die englische. Dann war seine leidenschaftliche Liebe für die Landschaft von Sussex ebenso lächerlich wie manches andere an ihm.

Aber diese anglo-indische Abkunft, wahr oder erfunden – wieviel mehr an ihm und in ihm würde sie erklären! Denn immer wieder entzündete sich sein großes Genie an solchen Wesen zwischen den Rassen und Arten. Da ist Mowgli, ein Menschenkind, aber im Dschungel von einer Wölfin gesäugt, zwischen Wölfen erzogen und aufgewachsen, von Wölfen auf »das Gesetz des Dschungels« eingeschworen. Da ist Kim, der Knabe von ungewisser Abkunft, in dem Roman gleichen Namens, Kiplings größtem Meisterwerk. Kim, im Bazar von Lahore umherlungernd, »der Freund aller Menschen«, doch sehr viel tiefer seine Wurzeln in indischem Boden, in indischem Leben, Bräuchen und Sitten dehnend und streckend als in der abendländischen Kultur. Und Kim ist nicht nur irgendein Knabe von ungewisser Herkunft, er ist, für Kipling und auch für uns, der geheime Schlüssel zur indischen Welt. Er öffnet uns diese fremde Welt voller großer Güte, großer Naivität, großer Schlauheit, großer Unruhe, großer Religiosität und von geradezu unmenschlicher Elastizität, deren Menschen uns immer wieder durch die Hand schlüpfen und entschwinden, wo immer man sie fassen mag: ein buntes, verwirrendes, endlos wechselndes Farbenkaleidoskop, das keinen mehr losläßt, der es erlebt hat.

Zuweilen ist auch etwas Grobes, Geschmackloses, Subalternes in Kipling, aber manchmal ist es, als seien seine Gestalten Elementarwesen, der heißen Luft und den finsteren Höhlen entstammend, in denen die Inder einst die Götter anbeteten mit dem dumpfen Schrei der Urzeugung: »Oumm!« – als seien seine Gestalten überhaupt nicht von Menschen gezeugt. Dann denken wir, daß Kipling doch unmöglich ein Kind des Abendlandes sein könne. Aber andererseits ist der patriotische stockenglische Roman »Das Licht erlosch« sein Werk, mit einem Ende, das zu den größten Erfindungen der gesamten Weltliteratur gehört.

Der Vater Kiplings wird Kustos des Museums in Lahore, heute Pakistan, und residiert inmitten zahlloser alter Buddhas, meist aus der Zeit nach Alexanders des Großen indischem Feldzug, zwischen alten mythologischen Reliefs und Miniaturen. Er ist jener weise Sahib, der gleich am Anfang des »Kim« seinen bedeutenden Disput mit dem alten Jogi über Göttliches und Menschliches führt – gleichsam die große Ouvertüre. Sie wäre dann zugleich eine feierliche Huldigung Kiplings an seinen Vater, der damit ganz aus dem Halbdunkel der Gerüchte träte und Gestalt gewänne.

Vor dem Museum in Lahore steht die alte Kanone Zam-Zam, ein Geschütz des 18. Jahrhunderts, das die Mohammedaner den Sikhs einst im Kampf abgenommen hatten. Und genau an dieser Stelle beginnt das größte Meisterwerk Rudyard Kiplings, »Kim«, denn dort trifft der Knabe Kim zuerst den tibetanischen Jogi. Noch in den dreißiger Jahren, als ich in Indien war, kannte jeder Mensch in Lahore, ob Mohammedaner, Hindu, Europäer, Amerikaner, diese Kanone vor dem großen Museum nahe der Universität nur unter dem Namen »Kim's Gun«. So berühmt, immerhin, war damals noch der große Rudyard Kipling in Indien.

»Immerhin«, sage ich. Denn unter den Schocks, die den kontinental-europäischen Immigranten gleich anfangs in Indien erwarten, ist der, daß man, wenn man etwa in Bombay in einem großen indischen Literaten-café den Namen Rudyard Kipling als den genialsten Kenner Indiens mit Ehrerbietung nannte, nun nicht etwa die selbstverständlich erwartete Zustimmung der indischen Kollegen fand, sondern im Gegenteil ziemlich allgemeine Ablehnung. – Und doch, wenn die Inder Kipling wirklich erkannt hätten – wenn man überhaupt einen Menschen besser verstehen kann, als er selbst sich versteht –, so hätte gerade das freie Indien ihm ein großes Monument errichten müssen. So sehr liebte er dieses Land, diese Welt. Der englische Dichter, der sie »verstand«, war für die modernen Inder von 1930 oder 1940 weit eher E. M. Forster mit seiner »Passage to India« (1924).

Ich weiß nicht, ob er als Dichter, d. h. als Autor von Gedichten, noch zu retten ist, wie T. S. Eliot mit vielen grundsätzlichen Vorbehalten zu meinen scheint, der vor mehr als einem Jahrzehnt noch eine Auswahl von Versen Kiplings in seinem Verlag Faber & Faber herausgegeben und eingeleitet hat. Obwohl, wenn wir es genau nehmen, sein Einfluß als Dichter gerade bei uns in Deutschland größer gewesen zu sein scheint als irgendwo außerhalb Englands. Aber dieser Einfluß ruht eigentlich auf einem einzigen bedeutenden Namen: Bert Brecht – und zwar der junge Bert Brecht, der noch nicht seine »Klassiker« Karl Marx und Engels emsig studiert hatte, sondern ein zarter und doch starker Dichter, ein prachtvoller literarischer Raufbold und verschämter Anbeter der Macht und Gewalt war, genau wie einst der junge Kipling.

Kenner Brechts werden sich vielleicht noch der etwas komischen »Plagiataffäre« um Brecht entsinnen, die Alfred Kerr mit dem entsprechenden Tamtam inszeniert hatte. Kerr entdeckte eines Tages etwas, was minde-

Rudyard Kipling – die Radierung von W. Strang zeigt ihn als Marionettenspieler mit den Hauptgestalten seiner Werke.

stens ein paar hundert gebildete Leute in Deutschland längst wissen muß- ten: daß Brecht in der »Dreigroschenoper« einen oder gar zwei Songs von François Villon in der Übertragung von K. L. Ammer verwendet hatte, ohne im Textbuch die Quelle zu zitieren. – Dichter tun manchmal solche Dinge. So hat zum Beispiel Goethe mindestens ein Gedicht von Marianne von Willemer – und zwar eines der schönsten im »Westöstlichen Divan« – sozusagen »entwendet«, ohne ihren Namen zu nennen. Nun aber, im Falle Brecht, sollte ein gewaltiger Skandal ausbrechen, meinte der große Kerr. Brecht antwortete nonchalant: Gewiß, das habe er getan; dafür habe

Die Lithographie von Frank Brangwin zu einem Kriegsgedicht des patriotischen Dichters Rupert Brooke zeigt englische Soldaten im Kampf und erinnert an Kiplings »Kanonensong«, dem wir in Brechts »Dreigroschenoper« in gewandelter Form wiederbegegnen.

er einen anderen Song, der von ihm selbst stamme, Rudyard Kipling im Textbuch zugeschrieben.

Dieser Song war der »Kanonensong«, und jeder, der der Uraufführung der »Dreigroschenoper« beiwohnte, weiß, daß gerade hier der ungeheure frenetische Applaus losbrach und der große Erfolg des Stückes entschieden war, der durch Jahrzehnte anhielt und anhält. Das Seltsame ist nur, daß dieser »Kanonensong«, den Brecht angeblich nur aus einer Laune heraus, als bloßen Witz, Kipling zugeschrieben haben will – daß er wirklich von Rudyard Kipling stammt. Zwar nicht dem Wortlaut nach, der ist ganz gewiß von Bert Brecht, aber seiner ganzen zynischen, primitiv-rauflustigen Gesinnung, seiner inneren Dynamik, seinem draufgängerischen Marschrhythmus, seinem ganzen Gefüge nach.

Dieses Brutale, Primitive in manchen Soldatenversen Kiplings nun bis ins Äußerste, Burleske treibend, schrieb schon der ganz junge Bert Brecht die Soldatenkomödie »Mann ist Mann« – etwas, was Kipling gewiß nie geschrieben hätte, nie hätte schreiben können, und was doch ganz und gar Kiplings Schule ist.

Man könnte also wohl sagen, daß eine bestimmte Seite an Kipling, das Militaristisch-Draufgängerische in gewissen Versen, rein zufällig in

Bert Brecht in jüngeren Jahren mit einer Mitarbeiterin, zu einer Zeit, da er noch stark unter Kiplings Einfluß stand.

Deutschland die stärkste Wirkung übte — abgesehen natürlich von den Dschungelgeschichten, die hier wie in der ganzen Welt begeistert von unzähligen Jungens und vielleicht auch Mädchen gelesen wurden. Aber über ihnen allen steht noch das Buch »Kim«. Und »Kim« ist unsterblich. Hier

Victoria, von Gottes Gnaden Königin von England, Kaiserin von Indien, als alte Dame im Familienkreis, hinter ihr ihre indischen Leibdiener. Mit ihrem Tod ging eine Welt unwiederbringlich dahin, das Merry old England, das Charles Dickens in seinen Romanen ebenso wie das proletarische Elend verewigt hat. Das alte »curiosity Shop« (unten) um 1909, in dem das Schicksal der kleinen Dorrit spielt.

konnte Kipling im Rahmen einer einfachen Knabengeschichte, die jeder Junge lesen konnte und Millionen Jungen lasen, eine ganze Welt aufrollen – nicht etwa romantisch, gar nicht besonders abenteuerlich und spannend, nicht einmal exotisch, eher nüchtern, konnte er den ganzen Orbis pictus jener Welt vor uns ausbreiten, unbedingt wahr, wahr in jeder der Hunderte von Personen, in tausend kleinen Vorgängen und Episoden, in Millionen Gesten, die darin vorkommen, wahr – fremdartig gewiß, in nichts zu vergleichen mit unserer weißen Welt, aber mit einer so überwältigenden magischen Macht, daß sie den Leser nie mehr verlassen kann: die Magie der Wirklichkeit, des wirklichen Lebens.

Ich erinnere mich an die große Heeres- und Reisestraße vom Norden nach dem Süden, die die Moguls in Indien erbaut haben, die große »Trunkroad«. Als ich sie wirklich sah mit ihrem unermeßlichen bunten Leben – es gab damals noch keine der zahlreichen Luftlinien Indiens –, war ich natürlich fasziniert. Aber sie schien mir nicht so wirklich wie meine Erinnerung an die wechselnden Bilder dieser Landstraße in »Kim«. Da, wo in dem Buch der Knabe mit seinem Jogi in diese Riesenstraße einbiegt, spürt man sofort: man ist mitten in einem Epos, so groß wie vielleicht nichts seit Homer. Es ist ein ruheloses Volk, diese Inder, ein Volk ewig auf der Wanderschaft – oder es war damals so, als »Kim« geschrieben wurde, und auch noch, als ich Indien sah. Da sind die unzähligen Pilger auf dem Weg von einem Heiligtum zum anderen, oft jahrelang wandernd. Das ruhelose Indien ist hier eine einzige, nur ganz flüchtig stationierte Völkerwanderung. Da ist die Bevölkerung eines ganzen Dorfes, dessen Ernte mißraten ist, die sich aufgemacht hat mit Mann und Maus zur Hauptstadt der Provinz in der Hoffnung, daß der Gouverneur ihnen helfen werde. Da sind die kräftigen, fast schwarzen, halbnackten jungen Dorfmädchen und Frauen, in Trupps wandernd, auf der Suche nach schwerer Arbeit bei den Neubauten, wo Männer in Indien fast nie schwer arbeiteten. Da sind marschierende Militärabteilungen, Grenzer, Wächter der Landstraße. So geht es Tag und Nacht, Nacht und Tag, seit Jahrhunderten. Wie das Kipling erzählt hat – es gibt niemanden, hat nie jemanden gegeben, der das so erzählen konnte wie er.

Natürlich kommt in dem Roman auch ein etwas alberner »plot« vor, eine Art Handlung mit dem englischen Geheimdienst und Geheimagenten, sehr veraltet wie so vieles bei Kipling. Er war ja im allgemeinen ein schwacher Erzähler, ziemlich konventionell, nur als Epiker war er so groß, näm-

lich dort, wo er »Epiker« sein durfte. Er hat als Epiker, nicht als bloßer
Erzähler, eine der großartigsten Geschichten vom menschlichen Schicksal
geschrieben, »Das Licht erlosch«. Das ist, als bloßer Roman gelesen, eine
mittelgute Sache, sehr victorianisch, voller bürgerlicher Vorurteile, reichlich verstaubt. Man wird niemals glauben, daß der Held wirklich ein
großer Maler ist, auch wenn Kipling es hundertmal beteuert. Dieser sogenannte »Roman« hat übrigens gar nichts mit Indien zu tun. Außer
in London handelt er nur im Sudan und in Ägypten während zweier,
zeitlich auseinanderliegender Feldzüge. Aber wenn man das Buch wirklich
ganz in einem Zug liest, wenn man es ganz überschaut, gleichsam wie eine
Schicksalslandschaft, von den grauenvollen, brutalen Kämpfen über das
furchtbare Geschick des Malers und seine vertane Liebe bis zum wahrhaft
heroischen, das heißt hier wahrhaft verrückten, doch namenlos erschüt-
ternden Ende, so ist es fast mehr als irgendein besonderes Menschenschicksal – es ist eher ein sinnbildhaftes Abbild des Menschenschicksals überhaupt, demonstriert an diesem besonderen Schicksal.

Kipling lebte von 1865 bis 1936, also 36 Jahre unter der Queen Victoria, dann unter Edward VII. und seinem Nachfolger Georg V. In seinen
Lebensanschauungen ist er kaum über das victorianische Weltbild hinaus-
gegangen. Schon die nachfolgende Edwardische Epoche mit ihrem Luxus,
ihrer Eleganz muß diesem Puritaner, diesem Spartaner eher unsympa-
thisch gewesen sein.

Seine Tragik war: er hatte fast kein Talent, er hatte nur Genie. Und
auch das durchaus nicht immer. Aber wo sein Genie arbeitete, da fing er
immer beim Einfachsten an.

Der neueren Generation nach Kipling gehörte H. G. Wells an, der als
junger Mensch seine technischen Zukunftsromane schrieb und dadurch,
ohne es zu wissen, eine neue Art von Romanen begründete, die heute
namentlich in den USA und England viele Leser gefunden hat, die
»Science fiction« – Technik plus Elektronik, plus Atomspaltung, plus
spannende Kriminalistik, plus utopische Romantik, plus ...

Es sind ferner zu nennen: die beiden katholischen Dichter G. K. Chesterton – der literarische Gegenspieler G. B. Shaws, der Autor der
Detektivgeschichten vom Father Brown, in denen statt des sensitiven, musikalischen Morphinisten Sherlock Holmes ein einfacher Landpfarrer auf-
tritt, der die Seelen seiner Pfarrkinder im Beichtstuhl erforscht hat und
nun die kompliziertesten Kriminalfälle entwirrt. – Chesterton und sein

G. K. Chesterton, der katholische englische Schriftsteller, mit einer ehrwürdigen literarischen und minder ehrwürdigen journalistischen Laufbahn (l.) und H. G. Wells (r.),
der große sozialistische Schriftsteller, Vorbild der modernen »Science Fiction«, Historiker, Utopist.

ebenso betont katholischer Partner Hilaire Belloc waren die Herausgeber
eines antisemitischen Organs, in dem der jüdische Lord Reading angegriffen wurde, weil er als Minister dem Grafen Marconi die Apparaturen
der drahtlosen Übermittlung für England abgekauft hat, obwohl er sie
angeblich von anderer Seite um einen niedrigeren Preis hätte bekommen
können. Ein Beleidigungsprozeß Readings endete mit der Verurteilung
Chestertons. Ein Buch über die britischen Juden wird von seinem Partner
Belloc zwar geschickt seiner jüdischen Sekretärin gewidmet – ein Buch,
das zwar zivilisierter, aber kaum weniger gefährlich war als Jahre später
Streichers berüchtigter Nürnberger »Stürmer«.

Daß mit dem einfachen bürgerlichen Roman noch immer Meisterwerke
hervorzubringen sind, beweist Arnold Bennett mit seinem meisterhaften
»Old Wives' Tale«. Der düstere Thomas Hardy, Joseph Conrad, ein geborener Pole, mit seinen erregenden Seefahrerromanen und E. M. Forster
mit seinem Meisterroman »Reise nach Indien« führen zu der noch jüngeren
»Bloomsbury«-Gruppe, einem kleinen, sehr verfeinerten Literaturkreis,
dessen geistiger Mittelpunkt die überaus sensible und interessante Erzäh-

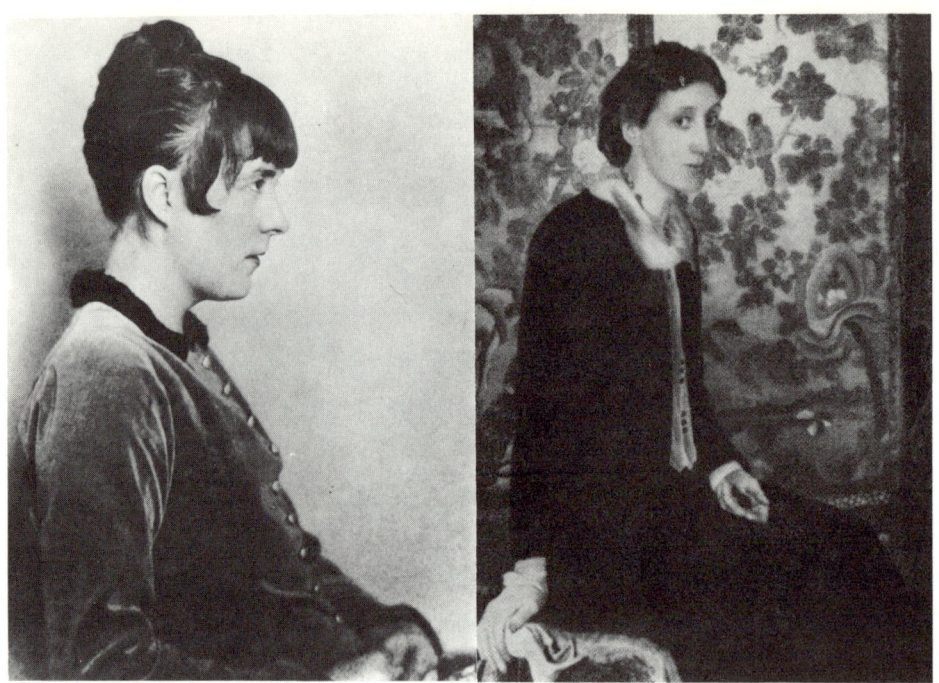

Katherine Mansfield (= Beauchamp 1888–1923, links), englische Meisterin der Short Story. Sie versuchte alles, um ihre damals unheilbare Krankheit, eine schwere Tb zu heilen, und starb doch mit einem schmalen Lebenswerk. Und, ihr befreundet, die zarte dichterische Erzählerin Virginia Woolf. Sie beging Selbstmord im Zweiten Weltkrieg, weil sie die Folter der Zeit nicht mehr ertrug, und fand eine Auferstehung, die ihr gewiß höchst unerwünscht gewesen wäre, im Titel eines sensationell aufgemachten amerikanischen Sittendramas (»Wer hat Angst vor Virginia Woolf?«).

lerin Virginia Woolf war, der aber auch der elegante ironische Historiker Lytton Strachey und sogar der bedeutende Wirtschaftler Lord Keynes nahestanden, der als mächtiger Direktor der Bank of England seine Karriere beendete. Außerhalb der Gruppe steht die formvollendete Meisterin der Short Story, Katherine Mansfield, die mit 35 Jahren der Tuberkulose erlag, und das literarische Geschwister-Dreiblatt Osbert, Sacheverell und vor allem die Dichterin Edith Sitwell. Zu erwähnen ist Roger Fry, der Kunstkritiker und Berater des alten Morgan bei seinen märchenhaften Kunstkäufen. Zur Weltberühmtheit steigt der Dichter, Dramatiker und Essayist T. S. Eliot auf, der Nobelpreisträger wird, Ritter des hohen englischen »Order of Merit«. Er ist der dritte große Amerikaner – nach dem Maler Whistler und dem Erzähler Henry James –, der sich ganz zum Engländer entwickelt. Dagegen wird fast ganz zum Amerikaner der überaus interessante kosmopolitische englische Erzähler und Essayist Aldous Huxley. – Und hier stehen wir schon an der Schwelle der Gegenwart.

Noch immer reiten (unten) die eleganten Damen im Hydepark, während (oben) Mr. Gray bei einer erbitterten Demonstration der Arbeitslosen von der Rampe des Nelson-Denkmals auf dem Trafalgar Square wild die Faust ballt. Er wurde bald darauf verhaftet (Aufnahme von 1914).

Die Themse an einem Sommersonntag in glücklichen Jahren.

V

ISAR-ATHEN:
ZWISCHEN AKADEMIE UND SEZESSION

Wenn Berlin zu Beginn des 20. Jahrhunderts der große Umschlagplatz für Literatur und Kunst war, hatte München einen durchaus anderen Charakter: es war ein monumentaler Mittelpunkt und ein Repräsentant, zu dem Ludwig I. und sein Nachfolger Maximilian es auch architektonisch gemacht hatten. Etwas Ähnliches wie die erste internationale Kunstausstellung im Glaspalast 1869, die man 1958 zu rekonstruieren versucht hat, war in Deutschland noch nicht gesehen worden.

Sieger in dieser Ausstellung war der größte französische Maler der Zeit, überhaupt einer der größten Realisten aller Zeiten, Gustave Courbet, begeistert begrüßt von dem jungen süddeutschen Realisten Wilhelm Leibl und dessen künstlerischem Freundeskreis. Er, der Atheist, wurde mit dem Verdienstorden vom heiligen Michael ausgezeichnet. Auch Camille Corot und Robert Delaunay wurden dekoriert. Es waren aber auch wundervolle Gemälde, die Courbet und Corot ausstellten – unter den Werken Courbets darf man wohl mindestens zwei unsterblich nennen: die (im letzten Krieg vernichteten) »Steinklopfer« und die »Hirschjagd im Winter«. Von Jean-François Millet hing die später weltberühmte »Schafhirtin« da, vom 37jährigen Manet zwei Gemälde. – Natürlich mußte unter den 4500 Ausstellungsstücken auch dem historischen Kitsch, dem bayerischen Patriotismus und den eingesessenen lokalen Größen Genüge getan werden.

Aber das Merkwürdigste war nicht eines der großartigen oder kitschigen Ausstellungsstücke, das Merkwürdigste war der hohe Protektor, der König. Er war der große Mäzen des größten musikalischen Genies der Zeit, Richard Wagner. Er war der Träumer und Erbauer seiner Märchenschlösser, für die er Millionen ausgab und Dutzende von Architekten, Malern, Kunstgewerblern beschäftigte. Aber er erschien nicht bei der Eröffnung der phänomenalen Austellung. Er ließ sich vom Prinzen Albert vertreten. Schuld war gewiß nicht nur seine Menschenscheu, die erst später ganz pathologisch wurde, es war die Beschränktheit seines Kunstgeschmacks und Kunstgefühls, die er mit seinem angebeteten Freund Richard Wagner

Franz v. Stuck, neben Lenbach der Malerfürst im München der Jahrhundertwende, porträtiert eine Dame der Gesellschaft (Gemälde von Franz v. Stuck).

Kunst und Gunst.

Ludwig II.   Richard Wagner.

Ludwig II. von Bayern im Schatten Richard Wagners. Huldigung an den König, an beide – oder versteckter Hohn?

teilte. Richard Wagner hatte nicht das geringste Interesse für die moderne Kunst – obwohl er doch einmal Renoir zu einem außerordentlichen Porträt gesessen hatte. In dem an sich sehr würdevollen Bau des Bayreuther Festspielhauses duldete er den gräßlichsten szenischen Kitsch auf der Bühne. Die geradezu unappetitlichen Bäuche seiner Tenöre und die überdimensionalen Busen seiner Heldinnen störten ihn nicht im geringsten. Noch nie hatte eine bedeutende Opernbühne so wenig von einem »Gesamtkunstwerk« gehabt wie die Wagnerbühne unter Wagners eigener Leitung in München und später in Bayreuth.

Darin war Ludwig II. sein getreuer Schüler. Wir dürfen wohl, ohne die Umstände näher zu prüfen, behaupten, daß diesen »Kunstfreund« Maler wie Courbet und Corot oder der junge Leibl nicht im geringsten interessierten und selbst ein edler konservativer Klassizist wie Adolf von Hildebrand niemals von ihm persönlich einen Auftrag bekommen hätte. Was er brauchte, waren malende Lakaien, die diensteifrig sämtliche Gemälde eines Vorzimmers in Versailles samt dem Deckenbild für ihn kopierten, und für seine nächtlichen Separatvorstellungen dramatisierende

Porträt des jungen Königs Ludwig II. zu Pferde. Seine Bildung war begrenzt, seine Erziehung sehr brüchig, als sein Vater Maximilian plötzlich an Hautkrebs starb. Aber man erwartete doch Großes von seinem jugendlichen Enthusiasmus, seiner Humanität – an der Richard Wagner Anstoß nahm, wenn es sich um Juden handelte –, sogar von seiner berückenden Schönheit, die auch das Hermaphroditische in Wagners Wesen tief berührte.

schlecht bezahlte Beamte, die nach seinen Angaben ihre Dramen schrieben, in denen womöglich die Pompadour, Louis XV. und seine Minister auftreten sollten. Sonst schätzte er nur Victor Hugos Dramen und den »Wilhelm Tell«.

Trotz seiner Wagner-Besessenheit, hinter der sich noch ganz andere Wesenszüge verbargen als bloße Musikalität und Kunstgesinnung, kann er als Mäzen nicht mit seinem ernsten, schweigsamen Vater Maximilian verglichen werden. Maximilian kannte seine Verpflichtung der Kunststadt München gegenüber, die ihm sein Vater, Ludwig I., anvertraut hatte. Er zog Künstler und Dichter nach München, sowohl durch sein persönliches Eintreten für sie als auch durch die Akademie. Freilich war sein Kunstsinn vorwiegend epigonisch. Selbst das aber erkannte dieser kluge Mann bis zu einem gewissen Grade und veranstaltete 1851 sein berühmtes Preisausschreiben »Zur Erlangung eines neuen Styles«, das in München niemals ganz vergessen wurde, obwohl es in dieser primitiven Form vorerst keine durchgreifenden Folgen haben konnte. Leider war dem König nicht genügend Lebenszeit gewährt, um sich ganz zu entfalten. Insofern war sein Tod und die Nachfolge seines halbgebildeten Sohnes mit einem ganz puerilen Traumleben eher eine Katastrophe.

Ein Kunstsammler wie der Graf Schack, der ganz und gar dieser Münchner Kunstatmosphäre zugehörte, war, bei aller Einseitigkeit seines Geschmacks, ein Vorbild für ganz Deutschland – und eines, dem kaum eine Nachfolge blühte.

Um 1900 hatte sich das Bild Münchens als Kunststadt beträchtlich geändert. Gewiß wurden Maler wie Leibl und seine Freunde, Schuch, Trübner (der bald nach Karlsruhe zog), Thoma und Hirth noch immer von Kunstkennern geschätzt, aber der Realismus und Impressionismus galten als überholt von der neuen Romantik. Man muß eine zeitgenössische Kunstgeschichte der neuen Zeit, etwa die von Richard Muther, lesen, um die Wandlung in ihrem ganzen Umfang zu verstehen. Im Vordergrund steht jetzt etwa Böcklin – da, wo einst Courbet als großes Vorbild stand. Der Tod Böcklins 1901 wird durch eine Gedenkfeier geehrt, bei der Hofmannsthals schöne szenische Dichtung »Der Tod des Tizian« zum ersten und vielleicht einzigen Male gespielt wurde. Stefan George schreibt seine Verse zum Ruhm Böcklins, und in München reift der vielleicht bedeutendste Nachfolger Böcklins als malender Dichter des Mythisch-Allegorischen heran: Franz von Stuck. Er setzt mit seiner Allegorik eigentlich eine alte süddeutsche Tradition des Barocktheaters fort: Sie war ursprünglich übernommen von Spanien, steigt aber jetzt vom Hofe und den Jesuitenkollegien bis tief in die bayerischen Dörfer hinab, erweckt mächtig die latente Spiellust im bayerischen Volk des 17. Jahrhunderts und erhält sie so lange lebendig,

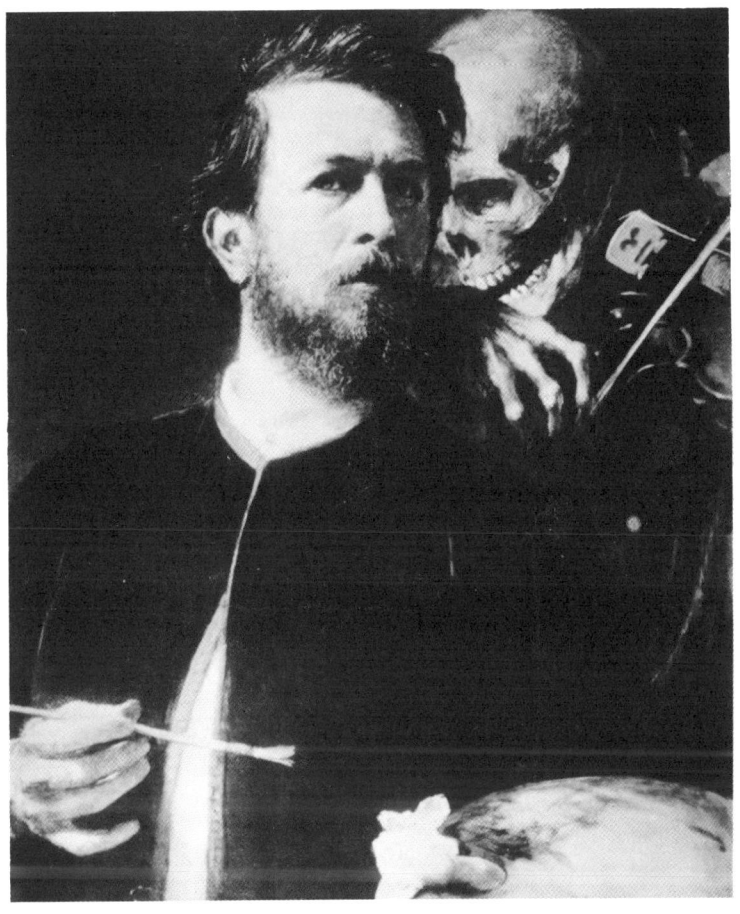

Arnold Böcklin: Selbstporträt mit dem geigespielenden Tod, ein Totentanzmotiv wie bei seinem Landsmann Holbein d. J.

daß noch die Salzburger Festspiele unter Max Reinhardt, wie Hugo von Hofmannsthal berichtet, mit der Allegorik des »Jedermann« sogleich tiefe, halbbewußte und bewußte Erinnerungen bei den Bauern aus der Umgebung wecken.

Franz von Stuck, der traditionalistische Meister der gemalten Allegorie, führt aber gleichzeitig zum Jugendstil hinüber, zu dem romantischen und symbolistischen Jugendstil eines Khnopff, Toorop, Ensor und zuletzt des jungen Kubin. Neben Max Klinger ist er überhaupt der weithin sichtbare Repräsentant des Allegorismus und Symbolismus im deutschen Jugendstil. Nebenher ist Stuck – trotz Habermann mit seiner delikaten JugendstilMondänität – der Meister der Mondänität in München. Und obendrein noch offenbar ein großartiger Kunsterzieher: aus seiner »Meisterschule« gehen z. B. Künstler wie Kandinsky und Klee hervor, deren Wirkung bis tief in die Gegenwart reicht.

Aber noch weit direkter beeinflußt er den Jugendstil: seine Möbelent

Franz v. Stuck in seinem romantisch-plüschenen Atelier. Doch Stuck war ein sehr viel-
seitiges Genie, der Lehrer Kandinskys und Klees, der auch dem Kunstgewerbe manche
Anregung gab.

würfe, kostbar, solide und komfortabel in ihrer Ausführung, die er ursprünglich für seine eigene Villa zeichnet, beeinflussen entscheidend das
Münchner Kunstgewerbe um die Jahrhundertwende, einen Bruno Paul,
einen Richard Riemerschmid.

Doch als Maler war Stuck nicht der unbestrittene König der Kunststadt
München, zumindest nicht in der vox populi. Das war vielmehr der schöne
Mann mit dem herrlichen Vollbart, der in einer Renaissancevilla im Zentrum der Stadt seine wahrhaft königliche Residenz aufgeschlagen hat:
Franz von Lenbach, der Stolz Münchens. Er begann als guter Realist, nicht
allzu ferne von Leibl, doch dann wird er zum Eklektiker: eine überaus
wirksame Mischung aus Tizians und Tintorettos Porträtkunst, hier und da
mit einer Prise Gewürz aus Rembrandts Porträts, wird angerührt, gekocht,
sorgfältig abgeschmeckt und ergibt eine braune Ateliersauce, die unbezahlbar schmackhaft ist als Hintergrund höchst repräsentativer Porträts, Porträts des Papstes Leo XIII. und der Könige und Herrscher von Gottes Gnaden, von Staatsmännern, vor allem von Bismarck, den er unzählige Male

Familienbild Franz von Lenbachs mit dem schönen Töchterchen Marion (l.), die er unzählige Male zeichnete und malte. Er selbst wußte, anders als Stuck, der neueren Kunstepoche nichts zu geben. Aber er war ein treuer Anhänger Bismarcks und nicht »wilhelminisch«.

gemalt hat, dann von Künstlern und Dichtern, die ebenso oder doch beinahe ebenso berühmt sind wie er. Er ist ein wirklicher Virtuose der Porträtähnlichkeit. Sein Palazzo, womöglich noch prunkvoller, noch überladener als Richard Wagner es liebte, mit riesigen alten Gobelins und Brokaten, Ritterrüstungen, alten Waffen, venezianischen Spiegeln und

Die schöne Tänzerin Saharet, die Franz v. Lenbach unzählige Male porträtiert hat.

barocken Gittern, reizt die Neugier distinguierter und berühmter Touristen in München, die sich alle drängen, zu einem Glas Münchner Bier oder mehreren in dieses hochpathetische Milieu geladen zu werden. Dann blitzen auch die wahren kleinen Juwelen an den Wänden, die von dem Prunk ringsumher fast erstickt werden: feine Aquarelle und Handzeichnungen voll Charme und Anmut, wie zum Beispiel die junge Schauspielerin Eleonora Duse mit dem Töchterchen Marion Lenbach – schöne Frauen, vor allem immer wieder die Tänzerin Saharet. Und wenn man heute ganz unvorbereitet irgendwo vor einen von Lenbach gezeichneten Porträtkopf tritt, der noch an seiner Stelle hängt, etwa den Kopf Franz Liszts im Hause Wahnfried, über dem Piano, auf dem er und Wagner gespielt haben, wird man doch plötzlich ergriffen von der Werktreue, der vergeistigten

souveränen Anmut, die bei seinen repräsentativen Porträts ganz verlorengeht. Es gibt Bilder der kleinen Marion, die die väterliche Liebe zu
dem schönen Kind förmlich ausstrahlen, und Porträts der Saharet, die
diese dunklen, siegesgewohnten Augen geradezu anzubeten scheinen.

Eine alte, untilgbare, vielleicht sentimentale Erinnerung an diese Por-
trätaquarelle, die ich als Kind geliebt hatte – Marion Lenbach, die Duse,
die Saharet –, trieb mich vor Jahren dazu, bei einem erfahrenen Mann
des Münchner Kunsthandels anzufragen, ob es solche Blätter wohl noch
im Handel gäbe und was sie etwa kosteten. Die Nachfrage ergab, daß es
im Münchner Kunsthandel kein einziges Stück von Lenbach gab, weder
groß noch klein, das heißt, daß Lenbach, bis auf ein paar sehr frühe Land-
schaftsskizzen, überhaupt nicht mehr gehandelt wurde. Nur seine Bis-
marckporträts, sagte man mir, erzielten noch Preise, wenn gelegentlich
eines auftauchte. Sie seien beliebt als Wandschmuck bei patriotischen
Verbänden. – Ob das freilich heute noch gilt, wo einfach alles, was je
gemalt oder gezeichnet wurde, seine Preise hat, die dann als »wertbestän-
dig« gelten, weiß ich nicht. Lenbach war vor 1960 so gut wie verschollen.

Daß die Münchner Zeitschrift »Die Jugend«, die dem deutschen Jugendstil den Namen gab, in Wahrheit kein vollgültiger Repräsentant dieses
Stils war, ist hier schon erwähnt worden. Eher schien sie mir das Organ
einer Münchner Künstlergruppe »Die Scholle« zu sein, als ich, ein junger
Student, sie Nummer für Nummer genau betrachtete. Wenn man aber
Zeitschriften als wahre Repräsentanten des Jugendstils haben will, so muß
man sich an den alten Berliner »Pan« halten und an Alfred Walter Heymels
»Insel«, die eigentlich in München in Heymels Wohnung begründet wurde,
ohne sich allerdings auf Münchner Künstler zu spezialisieren; weit eher
gaben hier der Belgier Lemmen, der Schweizer Valloton, der Bremer Rudolf Alexander Schröder – der Dichter, der auch Kunstgewerbler und
Architekt war – den Ton an, was das Dekorative betrifft. Wenn man
sich aber auf »Münchner Jugendstil« oder »Münchner Sezession« festlegen
will, so waren zweifellos die Buchumschläge, die Th. Th. Heine für einige
Bücher des Verlages Langen entwarf, absolute, nicht zu übertreffende
Höhepunkte. Sie scheinen mir noch heute Kostbarkeiten in ihrer Reinheit
des Stils, und ich kann es nie ganz verschmerzen, daß ich bei der Auktion
einiger dieser Originalentwürfe vor wenigen Jahren nicht die Höchstge-
bote überbieten konnte. Übrigens hatte München auch sonst seinen eigenen
reichen Jugendstil. Von dem überaus eleganten Frauenmaler Hugo von

Habermann ist hier schon gesprochen worden. Unter den zahllosen Münchner Graphikern und Malern gab es auch einen Russen, der durchaus in der Art des gleichzeitigen, etwas preziösen Petersburger Jugendstil romantische russische Bauern und Prinzessinnen, slawische und östliche Märchen vor allem auf graphischen Blättern herausbrachte, alles sehr ästhetisch stilisiert, offenbar ein Epigone der Petersburger Ästheten Bakst, Benois und Konstantin Somoff. Er blieb fast unbeachtet bis etwa 1910. Wir nannten ihn schon: sein Name war Wassily Kandinsky, und kein Mensch konnte ahnen, zu welchem großartigen Abenteuer der Kunst das Schicksal ihn bestimmt hatte – zur Wendung in die abstrakte Kunst.

Im Kunstgewerbe waren die großen Namen Hermann Obrist und Fritz und August Endell. Ich habe August Endells überaus jugendstilige Fassade des photographischen Ateliers »Elvira« immer angestaunt, wenn ich in München war – sie war schon ein etwas kurioses Wahrzeichen Münchens geworden –, und daß Adolf Hitler dieses schon 1896 erbaute Haus als »entartete Kunst« einfach niederreißen ließ, zeugt von seiner ganzen Ahnungs- und Humorlosigkeit.

Eine Nummer der »Insel«, bemerkenswert dadurch, daß sie Wedekinds »Büchse der Pandora« als Erstdruck enthielt. Der Herausgeber, Otto Julius Bierbaum, und seine italienische Frau Gemma. Nach ersten literarischen Erfolgen werden seine späteren Praktiken als Autor zweifelhaft.

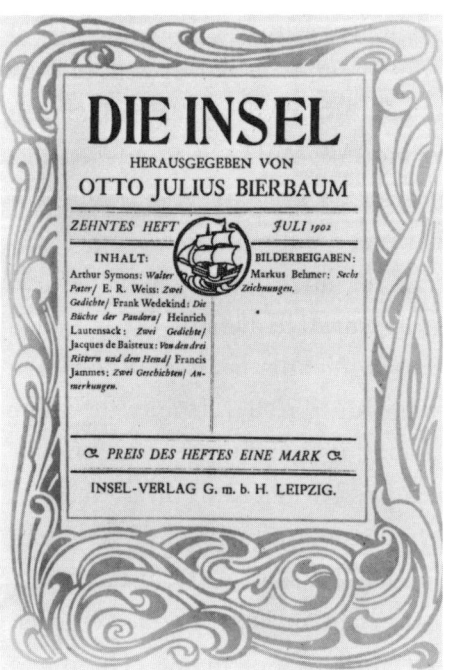

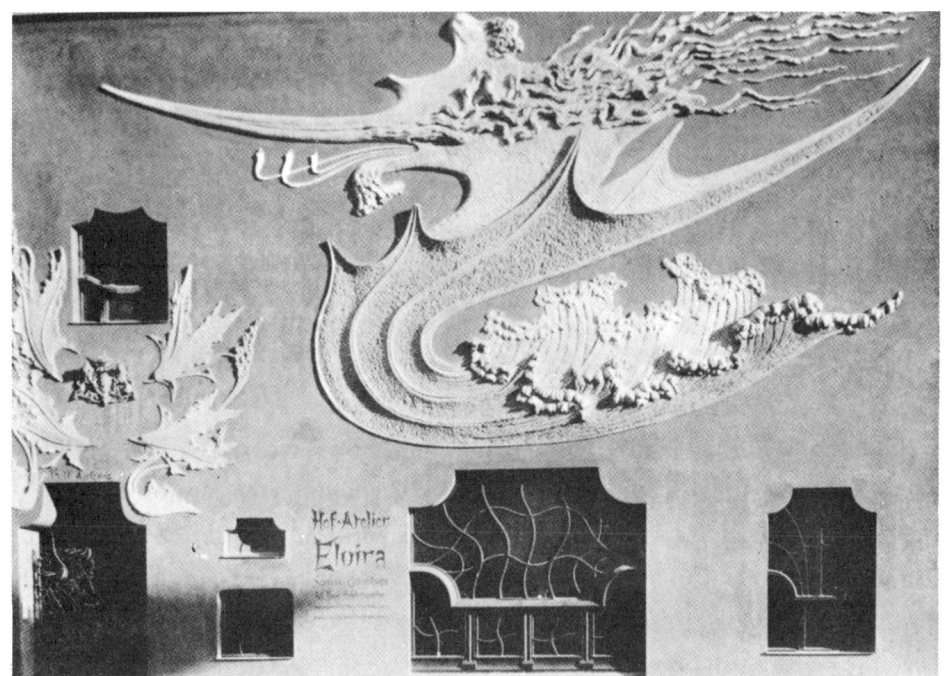

Höhepunkt der Münchner Jugendstilarchitektur: das »Kgl. Hofatelier« Elvira (1896) von August Endell, lange eine Sehenswürdigkeit Münchens, bis Hitler, in voller Unkenntnis der kunstgeschichtlich-heiteren Bedeutung dieses Gebäudes, es als »entartete Kunst« einfach niederreißen ließ.

Der Verleger Albert Langen gründete seine Zeitschrift »Simplicissimus«, die ursprünglich mehr ein Organ für Literatur und Kunst war, in der unter anderem Erzählungen und Verse Frank Wedekinds mit graphischem Schmuck erschienen und junge Schriftsteller wie Jakob Wassermann und Thomas Mann sich ihre ersten Sporen verdienten. Eine etwas altmodisch satirische Ballade von Wedekind, die sich auf eine pompöse Fahrt Kaiser Wilhelms II. nach Palästina bezog, mobilisierte einen Leipziger Oberstaatsanwalt, der Anklage wegen Majestätsbeleidigung erhob, Beschlagnahme der Nummer anordnete und Haftbefehle erließ. Er war zuständig, weil der »Simplicissimus« in Leipzig gedruckt wurde. Die Münchner Behörden führten die Befehle des »Saupreußen« mit der gegebenen Renitenz und Gemütlichkeit aus, nachdem die Polizei alle etwa Gefährdeten rechtzeitig gewarnt hatte. Dennoch war es kein Spaß. Auf den Rat seines Rechtsanwalts flüchtete der Verleger Langen in die Schweiz, dann nach Paris. Der Graphiker Thomas Theodor Heine, der die ganz harmlosen Zeichnungen geliefert hatte, erhielt ein paar Monate ehrenhafte Festungshaft zudiktiert. Die tragikomische Pointe des Ganzen war das Benehmen

Wedekinds, der, dem Münchner Gerücht zufolge, sich angeblich vor dem Staatsanwalt mit patriotischen Treuebekenntnissen und Loyalitätsbeteuerungen für den Kaiser förmlich überschlug. – Die Auflage des »Simplicissimus« stieg sofort auf ein Vielfaches, und Langen hatte seine Lehre erhalten: daß man mit antipreußischen Attacken in München immer sein Geschäft machen konnte und daß keine bayerische Regierung, konservativ oder fortschrittlich, dagegen ernstlich einschritt oder einschreiten durfte, wenn sie nicht ihre ganze Popularität riskieren wollte. – Das hatte übrigens viele Jahrzehnte vorher schon der grimmige, kampflustige Katholik J. J. Görres gewußt.

Die Attacken gegen Preußen wurden vom »Simplicissimus« fortgesetzt, ja, sie wurden jetzt das eigentliche satirische Thema des »Simplicissimus«, nur, vorsichtshalber, wurde nicht mehr der Kaiser persönlich attackiert, sondern »der preußische Militarismus«, der schnarrende preußische Offizier, namentlich der arrogante Potsdamer und Berliner Gardeoffizier. Langen hatte allmählich einen glänzenden Stab genialer Graphiker und Karikaturisten um sich versammelt: Th. Th. Heine, Wilke, Arnold, Gulbransson, Bruno Paul, Thöny, Pascin und andere – und um die Seligkeit der Münchner Faschingserotik nicht zu vergessen, sei auch Reznicek hier mit Ehren genannt. Die wichtigsten von ihnen waren klug genug, dem Verleger nicht den ganzen Gewinn zu lassen, sie zwangen ihn, mit ihnen ein Konsortium zu bilden.

Wedekind ging grollend einher: wer immer der Held dieser Tragikomödie gewesen war – er war es nicht. Er schrieb eine aristophanische Komödie gegen Langen und den »Simplicissimus«, eigentlich eine genialische saugrobe Burleske, die den alten Zirkusmann in Wedekind verriet: »Oaha.« Langen erklärte sich sofort bereit, sie zu verlegen, wie alle Werke Wedekinds. Aber der ewig gekränkte Dichter machte diesmal wirklich Ernst: er wanderte mit seinem gesamten literarischen Œuvre nach Berlin ab, zu dem Verleger und Kunsthändler Paul Cassirer. Dennoch, wenn man an das München nach der Jahrhundertwende denkt, denkt man zuerst an die vielleicht schönste Zeit der eigenen Jugend, dann an die alte Pinakothek – dann aber auch gleich an Frank Wedekind. Ihn als Hauptdarsteller in einer seiner Tragikomödien zu sehen, etwa in »Hidalla«, war eines der größten Theatererlebnisse überhaupt – obwohl er, nein, weil er überhaupt kein Schauspieler war, sondern ein blutender Komödiant seiner eigenen Lebens-Tragikomödie.

Ein klassisch gewordenes Beispiel besten Jugendstils in seiner Glanzzeit 1896/97: Titelblatt des »Simplicissimus« von Th. Th. Heine (l.). Der »Simplicissimus« wird 1914 pa-
triotisch im Gegensatz zu seiner bisherigen Tradition. Das Titelblatt (r.), Rußlands
Alleinschuld am Kriegsausbruch karikierend, stammt wieder von Th. Th. Heine. 1933
zwingen seine berühmt gewordenen Kollegen den meisterhaften Th. Th. Heine abzu-
danken, und er verläßt Deutschland. – Eine literarisch-erotische Satire von Reznicek (r.
unten). Der Text, von der Dame gesprochen, lautet: »Jedes muß mich sofort erkennen, so
genau mußt du mich schildern. Sei wahr wie Zola und taktlos wie d'Annunzio.« D'Annunzio, der hemmungslos sensationslüsterne, war bekannt dafür, daß er in anzüglichen
Liebesromanen die Partnerin skandalös zeichnete (z. B. die Duse in »Il fuoco«). Militär-
satire im »Simplicissimus« von Thöny (unten l.).

Palästina

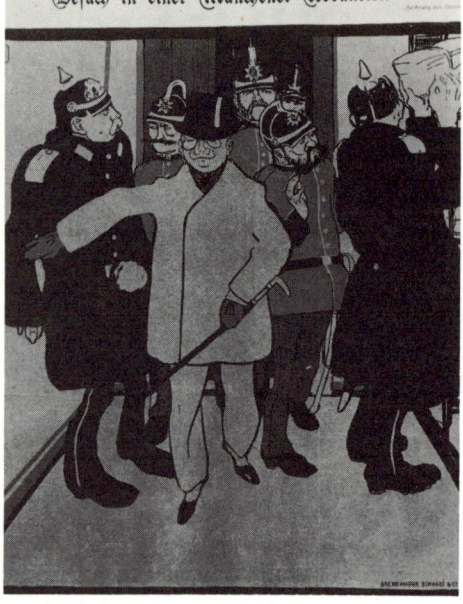

Besuch in einer Münchener Redaktion

Eine Karikatur auf die küraß- und helmblitzende Palästinareise Wilhelms II. aus dem »Simplicissimus« (l.). Ein satirisches Gedicht über diese lächerliche Morgenlandfahrt führte zur Intervention des Leipziger Staatsanwaltes wegen Majestätsbeleidigung, die trotz aller löblichen passiven Resistenz der Münchner Polizei mit Haussuchung in den Redaktionsräumen des »Simplicissimus«, Bestrafung Th. Th. Heines und des Dichters Wedekind mit Festungshaft und Flucht des Verlegers Albert Langen (unten Mitte ge- zeichnet von Th. Th. Heine), ins Ausland endete. Eduard Thöny (unten l. Selbstbildnis), einer der bekanntesten Simpl-Zeichner, und Korfiz Holm (unten r., gezeichnet von Th. Th. Heine), das Mädchen für alles in Albert Langens Münchner Verlag.

 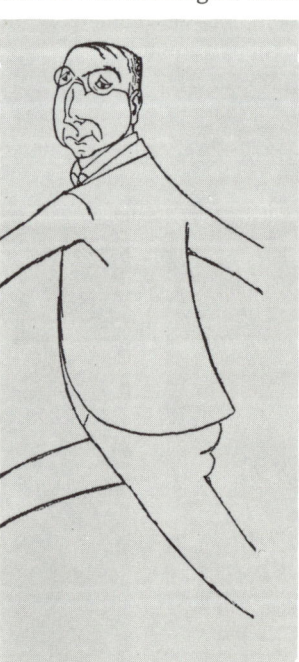 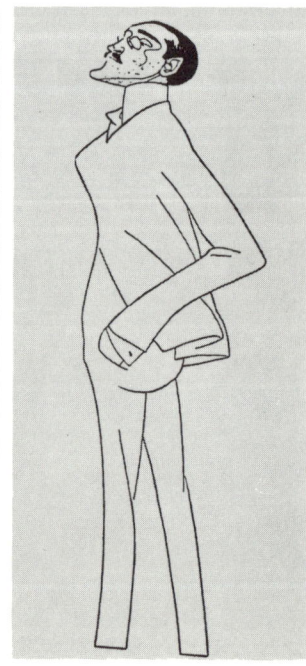

Das »Kabarett« ist eine Pariser Erfindung, die zuerst durch den Schriftsteller Ernst von Wolzogen in Deutschland populär gemacht wurde. Sein Kabarett nannte er das »Überbrettl«. Plakat eines Berliner Gastspiels (l.). Porträtkarikatur Ernst v. Wolzogens (r.) in dem Witzblatt »Kladderadatsch« 1905. (Unten) Bei einem Ball des »Überbrettls«. In der Mitte sitzend Wolzogen.

(oben) Plakate des literarisch anspruchsvollen Kabaretts der »11 Scharfrichter«, in dem auch Frank Wedekind auftrat, von Th. Th. Heine (l.) und dem bedeutenden Bruno Paul (r.). (Unten) Aufzug der 11 Scharfrichter bei einem Münchner Ball 1902.

Die witzige und feine Münchner Schriftstellerin, Franziska Gräfin zu Reventlow (r.), die Chronistin des Künstlerviertels Schwabing, mit ihrem Jungen, der in ihrem Tagebuch eine große Rolle spielt. Daß ihr Leben ein ewiger schwerer wirtschaftlicher Kampf war, ist weniger aus ihren Werken als aus diesem Tagebuch zu lesen. – (Unten) Die Künstlerkneipe »Simplicissimus« der Kathi Kobus. Eben trägt der Dichter Ringelnatz eines seiner Lieder vor.

Mit dem immer wachsenden Touristenverkehr, der schließlich München zu einer der größten Touristenstädte Europas machte, wuchs auch das Angebot an Theatersensationen. Eine der ergötzlichsten war das neue Künstlertheater. Der Begründer war ein junger Theaterunternehmer namens Fuchs, der es aber nicht halten konnte und es an Max Reinhardt weitergab. Und Max Reinhardt spielte darin mit seiner ersten klassischen Schauspielergarnitur – an der Spitze Alexander Moissi – Operetten von Jacques Offenbach. Der Gesang kam dabei begreiflicherweise schlecht weg, kaum ein einziger hatte eine richtige, systematische Gesangsschulung – aber das hatten seinerzeit wohl auch nicht alle Kräfte unter Jacques Offenbachs persönlicher Führung gehabt. Jedenfalls, man amüsierte sich ausgiebig, besonders als der geniale Komiker Max Pallenberg als Menelaos in der »Schönen Helena« folgte. Und München hatte eine neue, auf Hochglanz polierte sommerliche Bühne.

Aber mit all diesen Andeutungen ist noch lange nicht ein Überblick über den fast unabsehbaren Reichtum an großartigen, exzentrischen, kuriosen, tiefsinnig-mystischen und schlechtweg verrückten Gestalten und Tendenzen gegeben, die München und besonders sein Künstlerdorf »Schwabing« beherbergte. Die bezaubernde Erzählerin und echte Bohemienne Franziska Gräfin zu Reventlow schildert das Schwabinger Leben jener Zeit in ihren Romanen. Vor allem zeichnet sie in der Erzählung »Von Paul zu Pedro« eine bestimmte literarische Gruppe. Wenn man damals etwa in der Pension Fuehrmann in Schwabing wohnte, konnte man einige recht merkwürdige Gestalten ein- und ausgehen sehen. Mehrere gehörten zu der »Gruppe« eines recht feierlich aussehenden Herrn in schwarzem Gehrock und Zylinder, der zuweilen auch noch ein viereckiges Monokel im Auge trug. Es war Stefan George und um ihn der Kreis der »Blätter für die Kunst«, eine kleine Zeitschrift, die ein mystisches Signet Thomas Theodor Heines trug, unter strengem Ausschluß der Öffentlichkeit erschien und heute eine Kostbarkeit ersten Ranges für bibliophile Sammler ist.

Die Gruppe hatte ihre Thesen über strengen poetischen Stil und feierte ihre »Maskenzüge« in den Wohnungen einiger ihrer Mitglieder, die recht wohlhabend waren – zum Beispiel in der Wohnung Karl Wolfskehls, der dem Meister besonders nahestand. Es war nicht nur eine »Gruppe«, nicht nur eine »Bewegung«, es war auch ein Kult, den der Meister für sich selbst und seine dichterischen Werke zelebrierte, gleichsam sein eigener Hohepriester. Einige dieser Dichtungen waren gewiß besonders schön,

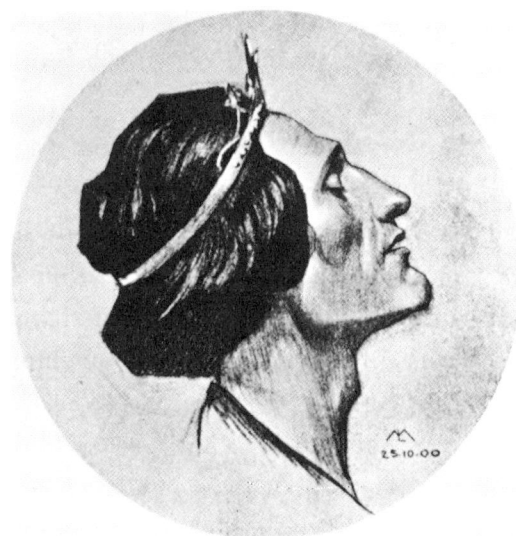

Der Dichter Stefan George in seiner Jugend. Zeichnung von Melchior Lechter (l.). Ein anderes Jugendbild (r.). – Der ursprüngliche Titel der »Blätter für die Kunst« (r.) von Th. Th. Heine.

andere, die der Gruppe die wichtigsten waren, besonders hochmütig und esoterisch. Jedenfalls: Stefan George forderte für sich diesen Kult, und nicht nur für sich.

Bei den Maskenzügen führte er selbstverständlich den Zug, einmal gekleidet als Dante, das andere Mal als Homer, doch immer begleitet von einem schönen Knaben, den er Maximin nannte und der in Wahrheit ein begabter und anmutiger Münchner Lateinschüler war. Nun zweifelte schon damals keiner, der George kannte, an seiner homosexuellen Veranlagung. Es hatte vor Jahren in Wien eine etwas unangenehme Affäre mit Hofmannsthals Vater gegeben, dem offenbar dies oder jenes an dem Verkehr Stefan Georges mit seinem blutjungen Sohn nicht gefiel. George hatte lächerlicherweise sogar eine Weile daran gedacht, den würdigen Bankdirektor zum Duell zu fordern. Nun, das war alles längst vorbei und begraben. Im Fall Maximin war die Lage völlig eindeutig: George liebte den Knaben leidenschaftlich, aber an irgendwelche Annäherung war bei dem völlig bürgerlich erzogenen Jungen aus guter Familie gar nicht zu denken — George hat sicherlich auch nie daran gedacht, er scheint nur maßlos eifersüchtig und launenhaft gewesen zu sein. (Die Tagebücher des frühreifen Knaben sind neuerdings einem engen Leserkreis zugänglich gemacht worden.)

Der Knabe Maximin starb. Und nun geschah das Allerseltsamste: Wie irgendein Kaiser aus der Spätzeit Roms seinen verstorbenen Lustknaben zum Gott erhob, seine Standbilder in den Tempeln Roms aufstellen ließ und befahl, daß diese in der üblichen Weise angebetet werden müßten — so gab Stefan George einen Prachtband im Stil und Format eines Altarbuches zu liturgischem Gebrauch heraus, worin die unermeßliche Weisheit und innere Größe dieses Knaben gepriesen und verkündet wurde. Von nun an wurde es eine selbstverständliche stillschweigende Bedingung, daß man, wenn man zu den Auserwählten des inneren Kreises gerechnet werden wollte, die Göttlichkeit dieses verstorbenen Knaben anerkannte.

Hatte George kein Gefühl dafür, daß er durch dieses Übermaß an Ehrung das Andenken dieses Knaben eher herabzog als erhob? — Die Antwort auf diese Frage kann nicht so einfach gegeben werden. Es existiert ein Gedicht von Stefan George: »Porta nigra.« Darin spricht der Geist eines längstverstorbenen römischen Lustknaben, der im Schatten des Tores die Legionäre erwartet, um sich ihnen für ein paar Münzen anzubieten. Dieser Lustknabe spricht voller Verachtung: Er, der römische Prostituierte, würde unter dem Gesindel, das die heutige Welt bevölkert, nicht die höchste Ehrung, nicht die Königskrone annehmen.

Das Gedicht trägt eine lateinische Widmung, die auch der Lateinkundige nicht ohne weiteres entziffern kann. Richtig gedeutet lautet sie: »Dem sehr gelehrten Alfred Schuler.« Alfred Schuler, ein Freund des Philosophen Ludwig Klages, gehörte wie dieser eine Zeitlang dem »Kreise« in München an und verließ ihn zugleich mit diesem und aus dem gleichen Anlaß. Sie hatten beide von Stefan George verlangt, daß er alle Juden aus dem »Kreis« ausstieße, und hatten ihm ein Ultimatum gestellt.

Nun war George durchaus kein besonderer Judenfreund. Er hat sich darüber einmal zu dem später so berühmt gewordenen Romanisten Ernst Robert Curtius ausgesprochen: er habe schon seinen eigenen numerus clausus und sorge selbst dafür, daß die Juden in seinem Kreis nicht die Oberhand gewönnen. Aber die Wahrheit war, daß die zwei stärksten geistigen Stützen des Kreises Juden waren: Karl Wolfskehl, der nächste persönliche Freund Georges, und Friedrich Gundolf (recte Gundelfinger), der Germanist, dessen Ruhm sichtlich stieg. Ein dritter, den seine Studien als zukünftiger k. u. k. Diplomat etwas abseits hielten, wurde von George als Dichter außerordentlich geschätzt: Leopold von Andrian, ein Jugendfreund Hugo von Hofmannsthals. Aus seinem kleinen, aber noch heute artistisch und literaturhistorisch wichtigen Prosawerk »Der Garten der Erkenntnis« las George selbst gelegentlich im Freundeskreis vor. Nun stammte Andrian väterlicherseits aus einer uralten adeligen Familie, mütterlicherseits aber aus der Familie des jüdischen Komponisten Meyerbeer. Andrian selbst hat seine tiefe Sympathie mit dem jüdischen Volk in einem seiner heute schwer zugänglichen dichterischen Fragmente zu gestalten versucht. – Übrigens haben die Juden um Stefan George dem Dichter auch später nur Ehre gemacht. Man denke etwa an den Historiker Prof. Hermann Kantorowicz und seine monumentale Biographie des Staufenkaisers Friedrich II. Seine Absetzung durch Goebbels, trotz der Intervention Stefan Georges, war wohl der unmittelbare Anlaß, daß George schon 1933 Deutschland verließ und die Überführung seiner Leiche nach Hitler-Deutschland testamentarisch verbot.

Kurzum, Stefan George wich damals dem antisemitischen Ultimatum Klages' nicht, Ludwig Klages trat aus dem »Kreise« aus und versuchte sein hymnisches Buch über Stefan George durch allerhand tückische Angriffe vergessen zu machen. Er hatte seine streng irrationale Philosophie konzipiert: daß der schöpferische Geist durch keinen Intellektualismus befleckt werden dürfe und daß gerade die Juden die Träger dieses vernichtenden Intellektualismus in Europa seien. – Übrigens hatte er diese Thesen nicht ohne die tätige Hilfe seines überaus belesenen und geistig produktiven bisher engsten Freundes, des Juden Karl Wolfskehl, formuliert.

Klages' Freund Alfred Schuler, von wenigen beachtet, aber von einigen hochgeschätzt, war auf eine mehr phantasievolle Weise zu demselben Resultat gekommen. Wir wüßten von ihm persönlich kaum etwas, hätte er nicht das menschliche Interesse des bedeutenden Archäologen Ludwig Curtius erregt, der ihn in seinen (höchst lesenswerten) Lebenserinnerungen öfters erwähnt.

Alfred Schuler hatte sich wohl an Jacob Burckhardts (allerdings faszinierendem) Werk über »Das Zeitalter Kaiser Konstantins« etwas den Magen verdorben. Das Buch des alten Burckhardt glänzt vor allem durch seine Schilderung des Synkretismus im niedergehenden Rom, das fast undurchdringliche Gewirr vorderasiatischer, syrischer, ägyptischer Mysterienkulte und Sekten mit ihren höchst fremdartigen Bräuchen – in ihrem Mittelpunkt der erklärte Lieblingsgott der römischen Legionäre, Mithras. (Man kann ein solches Mithras-Heiligtum in der Tiefe unterhalb der Kirche St. Clemente in Rom sehen, darüber, aus verschiedenen Jahrhunderten, zwei uralte christliche Kirchen.)

Diese römische Spätzeit wurde zum Lebenstraum Schulers, sie war der Mittelpunkt seiner geistigen Phantasiewelt, hier fühlte er die stärkste »Blutleuchte«, wie er diese Art offenbar geistiger Impulse nannte. Eine völlig fremdartige »Blutleuchte«, die diese beschattete, war die jüdische – und hier ist die Übereinstimmung mit Klages. Sonst wissen wir über ihn nur, daß er wie George homosexuell war; und wenn wir alle diese Elemente zusammenstellen, so haben wir hier die römische Garnison Trier mit ihrem Mithras, ihren Legionären, dem hochmütigen Lustknaben an der »Porta nigra« und – die Widmung an den »gelehrten Alfred Schuler« über Georges Gedicht. Stefan George ließ diese lateinische Widmung stehen, auch als der Bruch mit Klages und Schuler endgültig war. – Ludwig Klages' »reiner« Dichter war nun Jordan, ein Epigone, dessen Namen man kaum noch kennt, trotz Klages' Wiederbelebungsversuchen. Übrigens machte sich Klages zu guter Letzt einen großen Namen als moderner Klassiker der angeblich wissenschaftlichen Graphologie.

Alfred Schuler hielt gelegentlich Vorträge im Salon einer der Münchner

Stefan George vor seinem Tode 1933 in Minusio bei Locarno (l.). Eine der Größen des »Kreises der Blätter für die Kunst«, der berühmte Literaturhistoriker (– und Dichter) Friedrich Gundolf. Sein Bruch mit diesem Kreise und mit George war der Kummer des alten Meisters (r.). – (Unten l.) Der vielseitige, geistvolle und gelehrte Essayist und Dichter Karl Wolfskehl, einer der nächsten Freunde Stefan Georges. Er starb erblindet im Exil (l.). Ludwig Klages, Philosoph des Irrationalismus und Graphologe, kam im Dritten Reich zu hohen Ehren (r.).

 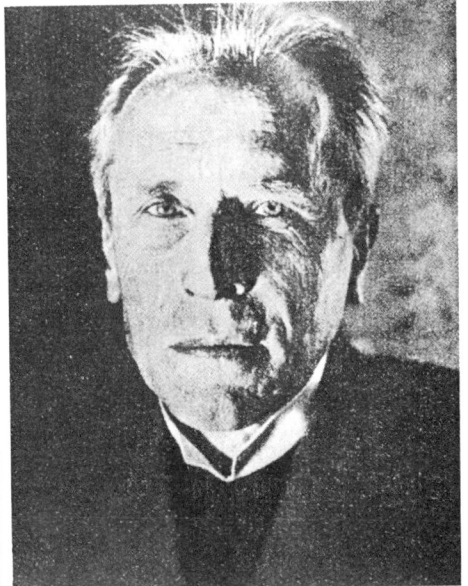

Der alte Richard Wagner mit seiner zweiten Frau Cosima; nach seinem Tode war sie die »Herrin von Bayreuth«. – Richard Wagner im Kreise ihm Nahestehender (1882). Von links nach rechts: Daniela v. Bülow, Marie v. Gross, Cosima Wagner, der Maler Paul v. Jukowsky, Richard Wagner, Blandine v. Bülow.

Patrizierfamilien, der Familie des großen alten Kunstverlegers Anton Bruckmann. Er brachte dorthin Freunde und Hörer aus ganz anderen, mehr anonymen Sphären – Freunde, die möglicherweise auch mit seinem besonderen erotischen Geschmack zusammenhingen. So brachte er eines Tages einen höchst wißbegierigen jungen Handwerker mit, der zugleich kein allzu übler Kunstmaler war und sehr wohlerzogen auftrat, einen gebürtigen Österreicher. Es war – nein, um Himmels willen, es war nicht der junge Adolf Hitler, wird von allen Seiten eifrig protestiert.

Bei Anton Bruckmann erschienen unter anderem die Werke des englisch geborenen Antisemiten Houston Stewart Chamberlain, des Schwiegersohnes von Richard und Cosima Wagner, besonders seine weitverbreiteten »Grundlagen des 19. Jahrhunderts« – und dieser Chamberlain war einer der allerersten, die das Genie des »großen Führers« in dem jungen Adolf Hitler erkannten und priesen. Es wurde in München erzählt, daß Adolf Hitler gern gesehener Gast war in den Häusern gewisser großer Münchner Kunstverleger. Und in einer eleganten Teestube gegenüber dem Café Luitpold konnte man ihn häufig mit Damen der höchsten Münchner Gesellschaft seinen Tee nehmen sehen, deren Namen der Ober gegen ein angemessenes Trinkgeld dem Neugierigen ohne weiteres verriet. Überall traf man auf seine Spuren.

Gerade diese Mischung aus phantastischen Doktrinen, wie die von Schuler, und den »totalitären« Formen von diktatorisch geleiteten Sekten, literarisch-mystischen, künstlerisch-politischen, halb-religiösen, mit Gestalten wie Stefan George, Schuler, Marinetti, hatte ihren Ursprung im Geiste dieser Jahre um 1910 oder 1920.

Wenn wir uns noch einmal die ganze Szenerie vor Augen führen, Schuler und den spätrömischen Synkretismus aus mystischen und magischen Sekten Vorderasiens, den Imperator Stefan George und den vergöttlichten Knaben Maximin, das Gedicht »Porta nigra« und die Verachtung des römischen Strichjungen für die kleinen Menschen unserer kleinen Zeit, die »Blutleuchte« und den mystischen Antisemitismus, so müssen wir sagen: es ergibt ein Gesamtbild unheildrohender Einheit – etwas Ganzes, gewiß, aber ein sehr gefährliches Ganzes. Allerdings fügt sich Stefan George doch nicht ganz ein – er ist als Dichter und Mensch doch größer als sein Kult –, aber er ist es niemals ganz eindeutig. Schon die Möglichkeit, ja die Wahrscheinlichkeit, daß dieser geliebte und vergötterte Knabe Maximin vermutlich selbst Jude war und Stefan George das natürlich wußte, macht einen Strich durch diese lebenslängliche Huldigung Georges für den gefährlichen Alfred Schuler in der Widmung des Gedichtes »Porta nigra«.

Nur der wunderbare Humor der Gräfin Reventlow war imstande, aus dieser unheildrohenden Atmosphäre eine Art tanzender und lachender Komödie zu machen in ihrem entzückenden Roman »Von Paul zu Pedro«.

Eine einigermaßen literaturhistorische Szene, die eines gewissen unfreiwilligen Humors nicht entbehrt, wenngleich eines tragikomischen, hat sich noch in diesen Jahren im »Kreis« ereignet: Hugo von Hofmannsthal war nach München gereist, um dem Meister den ersten Akt seiner dichterischen Bearbeitung nach Otways Tragödie »Das gerettete Venedig« vorzulesen – als Probe, denn er wollte das gedruckte Drama Stefan George widmen. Zwischen den beiden waren die Konflikte, bei aller gegenseitigen literarischen Schätzung, nicht abgerissen, und gerade um jene Zeit hatte sich ein Abgrund aufgetan: Hofmannsthal hatte sein Juwel, die strenge Auswahl seiner Gedichte, aus Stefan Georges Verlag, dem »Verlag der Blätter für die Kunst«, herausgenommen und bereitete eine Neuausgabe in dem von George am tiefsten gehaßten Verlag, dem Verlag der »Insel« vor. Seit Jahren schon, als noch seine schönen dichterischen Werke an den Spitzen der »Blätter für die Kunst« erschienen waren, galt er dem strengsten inneren Kreis als Verräter. Die Widmung des »Geretteten Venedig« an George sollte eine Brücke sein. Eine jener fast psychopathischen Fehlleistungen, die im Leben des großen Dichters Hofmannsthal nicht so selten waren, ein tückischer Kobold mußte ihm wohl die Wahl gerade dieses Dramas als Versöhnungsgabe eingegeben haben, denn die Hauptperson, Jaffier, war ein Verräter, und zwar ein Verräter an seinen Freunden aus Schwäche und Feigheit. Nun, Stefan George bedachte den ersten Akt mit gemessenem Lob und erlaubte gnädigst die Widmung. Aber die Brücke sollte nicht lange halten. Bei der Uraufführung auf der Bühne Otto Brahms in Berlin verließ George in der Pause brüsk das Theater, zum nicht geringen Aufsehen der Eingeweihten.

Weit weg von München: Wir haben hier schon einmal die Futuristen und Marinetti erwähnt, aber als Beitrag zu einer Soziologie der Gruppenbildung von Künstlern mit durchaus totalitären Tendenzen, die weit über Kunst und Dichtung hinausgehen, gehören sie neben die Sektenbildung des »Kreises« um Stefan George, gerade weil sie in der künstlerischen Substanz

Futuristische Malerei. Marinetti: Porträt von Carlo Carrà. Trotz seiner futuristischen Abstammung hielt Carrà immer auch die kubistischen Kunstanschauungen fest und gelangte schließlich zu Giotto, aus dem er eine neue Art von Klassizismus abzuleiten versuchte.

völlig entgegengesetzt waren und einander, wenn sie sich überhaupt trafen, nur scharf ablehnen konnten, und zwar gerade deshalb, weil sie in ihrer »Kristallisation«, wie Stendhal es vielleicht genannt hätte, dennoch fast dieselbe soziologische Struktur aufwiesen.

Im Libyschen Krieg, den Italien und König Victor Emanuel II. Ende 1911 gegen die Türkei provozierten, fanden die Futuristen ganz zu sich

Ein Anbeter der Gewalt-
tätigkeit: Marinetti, das
geistige Oberhaupt der
futuristischen Schule, später, unter Mussolini, Se-
nator und Exzellenz, in
großer Pose.

selbst, mit ihren dynamischen, militaristischen, machthungrigen und blut-
durstigen Tendenzen, ihrer Lust am mechanischen Massenmord. »Das ist
die Stunde der Futuristen«, rief Marinetti. In einem Manifest forderte er
»die endlich futuristisch gewordene italienische Regierung auf, allen nationalen Ambitionen den größten Nachdruck zu verleihen, die dummen An-
schuldigungen der Piraterie unbeachtet zu lassen und die Geburt des Pan-
italianismus zu verkünden«.

Marinetti ging sofort als hymnisch gestimmter Kriegsberichterstatter
des »Intransigeant« nach Libyen. In diesem Krieg wurden zum erstenmal
Flugzeuge zum Kampfeinsatz verwendet. Hauptmann Piazza, der, zum
Entsetzen der Bewohner des Landes, aus der Luft Bomben warf und den
Tod säte, erregte einen Taumel des Entzückens in Marinettis anarchisti-
scher Dichterseele. Er schrieb in einem Kriegsbericht über Piazza: »Ach,
welche höllische Freude muß der Flieger an diesem ruhmreichen Morgen

verspüren, während er Todeskreise in der Flut des feindlichen Heeres zieht! Schwere Feuerbrocken stürzen herab, alle hundert Meter ...«

Die Futuristen glaubten, mit dem Faschismus ihr Ziel endgültig erreicht zu haben. Mussolini lernte in seiner Frühzeit manches von ihnen, vor allem die gewaltsamen Formen der Propaganda, die selten ohne wilde Keilereien bei den Futuristen in Italien verliefen – während sie sich in Paris und Berlin mehr als zivilisierte Künstlergruppe mit einer etwas exzentrischen Ästhetik gaben.

Mussolini zeigte sich nicht undankbar gegen die Futuristen, es gab Orden und Titel für sie. Aber nicht viel mehr. Er dachte nicht im Traum daran, ihr radikales Programm für Italiens Erneuerung durchzuführen, sämtliche Museen mitsamt ihren Gemälden und Skulpturen zu sprengen, die Kanäle Venedigs zuzuschütten und den Atheismus als Staatsreligion zu erklären. Seine Staatsbauten, wie das Foro Mussolini in Rom, baute er in seinem eigenen, verwaschenen Monumentalstil. Und ein alter Mann und – zuweilen – großer Dichter nahm ihnen im Ersten Weltkrieg die besten Gags aus den Händen: Gabriele d'Annunzio flog allein über Wien, warf seine eigenen Kundgebungen »An die Wiener« ab, verlor ein Auge und besetzte schließlich – ein echter Condottiere – die Stadt und den Hafen von Fiume gegen den Willen der Alliierten. Er hätte eigentlich als Überfuturist gefeiert werden müssen, was aber keineswegs geschah.

Aber es ist nicht immer Krieg, Eros, Orphik, Revolution, was gruppenbildend wirkt. In der Kunst ist es etwas, was als einzigartiges Phänomen über allem anderen steht: es ist das, was Kokoschka den »Verlust der Wirklichkeit« nennt. Die modernen Naturwissenschaften haben uns die körperliche Wirklichkeit um uns weggenommen. Diese Wirklichkeiten, die einem Goethe das ein und alles waren: das menschliche Auge, das mit der Natur und in der Natur zugleich das Naturgesetz sieht, so wie Goethe die Urpflanze sah. Das wissende Auge, das allwissende Auge ist uns durch die vollständige Technisierung der Naturwissenschaften genommen. Das Auge kann der Wirklichkeit keinen Sinn mehr geben. Eine Sinngebung des Seienden kann nur noch im Abstrakten, im mathematisch-physikalischen Axiom ausgedrückt werden. In wachsendem Maße wird jetzt auch das Abstrakte Gegenstand der Kunst, und zwar der einzige und letzte Gegenstand.

Es ist nun merkwürdig, daß dieses Abstrakte auch wirklich eine Art ungegenständlicher Inspiration geben kann, sogar eine plötzliche Offenbarung, denn Offenbarungen kann es ja immer und überall geben, auf jeder Höhe, in jeder Tiefe und sogar auf dem flachsten Flachland, während man den Begriff der künstlerischen Inspiration doch wohl für die Eingebung reservieren sollte, die sich im Sichtbaren, Tastbaren, Erkennbaren in der Natur und durch sie offenbart.

Wir haben Kandinsky als einen mittelmäßigen Maler und Graphiker der Petersburger Romantik kennengelernt. Nun bildet sich 1911–1912 die Künstlergruppe »Der blaue Reiter« in München, und Kandinsky offenbart sich mit einem Schlage, ohne merkliches Zwischenstadium, als ein abstrakter Farbsymphoniker von unabsehbarer Wirkung. Sollte man das nicht eine echte Offenbarung nennen? Kandinsky selbst tut es. Er sagt in seiner Programmschrift: »Die kommende Behandlung und Veränderung der organischen Form hat zum Ziel das Bloßlegen des inneren Klanges. Die organische Form dient hier nicht mehr zum direkten Objekt, sondern ist nur ein Element der göttlichen Sprache, die Menschliches braucht, da sie durch Menschen an Menschen gerichtet ist.«

»Die göttliche Sprache, die Menschliches braucht« – das hätte auch ein alter deutscher Mystiker wie Angelus Silesius sagen können – ganz abgesehen davon, daß er entschieden ein besseres Deutsch schrieb als der Russe Kandinsky. Aber ganz ähnlich sagt der Deutsche Franz Marc, wohl der größte Maler der Gruppe »Der blaue Reiter«, in Alfred Kerrs Zeitschrift »Pan« 1912, er wolle nicht mehr das Pferd oder den Wald malen, sondern ihr »absolutes Wesen«. Das sind funktionelle Begriffe, die nicht mehr der Kunst angehören, sondern der mystischen Offenbarung.

Es ist höchst merkwürdig und vielleicht sogar sinnbildlich, daß schon etwa drei Jahre vor dem »Blauen Reiter«, da die Mathematik dem menschlichen Auge die Wirklichkeit wegzunehmen begann, der Kubismus, begründet von Picasso, Braque, Juan Gris und anderen und aufgebaut auf gewissen Äußerungen Cézannes, es versucht hat, das »absolute Wesen« des Wirklichen bildhaft in geometrischen Zerlegungen zu suchen: eine unbewußte Symbolkunst im Zeitalter der Mathematik, wenn irgend etwas auf Erden diesen Namen verdient.

Die These von der unmittelbaren Inspiration, die sich nicht mehr durch die sichtbare Umwelt, den Menschen, sein Gehirn, sein Schicksal mit einem möglicherweise tieferen Sinn, überhaupt durch kein sichtbares und greifbares Medium offenbart, sondern selbst eine Offenbarung ist, bedurfte keiner Formulierung, nicht einmal eines Namens, um sich zu verbreiten.

Wassily Kandinsky: Titelseite zum Almanach »Der blaue Reiter«. – (Unten) »Reiter« von Wassily Kandinsky. – »Der blaue Reiter«, mit Franz Marc und Kandinsky, wurde zu einer entscheidenden Kunstwende des 20. Jahrhunderts.

Franz Marc, Selbstbildnis (1904, jetzt zerstört). Er war wohl der Bedeutendste in der Gruppe »Der blaue Reiter« und einer der großartigsten Maler im Deutschland der damaligen Epoche überhaupt. Seine wunderbaren Tierbilder wurden vom Hitlerregime als »Entartete Kunst« ins Ausland verhökert oder vernichtet. – (Unten) Eines dieser Tierbilder: »Der Stier«.

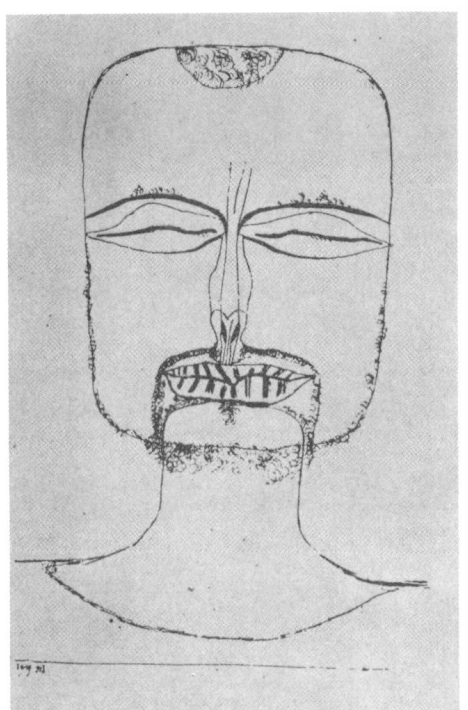 

Einer der eindrucksvollsten Künstler jener Jahre, Paul Klee, entwickelte sich allmählich zum abstrakten Maler und Graphiker. Links oben: ein Selbstporträt, Lithographie (1919), und rechts oben ein Fotografieporträt von 1911. – (Unten) Ein Hinterglasbild »Herr und Dame in der Loge«.

Einer der temperament-
vollsten, leidenschaftlichsten und farbfreudigsten
Maler der Gruppe »Der
blaue Reiter« war A. v.
Jawlensky. Der »sitzende
weibliche Akt« (oben r.),
1910 gemalt, befindet
sich im Besitz des Sohnes
Andreas. Die »Schalmei-
enbläserin« (o. l.) von
Heinrich Campendonk
(1914), einem namhaf-
ten Vertreter der damali-
gen neuen Richtung.
 Die Malerin Gabriele
Münter, 1905 von Kan-
dinsky gemalt (l.), war
 Kandinskys Lebensge-
fährtin der frühen Jahre.
Ihre eigenen Bilder stif-
tete sie mit vielen Früh-
werken Kandinskys vor
ihrem Tode der Stadt
München.

Der Maler der Eleganz und Heiterkeit in der neuen Richtung ist August Macke, eng befreundet mit Franz Marc und wie dieser im Ersten Weltkrieg gefallen. Das Gemälde heißt: »Großes helles Schaufenster«.

Holzschnitt von Ernst Ludwig Kirchner für den Katalog einer »Brücke«-Ausstellung (l.). Die »Brücke«, die zweite bedeutende Gruppe deutscher Expressionisten, hatte in Dresden ihr Zentrum. Karl Schmidt-Rottluff, Selbstbildnis, Holzschnitt (r.). – (Unten) Emil Nolde: »Abendmahl« (Gemälde).

Der Maler Erich Heckel; Porträtgemälde von Ernst Ludwig Kirchner (l.). Max Pechstein: Selbstbildnis; Gemälde (r.). Sie alle zählten zu den Malern der Brücke. (Unten) Drei Mädchen im Profil, Lithographie, 1921. Wie fast immer zeigt Otto Mueller seine Vorliebe für den Zigeunertyp. Freunde von ihm hielten ihn selbst für einen Sprössling dieses – auch musikalisch so wichtigen – Stammes.

Ernst Ludwig Kirchner: »Berliner Straßenszene«, Gemälde (1913). Kirchners Werke wurden bei der Neuentdeckung des Expressionismus in unserer Zeit vom Kunsthandel besonders geschätzt.

Die Berliner Zeitschrift »Der Sturm« veröffentlichte nicht nur abstrakte, kubistische, futuristische Graphik (aber auch ihren genialen Gegenspieler, zu dem sich mehr und mehr der große Kokoschka entwickelte), sondern auch ihre ungegenständlichen, irrationalen Partner in Literatur und Dichtung: die völlig sinnfreie Poesie des August Stramm, übrigens ein strammer Berufsoffizier, und seiner gleichfalls völlig irrationalen Dichterschule beherrschte nun, nach dem Weggang der Else Lasker-Schüler, die Spalten des Blattes und wurde nicht nur von dem Herausgeber Herwarth Walden (der nun freilich von Literatur und Dichtung nicht viel verstand), sondern auch von einzelnen unbezweifelbaren jungen Dichtern für den Höhepunkt der neuen Richtung gehalten — eine Art sinnentleerte Wortsymphonik, durch die der Feinnervige freilich etwas von epigonischem Wagnerianismus der schlimmsten Sorte durchhören konnte. Die weitere Entwicklung dieser Schule, die jedenfalls höchst interessant gewesen wäre als eine Art echter Trieb- und Lautexhibitionismus, wurde jäh abgeschnitten durch den bedauerlichen Umstand, daß Hauptmann Stramm im Felde fiel.

Mitten im Ersten Weltkrieg konstituierte sich in Zürich die internationale Gruppe der Dadaisten, deren radikalste Dichter noch einen Schritt weiter gingen: sie dichteten zuweilen in einer jedem persönlich geoffenbarten oder von ihm selbst erfundenen Sprache. Wir zitieren eine Probe. Es ist eine Dichtung von Kurt Schwitters, betitelt »Ursonate«, von der wir hier nur etwa ein Siebentel wiedergeben:

rakete rinnzekete

rakete rinnzekete

rakete rinnzekete

Beeeee

bö

bö.

bö

bö

böwö

böwö

böwö

böwö

böwörö

und so weiter, bis sich im ersten Satz der Ursonate das Wort bis zu »böwörötääzääUu pögiff« entwickelt hat. Dieser Kurt Schwitters war nun

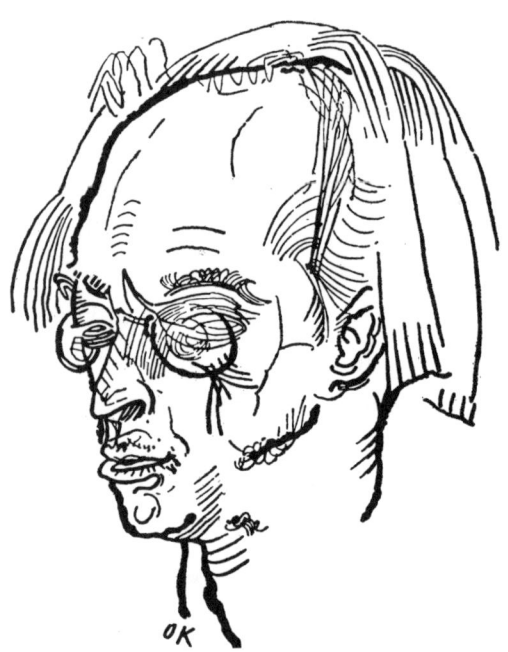

»Der Sturm« – die Zeitschrift Herwarth Waldens, die den radikalen neuen Kunstströmungen und Dichtungen diente. Titelblatt der Nummer vom 2. Juni 1910. Im Inhaltsverzeichnis erkennt man u. a. die Namen der Dichter: Heinrich Mann, Paul Leppin, Alfred Döblin, Ludwig Rubiner und Paul Scheerbart (l.). – Porträtlithographie Herwarth Waldens von Oskar Kokoschka 1910 (r.).

keineswegs ein bloßer Clown, er war ein wirklicher Künstler. Seine berühmten Collagen sind unter vielen Hunderten die einzigen, die eine geradezu dichterische Zartheit ausstrahlen.

Dada hielt als Organisation nicht lange, aber die Prominentesten unter den dadaistischen Franzosen bildeten eine neue Gruppe, »die Surrealisten«, die durch Jahrzehnte zusammenhielt und internationale Berühmtheit erlangte. Der französische Surrealismus wurde schon vor 1914 vorgeahnt und benannt durch den vielseitigen, phantasievollen Apollinaire, der im Ersten Weltkrieg den Folgen einer Verwundung erlag. Haupt, eigentlicher Begründer und Diktator des Surrealismus wurde André Breton, der zusammen mit Louis Aragon, Philippe Soupault, Jacques Vaché und Paul Eluard die neue Richtung aktivierte. Und da sich Breton auch als ein beträchtliches organisatorisches Talent entpuppte, existierte die streng geschlossene Gruppe – ein esoterischer Kreis, durchaus von der gleichen Struktur wie etwa der Stefan-George-Kreis – durch viele verworrene Jahre weiter.

Breton hatte den Ersten Weltkrieg als Psychiater mitgemacht und die Freudsche Psychoanalyse genau kennengelernt. 1921 suchte er persönlich Sigmund Freud in Wien auf. Er kannte die Dichtungen geisteskranker und psychopathischer Genies, zum Beispiel die des späten Hölderlin. Er studierte Hegel, Marx und Engels und lernte zumindest die Polizeimethoden Stalins genau kennen.

Dabei konnte er mit gutem Gewissen die nationale Eitelkeit der Franzosen befriedigen — sonst hätte er keineswegs seine »Bewegung«, die eine recht brutale Organisation im faschistischen oder stalinistischen Sinn wurde, durch Jahrzehnte halten und schließlich zu geistesgeschichtlicher Monumentalität erheben können, trotz all seinen drakonischen Methoden.

Die französische Literatur bot in der Tat traditionelle Anhaltspunkte zu der radikal antitraditionellen surrealistischen These. Die Erscheinung des tragischen, später geistesgestörten Gérard de Nerval und seiner genialen Erzählung »Aurélie« war keine künstlich konstruierte Ahnherrenschaft. Sie bot sich von selbst dar, und die recht zahlreichen Selbstmorde unter den Surrealisten zeugten noch von dieser Tradition: denn halb geistesgestört endete auch Nerval durch Selbstmord in einer dunklen Gasse von Paris. Die sehr Belesenen mögen auf die außerordentlichen Kenntnisse Nervals in allen paradoxen und pittoresken Dämmernissen der deutschen »todessüchtigen« Romantik hinweisen — nicht ohne Grund hatte Goethe selbst die Faustübertragung Nervals gelobt —, doch Nerval und »Aurélie« sind dennoch echt französisch romantische Erscheinungen — »Aurélie« ist gleichsam ein nach innen gerichtetes Protokoll der Geistesverwirrung, wie wir es in der ganzen deutschen Dichtung nicht kennen. Obwohl, das muß hinzugefügt werden, Nerval selbst sich bei der Definierung seines »Supernaturalismus« ausdrücklich auf die deutsche Literatur berief. Er schreibt an Dumas père in der Widmung seiner »Filles du feu«: »Da Sie so unvorsichtig waren, eines der Sonette zu zitieren, das ich im Zustand der supernaturalistischen Träume, wie die Deutschen sagen würden, verfaßt habe, müssen Sie nun alle hören. Sie finden sie am Ende des Bandes. Sie sind wohl kaum dunkler als die Metaphysik von Hegel oder die Memorabilia von Swedenborg, und sie würden ihren Zauber verlieren, wollte man sie erklären, wenn dies möglich wäre — gestehen Sie mir wenigstens das Verdienst des Ausdruckes (nämlich »Supernaturalismus«) zu!«

Mit den Memorabilien Swedenborgs meint er vielleicht das berühmte »Traumtagebuch«. Ob er Swedenborg durch Balzacs mystische Romane

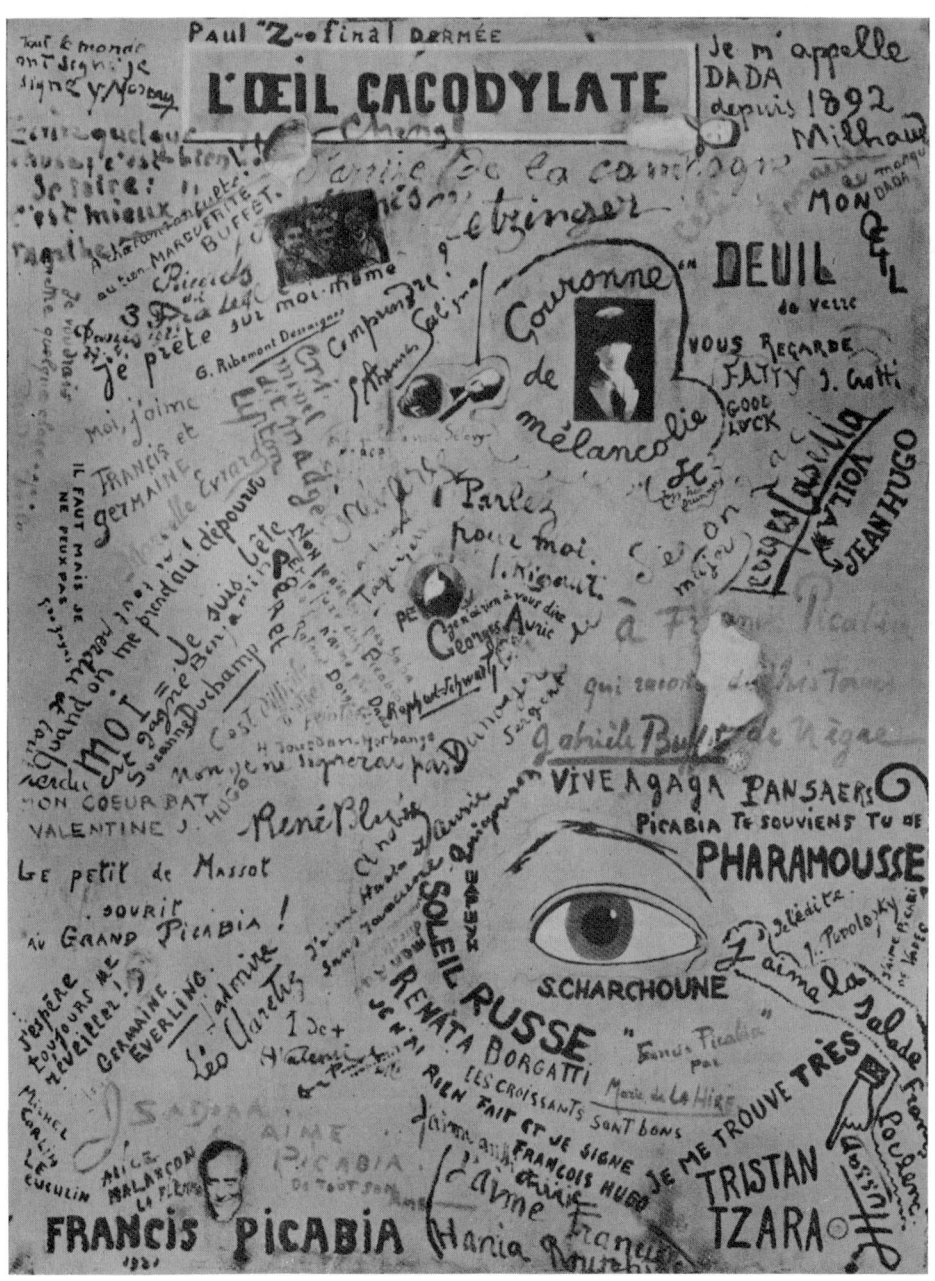

Picabia: »Familienalbum des Dada«. Man erkennt unter anderem l. u. den Namen des Malers Francis Picabia und r. u. Tristan Tzara, zwei Repräsentanten der französischen Gruppe des Dada; ferner r. oben das Autograph der Komponisten Darius Milhaud und (Mitte) Georges Auric. Kein Vertreter der deutschen Gruppe des »Dadaismus«.

kannte: das im Detail zu ergründen wäre ein dankbares Thema für eine literatur-historische Dissertation. Die Berufung auf Swedenborgs »Traum-tagebuch« (wenn er dieses meint) wäre ein großartiger geistiger Wurf, der

Max Ernst: »Au Rendez-vous des Amis« – Zum Rendezvous der Freunde, 1922, Bez. auf der Schriftrolle u. l.: 1 René Crevel, 2 Philippe Soupault, 3 Arp, 4 Max Ernst, 5 Max Morise, 6 Fédor Dostoiewski, 7 Rafaele Sanzio, 8 Théodore Fraenkel, 9 Paul Eluard, 10 Jean Paulhan. Auf der Schriftrolle u. r.: 11 Benjamin Péret, 12 Louis Aragon, 13 André Breton, 14 Baargeld, 15 Giorgio de Chirico, 16 Gala Eluard, 17 Robert Desnos. Décembre 1922. Max Ernst.

den Surrealismus bis tief in unsere Zeit decken würde. Was Hegel betrifft, so wird er gerade von Franzosen, aber nicht nur von diesen, meist zitiert, ohne vorher gelesen worden zu sein. In diesem Verdacht habe ich auch Breton, der es oft und mit Vorliebe tat.

Nach Nerval dürfte man sogar den größten französischen Dichter, Victor Hugo, als Zeugen für die französische Tradition des Surrealismus anführen: viele seiner Zeichnungen und manche Gemälde beweisen es. Victor Hugo war ein überdurchschnittlich begabter Maler. Er hat den Begriff »Übernaturalismus« oft gebraucht.

Breton führte zunächst den Begriff des »Automatismus« in der surrealistischen Dichtung ein, in engster Anlehnung an Freuds psychoanalytische Behandlungsmethoden. Er definiert den Surrealismus als »reinen psychischen Automatismus«, als »Denkdiktat ohne jede Vernunftkontrolle«, als »Glaube an die höhere Wirklichkeit gewisser, bis heute vernachlässigter Assoziationsformen, an die Allgewalt des Traumes, an das absichtsfreie Spiel des Gedankens«. Er gibt folgendes Arbeitsrezept: »Versetzen Sie sich in den passivsten und rezeptivsten Zustand, dessen Sie fähig sind ... Machen Sie sich klar, daß die Literatur einer der kläglichsten Wege ist, die überall hinführen. Schreiben Sie schnell, ohne gestelltes Thema, schnell genug, um nicht zu behalten, auch nicht versucht zu sein zu überlesen ... Fahren Sie so lange fort, wie Sie Lust haben. Überlassen Sie sich dem unerschöpflichen Wesen des Murmelns. Wenn Schweigen sich einzustellen droht, wenn Sie nur im geringsten gefehlt haben, man könnte sagen: wenn Sie es an Unaufmerksamkeit haben fehlen lassen, brechen Sie ohne Zögern bei einer allzu einleuchtenden Zeile ab.« (Breton, Erstes Manifest des Surrealismus.)

Für die surrealistische Malerei erfand Max Ernst das »Frottageverfahren«, das Gegenstück zum automatischen Schreiben. Auch hier bleibt der Künstler völlig passiv, ein »Zuschauer bei der Entstehung seines Werkes«, und doch wird sein halluzinatorisches Wesen verstärkt. Er hat alles getan, »seine Seele monströs werden zu lassen«.

Dieses bißchen Theorie genügte, um eine große Gruppe von Künstlern zu bilden, die internationales Interesse erregten. Sie nutzte in Wahrheit nur ein echtes inneres Motiv als äußeres Schlagwort aus: den Verlust der Wirklichkeit, die keine Magie, keine Inspiration mehr hergab – weil sie nicht das erlaubte, was Goethe die »tiefen Blicke« nannte. Es waren Rezepte auf dem Wege zu einer über- oder unterwirklichen Offenbarung, die in jedem Fall der toten Realität ausweicht. Diese Rezepte erinnern fast an Anleitungen wie die »Exerzitien« des hl. Ignatius von Loyola. Sie sollen zu Träumen, Visionen, Halluzinationen führen. Sie taten es, je nach Talent, Art, Visionsfähigkeit. Sie taten es bei den Malern Dali, Chirico, Max Ernst, Joan Mirò, Man Ray, Paul Delvaux auf sehr verschiedene Art und sehr ungleichem künstlerischem Niveau. Merkwürdig war, wie diese irrationalen Bildphantasien durch den eingeborenen Stilinstinkt des jeweiligen Künstlers doch fast immer eine bestimmte Tradition fortsetzten. Sehr viele führten unbewußt den alten, damals halbvergessenen Manierismus und die allegorische Malerei des 17. Jahrhunderts weiter. –

Es gibt in dieser Richtung ganz besondere Erlebnisse. Ein solches war die Max-Ernst-Ausstellung im Wallraf-Richartz-Museum in Köln. Max Ernst ist in Brühl geboren, und hier, mitten im Rheinland, spürte man die unbewußte Gewalt, die die altdeutsche Malerei, die rheinischen Meister, ein Altdorfer, vor allem ein Grünewald, über diesen supermodernen Surrealisten Max Ernst behalten haben, der doch mit allen Kunstparfüms von

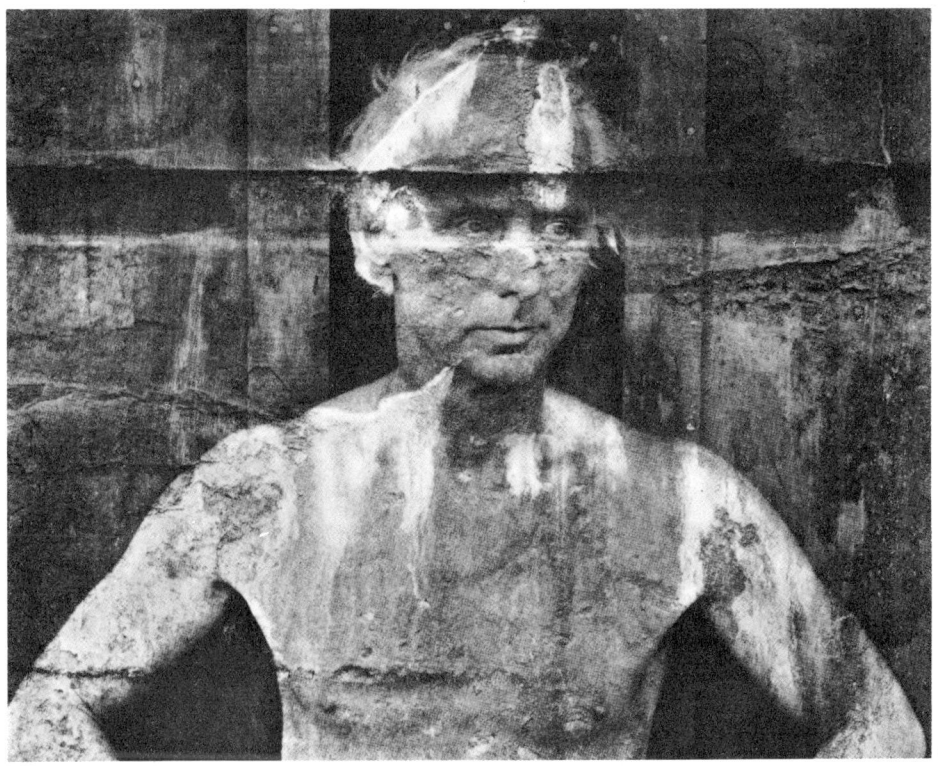

Frederick Sommer: Porträt Max Ernst (oben). – (Unten) Joan Mirò: Katalanische Landschaft. Die eleganten und heiteren surrealistischen Inspirationen Miròs sind ein besonderer Beitrag Spaniens zur modernen Kunst neben Picasso und Gris.

Paris bis New York gewaschen war – man spürte es nicht ohne tiefe Erschütterung.

Die Geschichte des Surrealismus ist die Geschichte einer Künstlergruppe im Zeitalter des Stalinismus und beginnenden Faschismus mit seinen Spionen, Inquisitionsprozessen, Exkommunizierungen und Autodafés, wilden Verwünschungen, erzwungenen Schuldbekenntnissen und gemeinem Verrat.

André Breton bewies noch einmal, inmitten zahlloser Ukase und Bannbullen, seine literarischen Fähigkeiten mit »Nadja« 1928. Das Buch zeigte, wie tief dieser Theoretiker und Praktiker der anonymen Instinkte und Assoziationen sich mit Okkultismus, Telepathie und hypnotischen Effekten eingelassen hatte, in der ganz mysteriösen Geschichte eines Mädchens, an der angeblich nichts erfunden, alles wirklich erlebt und genau berichtet wurde – und die trotzdem (oder eben deshalb) als Roman ein großer Erfolg war.

Ein Mann, einer der zwei oder drei wirklich weltberühmten Maler, legte immer Wert darauf, daß er zusammen mit den Surrealisten genannt und ausgestellt wurde, obwohl er der Gruppe nie angehört hatte: Picasso. Über ihn hat John Berger jetzt ein kleines Buch veröffentlicht »Success and Failure of Picasso« (»Erfolg und Versagen Picassos«), das ich endgültig nennen möchte.

Picasso ist heute ein alter Mann, der seit Jahren seinen festgelegten Stil hat. Nur wenige wissen sich noch an die längstvergangenen Jahre und Jahrzehnte zu erinnern, da er fast zu jeder Saison die Mitwelt mit einem anderen Stil verblüffte und bluffte. Er war jahrelang Kubist gewesen und hatte auch eine Anzahl geklebter oder montierter Collagen herausgegeben. Dann begann er einmal wie Raffael zu malen, ein andres Mal wie Ingres, dann wie Goya – dazwischen wieder allerhand Burleskes, Buntes, Erheiterndes. Eine Zeitlang, um 1917, da er für den luxuriösen russischen Ballettkönig Diaghilew arbeitete und dazu nach London reiste, malte er so mondäne Porträts, als ob er selbst der Direktor der Königlichen Akademie in London wäre; er wurde auf einmal geradezu hoffähig. Doch dann kam wieder das hochpathetische halbabstrakte Riesenbild der Anklage gegen die Bombardierung Guernicas durch deutsche Flieger im Spanischen Bürgerkrieg. Er stellte seine eigenen Kopien nach Velasquez, Poussin, Delacroix aus, bei denen man lächelte und dabei nicht recht wußte, ob er nicht einfach die ganze Welt zum Narren hielt. Das war geradezu

Pablo Picasso: »Der Narr«, Skulpturbüste 1905. Die skulpturellen Versuche Picassos reichen also weit zurück in seine Frühzeit.

unheimlich. Aber das eigentlich Unheimliche war, daß seine verschiedenen rasch wechselnden Stilarten in keinem erkennbaren Zusammenhang standen. Er wechselte sie, wie man ein Hemd wechselt – und doch waren manche dieser Gemälde und Graphiken ohne Zweifel großartig. Bei allem Genie, bei aller Inspiration hatte er immer etwas von einem Taschenspieler an sich. John Berger erklärt, daß er nur einmal eine deutlich erkennbare Entwicklung hatte: in den Jahren des Kubismus, da er neben Braque, Gris und anderen Künstlern seiner Gesinnung arbeitete. Alle seine rasch wechselnden Stilepisoden erklärt Berger mit einer soziologischen Hypothese.

Georges Braque: »Das Haus hinter dem Baum«. Braque beherrschte mit Picasso und Juan Gris die große Zeit des Kubismus. Er war auch der früheste Experimentator mit »Collagen« (Montagen).

Juan Gris: »Häuser in Paris«, 1911. Eine Zeitlang arbeiteten Picasso und der ebenso bedeutende Juan Gris eng zusammen. Von manchen Kunstkritikern werden diese Jahre
für die Zeit der stärksten Entwicklung Picassos gehalten. Juan Gris, der zweite große
spanische Maler unseres Jahrhunderts starb 1927 erst vierzigjährig.

Picasso: »Die Kaffeetasse«, 1912. Werk aus der Blütezeit der kubistischen Epoche, in der Picasso überaus fruchtbar mit Georges Braque und anderen zusammen arbeitete.

Vielleicht aber sind diese hektischen, launenhaften Wandlungen und Ver-
wandlungen eine letzte Wahrheit, die ein zweifelloses Genie uns zu sagen
hat: daß Inspiration, Spiel und Laune in einem Genie, für das die greif-
bare Wirklichkeit keinerlei magische Kraft mehr hat, sehr nahe beiein-
ander liegen und sich zuweilen einfach vermischen. Das hat er gemalt, nein, er hat es als Künstler gelebt, was die Surrealisten als Theorie
schrieben – und niemand, auch er selbst nicht, könnte unterscheiden, was
an ihm Ernst, Ironie, Selbstironie ist und wo der Jux liegt, den er sich mit
uns allen machen will. Das würde gut passen zu der wahrhaft tragikomischen Schlußszene, die John Berger anhand von Picassos späten Graphiken analysiert: der dicke, häßliche, zwerghafte Clown (Personen, die Picasso kennen und nicht lieben, erzählen von seiner ganz überraschenden,
fast zwerghaften körperlichen Kleinheit), der die Maske der Schönheit
und Jugend vor sein altes Clowngesicht hält, während eine junge, schöne,
nackte Frau ihm gegenüber die Maske des häßlichen Zwerges vor ihr schö-
nes junges Antlitz hält. Es ist die Tragödie des Alters und der Impotenz
als Clownerie, die ein so mächtiger Faktor in seinem großen und doch
zweideutigen Künstlerleben war.

Man sollte hier nicht enden, ohne einen Schlußpunkt zu setzen, auch
wenn er weit jenseits unserer Erörterungen, nämlich in der Gegenwart
liegt: die Pop-Kunst mit ihren naturgetreuen Modellen aus Gips, Papier-
maché und anderem unbeständigem Material, die zum Beispiel Kondi-
toreien mit Kuchen, Restaurants mit Speisen und Weinflaschen und ganze
Warenhausabteilungen mit Konserven und Gemüsen wiedergeben, Fahr-
räder, die nicht fahren, und Telefone ohne Klang: es ist die echte Lust des
Kindes am Panoptikum als die letzte Pointe einer Kunstepoche, da man
alles Abstrakte, Surrealistische und sonstwie Krumme, das der entgeistig-
ten Wirklichkeit nach allen Seiten hin auszuweichen versucht, so gründlich
satt ist.

Was uns vor allem hier bewegt hat, war die Entstehung und Entwicklung von Künstlergruppen in Mailand, München, Berlin, Paris, die in ihren
Programmen alle weit über das Künstlerische hinausgingen und den Menschen, das Menschenschicksal, Gesellschaft und Staat in ihre Programme
einbezogen.

Sie waren so gut wie alle totalitär, diktatorisch regiert, der Wirklich-

307

keit folgend oder gar vorauseilend in ihrer bösen und immer böseren politischen Struktur. Ein Stefan George wollte gewiß nicht den Weltkrieg, er wollte gewiß nicht Hitler, doch sie alle konnten sich später auf ihn berufen, der Führer und seine Generale, da George doch die Heroisierung des Mannes, die Aufopferung von Millionen für diese Heroisierung besungen hatte, auch wenn die Realisierung seiner eigenen heroischen Träume ihm schließlich doch nicht gefiel. – George war ein Mensch, der tief leiden konnte, das ist vielleicht der schönste, bewegendste Zug in seinen Dichtungen. Er litt tief, als Maximin starb, und sicher ebenso tief, als der Konflikt mit Friedrich Gundolf ausbrach und mit dem Verlust seiner vielleicht tiefsten und geistigsten Freundschaft endete. Er konnte sein Leiden nie ganz offen bekennen – auch als er strikt die Heirat seines Freundes Friedrich Gundolf ablehnte, spielten vergeistigte homoerotische Neigungen wesentlich mit. Er litt. Doch seine leidende Seele hatte nie genug vorausschauende Phantasie, um sich vorzustellen, daß die ganze heroische Lebensphilosophie, die er forderte, vielleicht Millionen in tiefstes Leid stürzen konnte.

Die Gruppe der Futuristen in Italien, der kein Krieg mörderisch, imperialistisch, zynisch genug sein konnte, hat, wenn sie überhaupt eine geistige Macht darstellte, das angeblich so geliebte Vaterland an den Rand der völligen Vernichtung geführt.

Die Surrealisten säten Haß und ernteten Haß. Sie haben in Wahrheit keine Macht repräsentiert, aber mit welchem Haß sind sie von jenen, die abfielen oder ausgeschlossen wurden, verfolgt worden. Aragon, der mit Breton zusammen die Bewegung führte, fiel ab, reihte sich in die kommunistische Partei ein und durchkreuzte von dort jede weitere Entwicklungsmöglichkeit der surrealistischen Bewegung.

Am dramatischsten war der Austritt Chiricos aus der surrealistischen Bewegung. In sinnlosem, herostratischem Haß wütete er gegen seine eigenen surrealen Jugendbilder, von denen manche Meisterwerke waren und auf dem Kunstmarkt phantastische Preise erzielten. Er erklärte sie allesamt für alberne Verirrungen; das einzig Dauernde, was ihm der Abfall vom Surrealismus gab, war, daß er als alter Mann wie ein epigonischer Kitscher malte.

Solche Dramen und Tragikomödien sind die typischen Begleiterscheinungen derartiger diktatorischer Gruppen. Von 1959 bis 1962 begingen vier begabte surrealistische Künstler Selbstmord: Duprey, Paalen, Kay Sage, Kurt Seligmann. Nicht nur sie, der ganze Surrealismus war in eine

André Breton, Foto von 1921. Lange Zeit galt Breton als der absolute und absolutistische Führer des Surrealismus (l.). – Selbstbildnis: Giorgio de Chirico. – Ursprünglich klassizistische und surrealistische Elemente geistvoll verschmelzend, wandte sich Chirico später von seiner sehr ursprünglichen Art brüsk ab und verfolgte einen tristen Epigonismus (r.).

Sackgasse geraten. Und als 1964 der Surrealismus als eine bedeutende historische Gegebenheit durch eine umfassende Gesamtausstellung in Paris geehrt wurde, wurde nicht der alte Breton mit der Organisation beauftragt, was ihm Gelegenheit gab, noch einmal in seinem Leben, vielleicht das letztemal, feierlich zu protestieren.

Felix Vallotton: Vignette aus »Der bunte Vogel«, 1897.

Lovis Corinth: »Selbstbildnis mit Panamahut«, 1912. Auch das Spätwerk Corinths geriet mit seiner formsprengenden Kraft in Hitlers Ausstellung »Entartete Kunst«.

VI

VOM ORNAMENT
ZUR KONSTRUKTIVEN ART

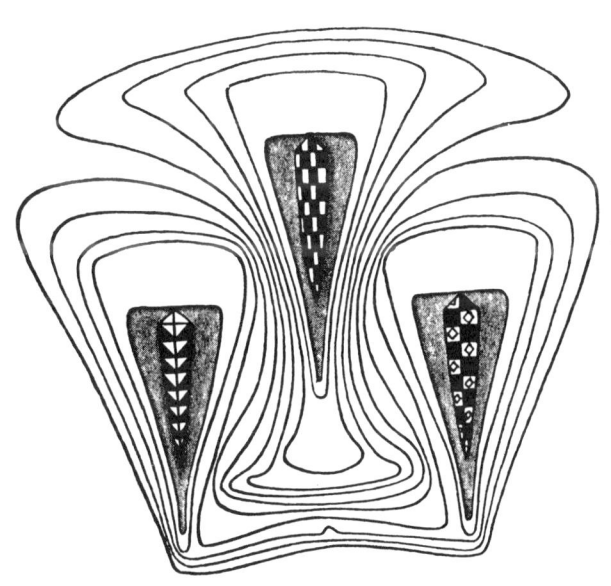

Die Bezeichnung »Jugendstil«, auch wenn sie der Bequemlichkeit halber hier gebraucht wird, ist, wie schon erwähnt, völlig unzutreffend. Die Münchner Zeitschrift »Jugend«, von der sie abgeleitet wurde, war alles andere als konsequent »jugendstilig«. Als Grundstil der vielen Jahrgänge könnte man eher eine Art spezifisch deutsches Neo-Biedermeiertum bezeichnen, als dessen Väter man, glaube ich, gleichfalls Th. Th. Heine – neben seinem sehr produktiven echten Jugendstil und seinen beißenden Simplizissimus-Karikaturen –, dann Otto Julius Bierbaum mit dem »Lustigen Ehemann« und dem »Irrgarten der Liebe«, Wolzogens Kabarett »Überbrettl« mit Bozena Bradsky und, last not least, den jungen Heinrich Vogeler-Worpswede, vor allem in seinen kunstgewerblichen Anfängen, nennen könnte.

Woher überhaupt das Wort »Biedermeier« stammt? Vermutlich aus alten Jahrgängen der »Fliegenden Blätter«. Die Epoche selbst, die hier imitiert wurde, die Epoche des späten Goethe, hat sich meines Wissens nie selbst so bezeichnet, gewiß nicht in ihren höheren geistigen Sphären. Jetzt, um 1900, diente die neue Biedermeiermode wohl vor allem dazu, eine neue Bewegung, einen neuen Kunstgewerbestil, der zugleich ein echter neuer Lebensstil sein sollte, dem deutschen Kleinbürger, aber auch nach oben hin den Behörden und Fürsten als etwas ganz Harmloses, ja Seelenverwandtes, unbedingt Staatsloyales verdaulich zu machen – und das war auch nötig angesichts der ziemlich energischen Attacken der »Jugend« gegenüber dem bayerischen reaktionären Klerikalismus und den ständigen Witzen des Kabaretts »Überbrettl« über »Serenissimus« und seinen Adjutanten Kindermann, das Abbild des vertrottelten Duodezfürsten und seines Hofes. Den wirklichen, echten, hundertprozentigen Ju-

(Links) Henri de Toulouse-Lautrec: »Mlle. Lender en buste«. Dieses graphische Meisterwerk Toulouse-Lautrecs sollte eine traurige Berühmtheit bekommen. Toulouse-Lautrec hatte eine kleine Auflage der Originallithographie Julius Meier-Graefe für die Zeitschrift »Pan« geschenkt, der sie in dieser Zeitschrift einlegte. Der Skandal dieser Publikation in Deutschland war so groß, daß Meier-Graefe seine Stellung als Redakteur des »Pan« niederlegen mußte unter dem Druck eines Aufsichtsrates, dem doch Kunstkenner wie Harry Graf Kessler angehörten. Sehr »hochstehende« Protektoren, die dem Kaiserthron nahe waren, drangen wohl darauf. Heute wird diese Lithographie allein mit mehreren tausend Mark bezahlt.

gendstil vertrat bei uns viel konsequenter eine Kunstzeitschrift wie das monumentale Kunstorgan »Pan« oder das kostspielige Wiener »Ver Sacrum«, das für Gustav Klimt, die »Wiener Werkstätten« und die Wiener Sezession überhaupt warb. Ich selbst habe als Knabe, da der Jugendstil wirklich herrschte, niemals den Ausdruck »Jugendstil« gehört – man nannte Häuser, Möbel, Vasen, Porzellan und Schmuck, einen Damenschal ebenso wie die riesigen Wandgemälde Gustav Klimts für die Wiener Universität, die Ansichtskarten des zwanzigjährigen Kokoschka und die neuen k. k. Briefmarken von Kolo Moser, die alle in diesem Stil gehalten waren, »sezessionistisch«. So war es in Wien und wohl auch in München. Man nannte die symbolistischen Gemälde Franz von Stucks und die frühen Gedichte Stefan Georges »sezessionistisch«, während kein Mensch etwa die Gemälde und Graphiken Max Liebermanns oder Leistikows in Berlin »sezessionistisch« nannte, obwohl sie doch den eigentlichen Kern der Berliner Sezession bildeten. Die Beziehungen zu den herrschenden monarchischen Mächten, zur Bourgoisie, zum Alltagsleben waren sehr verschieden und hatten viele Nuancen. Kaiser Wilhelm II. hatte sich lautstark in schneidendem Kasernenhofton gegen die moderne »Afterkunst« erklärt. Seine Künstler waren die Bildhauer der Siegesallee, Begas und Eberlein, sein Lieblingsdichter Lauff. Aber er stand doch an der Spitze der Subskribentenliste des »Pan«, mehrere regierende Landesfürsten folgten, worauf dann natürlich viel zuviel Rücksicht genommen werden mußte. Deshalb, letzten Endes, mußte ja Julius Meier-Graefe als Kunstredakteur ausscheiden, der nichts Schlimmeres getan hatte, als eine farbige Originallithographie von Henri de Toulouse-Lautrec, ein Geschenk des Künstlers, zu bringen, die berühmte »Mlle. Lender en buste«, das Juwel der ganzen Zeitschrift, das heute als Einzelstück, ohne handschriftliche Signierung, mit mehr als tausend Mark gehandelt wird.

Es gab kulturbewußte Gesellschaftskreise in Deutschland, die in mehr oder weniger enger Verbindung zu deutschen Höfen standen, sich zugleich aber als Mittler zu der damals modernsten Kunst betätigten, wie der Kunstsammler Harry Graf Kessler (ein sehr vages und kaum begründetes Gerücht machte ihn zu einem natürlichen Sohn Kaiser Wilhelms I.), ein Sammler moderner Kunstwerke und Freund Hofmannsthals, Maillols und van de Veldes, der durch seinen Einfluß am Weimarer Hof diesem ein breites Wirkungsgebiet in Weimar verschafft, oder die Schriftstellerin Helene von Nostiz, durch viele Jahre befreundet mit Hofmannsthal, Rilke

Die großen Zeitschriften der Jahrhundertwende: Titelblatt des überaus luxuriösen Pan von Franz Stuck; ihr bedeutendster Redakteur war wohl der Dichter Richard Dehmel. – Titelblatt der Zeitschrift »Jugend« (im Verlage Hirth) von Ludwig v. Zumbusch, 1897, die dem Jugendstil den Namen gab.

Titelblatt des Wiener »Ver Sacrum«, des Organs der Wiener Sezession, gezeichnet von Koloman Moser – in Österreich wurde das, was man in Deutschland »Jugendstil« nannte, allgemein »Sezession« oder »sezessionistisch« genannt, nach der Wiener Sezession.

Ex libris für Harry Graf Kessler von Sattler. (Links) Henry van de Velde, der belgische Architekt, wirkte durch seine werk- und materialgerechten Möbel, Geräte und Innenräume normativ auf den Jugendstil. 1907 wurde er – damals Leiter der Kunstgewerbeschule Weimar – Mitbegründer des Werkraumbundes, in dem sein Einfluß beherrschend war. (Unten r.) Der Kunstsammler Harry Graf Kessler. (Unten l.)

Eßzimmer im Weimarer Hause des Grafen Harry Kessler, entworfen von Henry van de Velde.

und Rodin, die Gemahlin des ehemaligen sächsischen Gesandten am Ballhausplatz in Wien, Enkelin des Fürsten Münster, des deutschen Botschafters in Paris, wo sie auch herangewachsen war, und eine Nichte des Feldmarschalls Hindenburg. In ihrem Heim bei Berlin konnte man sich noch

Fürstin Mechthilde Lichnowsky, Dichterin und vorzügliche Schriftstellerin, und ihr Gemahl, der deutsche Botschafter in London am Hofe von St. James, Fürst Max Lichnowsky, der wegen seiner Propaganda für maßvolle Forderungen gegenüber den Gegnern im Ersten Weltkrieg vom Hof und von seinen Adelsgenossen geradezu gebannt wurde.

vor 1933 davon überzeugen, daß die alten, wohlerhaltenen Möbel Henry van de Veldes gegen allen Anschein sehr bequem waren, und man konnte die schöne Marmorbüste bewundern, die Rodin von ihr als jungem Mädchen gefertigt hatte.

Oder die Dichterin Mechthilde Lichnowsky, geborene Gräfin Arco, die Gemahlin des tapferen deutschen Botschafters am Hofe von St. James, Fürst Lichnowsky, die von dem jungen Kokoschka gemalt worden war und frühe Gemälde von Picasso aus seiner blauen und rosa Periode besaß, die heute überaus selten und auf dem Kunstmarkt fast unbezahlbar geworden sind. Sie und andere waren das Ferment, das die scheinbar unüberwindlich versteinerten Kontraste zwischen dem offiziellen Deutschland und der modernen Kunstwelt beweglich erhielten, so vage und auf den Zufall angewiesen sie auch waren.

Ein zweites modernes deutsches Kunstzentrum neben Weimar, das eng an einen deutschen Hof gebunden war, war die Künstlerkolonie in Darmstadt »Mathildenhöhe«, einheitlich im Sezessionsstil erbaut von einigen Architekten aus dem Kreise der Wiener Sezession, vor allem von Joseph Maria Olbrich, von dem Deutschen Peter Behrens, aber auch von den

Picasso: »Die beiden Freundinnen«, berühmtes Frühwerk aus der »blauen Periode«
Gouache, 1904.

Meistern der modernen schottischen Schule, Bailie Scott, C. R. Ashbee und anderen.

Merkwürdig eng waren diese Beziehungen zeitweilig in Wien, obwohl Kaiser Franz Joseph I. selbst an moderner Kunst – ja an Kunst überhaupt – völlig uninteressiert war und die schöne Kaiserin Elisabeth wie ihr Sohn, Kronprinz Rudolph, von denen man ein gewisses Interesse hätte erwarten können, schon vor der Jahrhundertwende, also zu früh, aus dem Leben geschieden waren, um die neue Wendung überhaupt noch mitzuerleben.

Vor allem war es der Meister der modernen Wiener Architektur, Otto Wagner, der immer wieder die Chance bekam, nicht nur da und dort in Wien ein Haus zu bauen, sondern wesentliche moderne Akzente in das reizvolle alte Stadtbild der Kaiserstadt zu setzen. Er tat das mit großer Geschicklichkeit, mit einem klaren Blick für das Mögliche und Unmögliche und vor allem mit seiner Neigung zu einer harmonischen, unaufdringlichen und doch energischen modernen architektonischen Gestaltung, die ihn von fast allen Vertretern der modernen Wiener Architektur unterscheidet. Aus diesem Grund ist zum Beispiel auch sein vielbewunderter Bau des Wiener Postsparkassenamtes von 1905 in der Tat ein Meisterwerk. Es

Das Haus der Wiener Sezession, von Joseph Maria Olbrich, mit seiner Kuppel aus vergoldetem Lorbeer; ein Jugendstilwahrzeichen Wiens von 1898.

Ein großartiger Versuch des monumentalen Zweckbaues unter sparsamer Verwendung »sezessionistischer« Motive: Das Gebäude der Österr. Postsparkasse in Wien von Otto Wagner, 1908. Oben: Außenfront, vor der jetzt eine Ehrenbüste des Erbauers steht. – Unten: Haupthalle.

Gustav Mahler (l.), bedeutender österr. Komponist und Direktor und Dirigent der k. k.
Hofoper in Wien; lebte 1860–1911. Hauptwerke: »Kindertotenlieder«, »Das Lied von
der Erde«. Arnold Schönberg (r.), ursprünglich ein Schüler Gustav Mahlers, als den er
sich selbst bezeichnete, wurde er zum Ahnherrn und Führer der modernen Musik. Auch
als politischer Charakter von bemerkenswerter Konsequenz; er lebte von 1874 bis 1951;
er starb im Exil. – (Unten) Alfred Roller, dem Kreise der Wiener Werkstätte entstammend, wurde von Gustav Mahler als Bühnenbildner entdeckt. Das vorliegende Bühnenbild Rollers ist jedoch für das Drama »Der einsame Weg«, ein Meisterwerk Arthur
Schnitzlers, in der Burgtheateraufführung Februar 1914 entworfen.

fügte sich taktvoll und präzise in Ort und Zeit ein, ist heute historisch geworden, und das ist ganz in Ordnung, aber es ist keine Kuriosität geworden, kein exzentrisches period piece, das man im Grunde nur noch in der Glasvitrine seiner Epoche als Museumsstück zeigen kann, wie so manches andere um diese Zeit errichtete Gebäude, etwa von Wagners Schüler J. M. Olbrich oder von Joseph Hoffmann.

Wien, ein altes, wenn auch immer vorerst widerspenstiges und zähflüssiges Kunstmedium, hat die Kulturepoche vielleicht tiefer erlebt als alle anderen deutschen Kunststädte. Die »Wiener Werkstätte« Wärnsdorfers war unverkennbar und typisch wienerisch, originell, fein, delikat und elegant – soviel Witze, gute und schlechte, die Wiener selbst darüber gerissen haben. Der Meister der Sezession, der Maler Gustav Klimt, war zuweilen unerträglich mit seinen byzantinischen Frauenporträts und seinen riesigen Allegorien, aber von letzter Feinheit und Grazie in seinen erotischen Handzeichnungen, gleichsam körpergewordener und doch vergeistigter Sinnlichkeit, und wahrhaft melodisch in gewissen kleineren Gemälden, etwa seinen bunten Bauerngärten. An seiner Schule erkennt man den Meister: und zu dieser Schule gehörten Egon Schiele und Albert Paris Güterloh genauso wie der junge Kokoschka.

Wien hatte damals, wenigstens ein paar Jahre lang, das beste Operntheater der Welt unter dem Komponisten Gustav Mahler als Direktor, mit dem großen Bühnenbildner Alfred Roller, der aus den Kreisen der Wiener Werkstätte stammte – es hatte den jungen Schönberg, Mahlers Schüler, dessen »Pierrot lunaire« auch heute noch durch seine Kühnheit und Unbedingtheit überrascht und erregt.

Hier in Wien war auch das Zentrum einer grundsätzlichen Auseinandersetzung, die weit voraus wies auf künftige Konsequenzen. Die Probleme, um die es ging, waren durch einen fanatischen, eigensinnigen, aber in seinem Fach geradezu hellsichtigen Wiener Architekten zu allgemeinen Lebensproblemen geworden, während die Architekten und Kunstgewerbler der Wiener »Sezession« um ihn herum seine Ansichten für völlig närrisch hielten und ungestört ihrer Wege gingen, als ob nichts geschehen wäre.

Es war Adolf Loos, der taube, aber um so weiter blickende Architekt, der eben sein großes Geschäftshaus am Michaelerplatz, gegenüber dem riesigen Barocktor der Hofburg, baute und mit diesem Bau das Entsetzen aller Wiener Spießbürger, also der erdrückenden Majorität der Wiener,

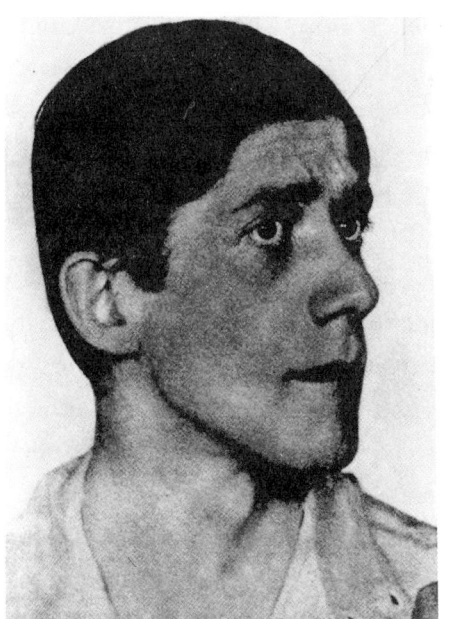

Ein Jugendbildnis des Meisters Oskar Kokoschka (l.). Bildnis Gustav Klimts (r.). Die derzeitige Kunstmode schätzt seine Monumentalbilder und Frauenporträts minder hoch ein als seine delikaten Aktzeichnungen von Frauen. Ausgezeichneter Lehrer Kokoschkas, Schieles usw. – (Unten) Oskar Kokoschka: »Liegende Frau«. Pastell, 1917.

Aktzeichnung von Gustav Klimt, 1917 (oben). – (Unten) Liegender weiblicher Akt von Egon Schiele, 1917. Egon Schiele wurde erst in diesen Jahren – später als Klimt – wiederentdeckt. Werke aus seinem schmalen Œuvre, in dem sich Elemente des Symbolismus und der Erotik verbinden – er starb 1918 erst 28jährig –, sind heute sehr geschätzt.

(Oben) Speisezimmer von Joseph Hoffmann im Palais Stoclet, für das Klimt die figürlichen Dekorationen entwarf. – (Unten) Epigonenstil von etwa 1880. Prominentes Beispiel und Vorbild war damals der prunkvolle Palazzo des Malers Franz v. Lenbach – überladene Mischung von vielerlei Stilelementen, Gotik, Renaissance, Barock, Orientalisches, auch süddeutsches Bauernhandwerk.

Koloman (Kolo) Moser: Schmuckkassette, etwa 1908. Beispiel des »sezessionistischen« Wiener Kunstgewerbes, der »Wiener Werkstätte«.

erregte. Er wagte es, genau gegenüber dem prunkvollen Hochbarock ein völlig schmuckloses Haus zu setzen, ohne Gips- oder Marmorornamente, ohne Karyatiden oder irgendwelche andere Skulpturen – ganz glatt. Nur der große Haupteingang war mit einem edlen, geschliffenen grünen Marmor bis zur zweiten Etage verkleidet.

Der Erbauer, eben der Architekt Adolf Loos, blieb völlig ungerührt durch den Skandal, den er erregt hatte, und beendete das Haus, wie es geplant war. Der Wiener Stadtrat, der sich eifrig mit der »Affäre« beschäftigt hatte, konnte nichts anderes mehr tun, als dem Besitzer vorzuschreiben, daß alle Fenster mit Blumenkästen versehen werden mußten. Der Blumenschmuck nahm dem Bau etwas von seiner Monumentalität, konnte aber leicht weggenommen werden, wenn die Menschen vernünftiger geworden waren (heute stehen die Blumen in ihren Blumenkästen noch immer in den Fenstern). Adolf Loos baute dann noch in der Innenstadt eine feine Bar, die eleganten Fronten und die Innenarchitektur einiger teurer Herrenmodegeschäfte und stattete ein bekanntes Café aus. In seiner Spätzeit entwickelte er in den Landhäusern eine reine »Raumarchitektur«. Die Zimmer lagen in verschiedenen Höhen und bedurften daher keines Treppenhauses.

Aber da er ein geistreicher, temperamentvoller und sogar philosophischer Kopf war, verteidigte er sich auch, und zwar sehr geschickt, indem er nämlich selbst scharf angriff. Er griff eigentlich alle in diesem Fach Maßgebenden an, vorerst die modernen Architekten der Wiener »Sezession« und die Kunstgewerbler der »Wiener Werkstätte«. Er griff zwar niemals Otto Wagner an, der einst sein Lehrer gewesen war, nahm ihn aber auch nicht ausdrücklich aus. Alle anderen nannte er mit Namen: J. M. Olbrich, Joseph Hoffmann, Kolo Moser — alle, Bekannte und heute schon ganz Unbekannte. Und weit über Wien hinaus den Erzvater des modernen Kunstgewerbes, den Belgier Henry van de Velde, dessen Kämpfe um das abstrakte Bau- und Kunstgewerbeornament und allen figuralen und vegetabilischen Schmuck er Halbheit und Humbug nannte. Denn Adolf Loos ging viel weiter, er verdammte alle Ornamente überhaupt — alles Aufgepappte, Angeklebte, Aufgemalte, angeblich aus dem Wesen der Sache Gewachsene, musikalisch-rhythmisch Emporwallende, also jegliche Art von Ornament und Zierkurve an Architektur und Gebrauchsgegenständen, unter welchem künstlerischen, philosophischen oder metaphysischen Vorwand immer, abstrakt oder gegenständlich, quadratisch-geometrisch oder kurvig — alles, alles, einerlei ob es von Olbrich oder Kolo Moser, Eckmann, Behrens oder Henry van de Velde entworfen war.

Den Schmuck einer Frau sollte wieder der Juwelier herstellen, nicht der Kunstgewerbler, den Stuhl wieder der Tischler, und zwar ohne »künstlerische« Entwürfe, den Pferdesattel wieder der Sattlermeister. Loos wollte wieder das alte ehrliche Handwerk sehen, wie einst Ruskin und William Morris.

Adolf Loos war ein außerordentlich gut gekleideter Gentleman von tadellosen Manieren, der sehr gut sprach und sehr schlecht hörte, aber wenn man sich Mühe gab und langsam und artikuliert sprach, so verstand er einen durchaus. Das tat ich als Gymnasiast voll Eifer und empfing als Entgelt eine große Anzahl guter Ratschläge fürs Leben und einen noch größeren, ganz erstaunlichen Schatz an klugen Prophezeiungen. Jahre später, um 1920, gingen wir einmal miteinander die Tauentzienstraße in Berlin hinunter. Er betrachtete kopfschüttelnd die Häuser mit ihrer

Frühes Bildnis des Architekten und Kulturphilosophen Adolf Loos. – (Unten) Haus Steiner, ein typisches Beispiel der Loosschen schmucklosen Architektur. Adolf Loos entwickelte später für solche Wohnbauten die neue »Raumarchitektur« ohne Front. Die Räume lagen auf verschiedenem Niveau und machten das Treppenhaus überflüssig.

Die »Kärntnerbar« (r.) von Adolf Loos, 1907, die u. a. eine verblüffende Verwendung von Spiegeln zeigt. An der Wand eine Karikatur des Wiener Meisters der kleinen Prosa und Bohémiens Peter Altenberg von Gustaf Jagerspacher. – (Unten) Das berühmte »Haus am Michaelerplatz«, ein Hauptwerk von Adolf Loos. Der einzige Schmuck, den sich der Puritaner der modernen Architektur erlaubte, war kostbarer Marmor, der hier bis zur zweiten Etage

reicht. – Der Bau erregte 1911 einen ungeheuren Skandal, da er, auf einem relativ kleinen Platz, dem Michaelerplatz, dem sogen. Michaelertor zur Hofburg unmittelbar gegenüberliegt, das in monumentalem Hochbarock gehalten ist und über dem die Wohnräume des Kaisers und der Kaiserin lagen. Doch verlangten die Stadtbehörden keinen Umbau, und heute hat sich das Gebäude in seiner Zeitlosigkeit ganz in die feudale Umgebung eingelebt.

Gipsornamentik. »Was das gekostet haben muß«, sagte er, »und wieviel es erst kosten wird, das alles wieder herunterzukratzen! Denn merken Sie wohl: in zehn Jahren sind alle diese Ornamente heruntergekratzt, die Hausfronten glatt!«

Zehn Jahre später gingen Loos und ich dieselbe Straße entlang. Ich erinnerte ihn an das Gespräch und seine Prophezeiung. Tatsächlich waren die meisten Bauten inzwischen renoviert, die Fronten glatt und ohne Verzierungen.

Loos war von einer eisernen Konsequenz, die bis ins Don-Quijoteske reichte. Eines Tages, Anfang der zwanziger Jahre, besuchte er mich überraschend in dem Berliner Redaktionszimmer, in dem ich arbeitete. Er ging auf mich zu und sagte statt eines Grußes den Satz: »Die Architekten sind alle Verbrecher, sag' ich Ihnen!« Er sprach ihn ingrimmig und mit Überzeugung. Augenblicklich fielen mir zwei Dinge ein: Erstens, daß wir uns seit vielen Jahren nicht gesehen hatten und daß dazwischen der Erste Weltkrieg lag, an dem ich als junger Feldoffizier teilnehmen mußte. Zweitens — und das sah und hörte ich noch ganz deutlich vor mir —: daß er sich bei unserem letzten Treffen nach einem längeren Kaffeehausgespräch mit genau denselben Worten verabschiedet hatte: »Die Architekten sind doch alle Verbrecher.« Es war, als ob diese acht Jahre spurlos an ihm vorübergeglitten wären.

Er hatte ja, was die architektonische Entwicklung anbetraf, in seiner Weise recht und behielt auch recht. Aber allmählich waren manche seiner Paradoxe in seinem Standardvortrag über »Verbrechen und Ornament«, in welchem er das Ornamentale überhaupt von der Bemalung primitiver Menschenfresser ableitete, das seinen eingeborenen barbarischen Charakter niemals ablegen konnte — mehr propagandistisch und witzig als historisch präzise —, etwas schal geworden. Ich mußte erleben, daß er bei einem Vortrag in Berlin einfach ausgelacht wurde. Es war ein superkluges Publikum, alle Leser des »Sturm«, mit denen nicht zu scherzen war. Picasso, Kandinsky, der Kult der primitiven Skulpturen und Masken von afrikanischen und australischen Stämmen hatte dieses hypermoderne Kunstpublikum der zwanziger Jahre in eine ganz andere Beziehung zum Ornament gebracht. Die aktuellen Baumeister der Zeit waren Gropius und Mendelssohn; der Jugendstil und die Wiener Sezession waren in die Abgründe tiefster Lächerlichkeit geraten, und gegen diese zu polemisieren oder sie überhaupt noch ernst zu nehmen dünkte diese Leute einfach unsinnig.

Sehr früh entwik-
kelte sich in den
USA der Hochbau.
Dieses berühmte
»Guaranty Buil-
ding« in Buffalo,
N. Y., von dem
führenden Archi-
tekten Louis Sulli-
van 1894 – 1895
erbaut, zeigt Ele-
mente des Jugend-
stils, diskret ver-
wendet.

Es gab ironische und aggressive Zwischenrufe, aber der alte Herr, inzwischen fast völlig taub geworden, sprach ruhig weiter. Die Unruhe steigerte
sich, die Leute machten laut ironische Bemerkungen, seine Stimme ging in
dem Radau unter, er sprach weiter. Schließlich konnte ich es nicht länger
mit ansehen, ging zu ihm ans Pult und bat ihn, den Vortrag abzubrechen,
der wegen der randalierenden Zuhörer ohnehin nicht zu hören war. Er
brummte ärgerlich vor sich hin und ging ab. Als Glied einer ziemlich
»sezessionistischen« Kaffeehausclique hätte er noch einmal als Hauptperson
eines Schauspiels von Arthur Schnitzler die Bühne betreten, wenn dieser
die interessante Tragikomödie »Das Wort« vollendet hätte. Doch sie erschien als Fragment erst 1966.

Amerikanischen »Konstruktivismus« der frühen Epoche repräsentiert das Hochhaus, genannt »Monadnock Building« in Chicago, erbaut 1889–1891 von Burnham & Root.

Das historisch Wesentliche an der Sache war: er hatte als ganz junger Mann eine Zeitlang in den USA studiert und hatte dort in einem Architektenbüro gearbeitet. Er kannte auch schon den jungen Frank Lloyd Wright. Er sagte immer wieder, daß die amerikanische Architektur uns weit voraus sei, während unsere Kunsthistoriker damals in dem ererbten Wahn lebten, daß alles, was in Amerika produziert werde, eine ungeschickte, geschmacklose Nachahmung europäischer Epigonenkunst sei.

Inzwischen aber hatten amerikanische Architekten wie Richardson, Burnham und Root, und vor allem Sullivan, schon 1891 und 1894 ihre Wolkenkratzer erbaut – immerhin 15 Etagen –, ihre riesigen Getreidesilos und Warenhäuser und Bauten wie den »Monadnock« in Chicago (von

Burnham und Root 1891) oder das »Guaranty Building« in Buffalo (von Sullivan 1894/95) und sein »Bayard« in New York, Bleeker Street (wohl das einzige Gebäude von Sullivan, das heute noch steht) und waren unseren Architekten aus jener Zeit an Modernität weit überlegen. Dieser damals bei uns noch höchst unpopulären Meinung war der dreißigjährige Adolf Loos schon um 1900 oder 1907 und sprach sie immer wieder aus.

Heute stehen in Wien einige der Werke von Adolf Loos unter Denkmalschutz, wie das Haus am Michaelerplatz oder die Kärntner-Bar. Und sie haben diesen Denkmalschutz gar nicht nötig. Das Haus am Michaelerplatz ist ein vornehmes Warenhaus, dem man sein Alter überhaupt nicht ansieht, und die Kärntner-Bar ist eine behagliche Bar, in der man sich heute so wohl fühlt wie vor Jahrzehnten. – Ich habe eine Probe gemacht, und jeder kann sie nach mir wiederholen. Ich trat im vergangenen Jahr in eines der von Adolf Loos ausgestatteten, sehr exklusiven Herrenmodegeschäfte am Graben ein, ließ mir etwas vorlegen und geriet mit der älteren Dame, die mich bediente, in ein Gespräch. Ich blickte mich um und erzählte ihr, daß der Architekt dieses Ladens mein verehrter Freund gewesen sei, und ich wüßte gern, was an der Inneneinrichtung im Laufe der nahezu fünf Jahrzehnte wohl modernisiert worden sei. Sie antwortete lächelnd:

Das barocke Element im Jugendstil vertrat der spanische Architekt Antonio di Gaudi in Barcelona. Hier eine Hausfront des etwas exzentrischen Meisters (1905–1910).

»Das kann ich Ihnen genau sagen, es ist gar nichts verändert worden. Es war von Anfang an alles so praktisch angelegt, daß wir es heute noch ohne weiteres brauchen können.«

Ich wünschte, der längst Verstorbene hätte das hören können. Es ist die kleine Unsterblichkeit, die bei einem Innenarchitekten schon der Prüfstein zur großen ist.

Aber nicht das ist das Wichtigste, und nicht der verstorbene Adolf Loos selbst ist das eigentlich Wichtige, obwohl er gewiß eine sehr bedeutende Persönlichkeit war, sondern: daß die Entwicklungsgeschichte des modernen Kunstgewerbes ein ganz neues Spannungsfeld, eine ganz neue Weite bekommen hat.

Da sind also einerseits die amerikanischen Bauten, die die europäischen keineswegs nachahmten, sondern ihnen zuvorkamen – obwohl der Milliardär X. Y. sich sein Landhaus bei New York nach dem Vorbild von Versailles bauen ließ. Es wird andererseits jetzt auch der entgegengesetzte geistige Pol zu der neuen amerikanischen Architektur und der Loosschen Ideologie gehörig gewürdigt: der große, exzentrische katalanische Architekt Antonio Gaudi y Cornet und der katalanische »Jugendstil« überhaupt. Gaudi ist 1854 geboren, 1880 bis 1885 fing er an zu bauen. Seine Bauten

Gaudi, der überall den Weg bis zur Grenze des ganz Bizarren ging, schuf auch dieses »Drachentor«.

Die Neudekorierung des »Maxim« in Paris im Jugendstil. Seit dem Fin de Siècle war das »Maxim« der Treffpunkt der eleganten und lebenslustigen Gesellschaft.

sind keineswegs »ornamentfrei«, sondern wild überladen mit Zieraten in allen denkbaren Formen, organischen, unorganischen, abstrakten und realistisch-figuralen. Jeder seiner Bauten wirkt auf den ersten Blick, als ob er mit irgendeinem zähen Teig übergossen wäre, der langsam an allen Seiten des Gebäudes herabquillt und -tropft. Zugleich aber erkennt man auch die gerade Entwicklungslinie dieses Jugendstils von der spanischen Gotik, dem spanischen Hochbarock her und von dem ausschweifenden Kolonialbarock der ehemaligen Überseegebiete Spaniens: Mexiko, Peru, Brasilien, dem »Konquistadorenstil«.

An seinem Hauptwerk, der riesigen Kirche der »Sagrada Familia« in Barcelona, hat Gaudi jahrzehntelang gebaut und sie zuletzt doch unvollendet gelassen. »Der heilige Joseph wird sie zu Ende bauen«, sagte er milde lächelnd. — Alle seine Bauten und sogar seine Möbel haben eigentlich etwas Groteskes, aber es ist darin auch eine echt spanische Kraft der Vision, die von keinem anderen erreicht wird und bezwingend ist in ihrer formenden Unersättlichkeit.

Zwischen diesen zwei extremen Punkten, dem neuen USA-Stil um 1890 oder 1900 und dem katalanischen um die gleiche Zeit – zwischen einem

C. R. Mackintosh: »The Willow Tea Room« in Glasgow (1904). – Die schottische Schule des Jugendstils hielt immer ein hohes Niveau. Die Teestuben von Mackintosh waren komfortabel und originell.

Sullivan, einem Adolf Loos einerseits und Gaudi andererseits –, spannt sich also der neue Stil, der auch die skandinavischen Länder, Finnland, Rußland, England und Schottland, Ungarn und Italien einbezieht.

Wer den neuen Stil nicht in seinem vollen Umfang erfaßt, wer sich im wesentlichen, wie es bisher fast allgemein geschehen ist, auf Deutschland, Österreich, die Pariser »Art nouveau«, die namhaften Belgier und Vlamen – an deren Spitze Horta und Henry van de Velde stehen –, die schottische Glasgow-Schule mit ihren Meistern wie Mackintosh, C. R. Ashbee, Bailie Scott und so weiter beschränkt, kann nicht hoffen, ein vollständiges Bild dieser internationalen Bewegung zu erhalten, die – höchst unzureichend und obendrein falsch – bei uns »Jugendstil« genannt wird. Wer zwei so grundverschiedene Innenräume wie etwa die berühmten Glasgower Teestuben von Mackintosh und das bekannte Luxuslokal »Chez Maxim's« in Paris nach dem Umbau um die Jahrhundertwende auf Photos nebeneinander betrachtet, wird vorerst einen gemeinsamen Nenner für sie kaum finden, aber die Einheit in der Vielfalt der Formen dennoch zu ahnen, zu ergründen, zu sehen, das eben ist das Wesentliche.

Die Ostfassade der Kirche »Sagrada Familia«, Barcelona. Das kolossalische Hauptwerk
Gaudis, an dem er lange Jahre arbeitete, ohne es zu vollenden. Das Extreme an jedem
seiner Werke zeigt sich hier besonders an der Ostfassade: man sieht, wie abenteuerlich
Pflanzliches, Gotik und Jugendstil hier in neue Formen gegossen werden sollen.

Max Planck, der große Physiker der Quantentheorie (l.), und Albert Einstein, der mit seiner Relativitätstheorie das Newtonsche Weltbild änderte (r.), sind die wissenschaftlichen Vorläufer des Atomzeitalters. – (Unten) Ausblick vom Eiffelturm 1889.

Friedrich A. Krupp, 1854–1902, in der dritten Generation Kopf der deutschen Weltfirma – einer der größten Waffenfabriken der Erde.

Eisenhämmer in einem Hüttenwerk um 1860. Die Industrialisierung beginnt unter Führung Englands. Noch ahnt niemand, in welchem Maße und mit welcher wachsenden Beschleunigung sie innerhalb von hundert Jahren die Erde und das Leben der Menschen verändern wird.

Werner von Siemens, »der Begründer der Elektrotechnik«. Energieversorgung, Nachrichtentechnik, elektrifizierter Verkehr, Rundfunk, Fernsehen, Elektronik haben sich in einem Jahrhundert aus den primitiven Anfängen entwickelt, und noch stößt die Nuklearforschung mit Hilfe ihrer Beschleuniger ins Unbekannte vor.

Gustave Eiffel, Garabit-Viadukt (1880–1884). Der Erbauer des Eiffelturmes zeigt auch hier die ganze Kühnheit und Eleganz seiner Stahlkonstruktionen.

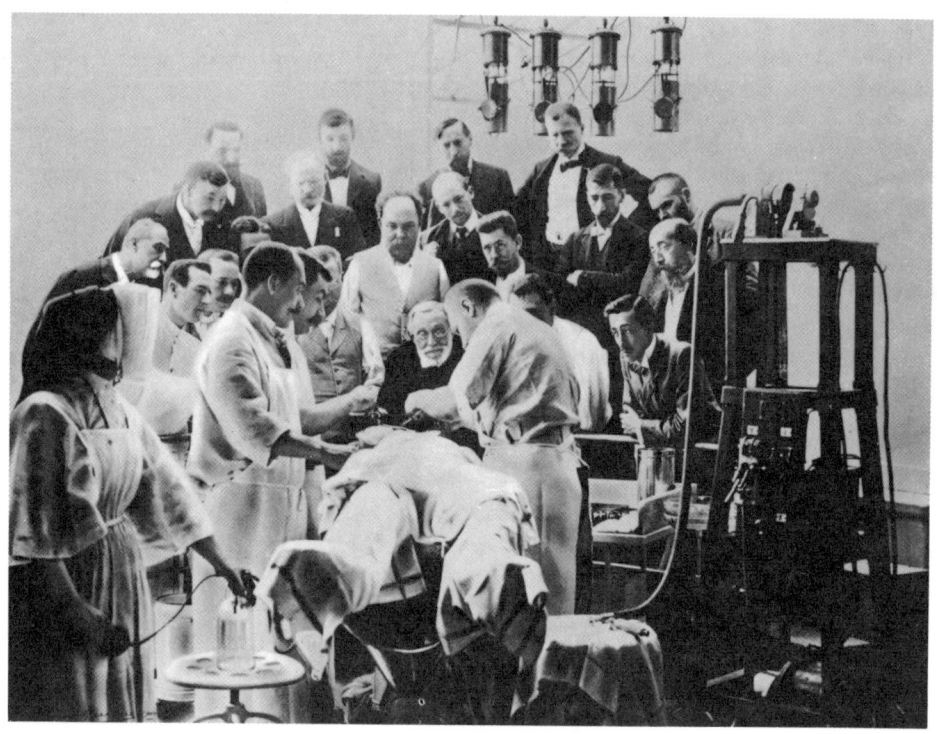

Der alte Rudolf Virchow, der mit seiner Zellularpathologie der Medizin einen neuen Weg öffnete, bei einer Schädeloperation in Paris. – (Unten) Ernst v. Bergmann (1836–1907), der sich vor allem um die Asepsis, die kriegschirurgische Technik und die Gehirnchirurgie verdient gemacht hat, führt eine Operation aus.

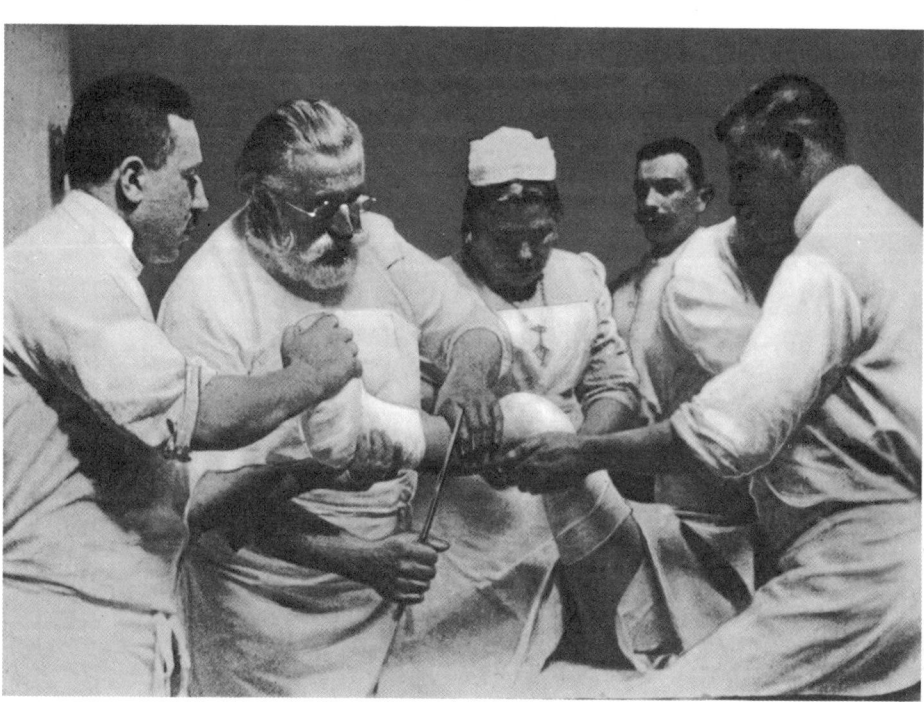

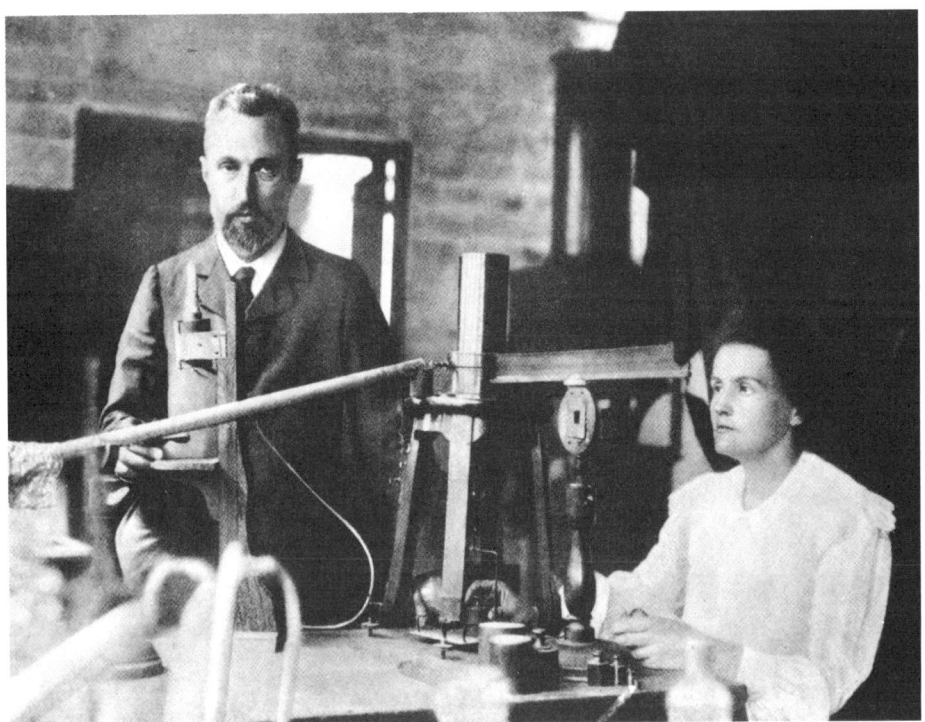

Das Ehepaar Curie bei seiner Arbeit. Mme. Curie bekam zweimal den Nobelpreis, einmal den für Physik, für die Entdeckung des Radiums, ein zweites Mal für Chemie, nachdem sie Radium rein dargestellt hatte. – (Unten) Emil v. Behring, der die modernen Erkenntnisse über Infektionskrankheiten und Immunisierung mitbegründete, entwickelte als erster das Diphtherie-Serum. 1901 erhielt er den Nobelpreis.

August Forel, bedeutender Psychiater (l.) – Sigmund Freud, der Schöpfer der Psychoanalyse (r.) – (Unten) Paul Ehrlich, zusammen mit dem Japaner Hata, Entdecker des Salvarsans, des ersten wirksamen Mittels gegen die Lues, die jahrhundertelang die Menschheit heimgesucht hatte (l.). Robert Koch, Entdecker des Tuberkel- und Cholerabazillus, mit seinem Mitarbeiter Prof. Dr. Pfeiffer (r.).

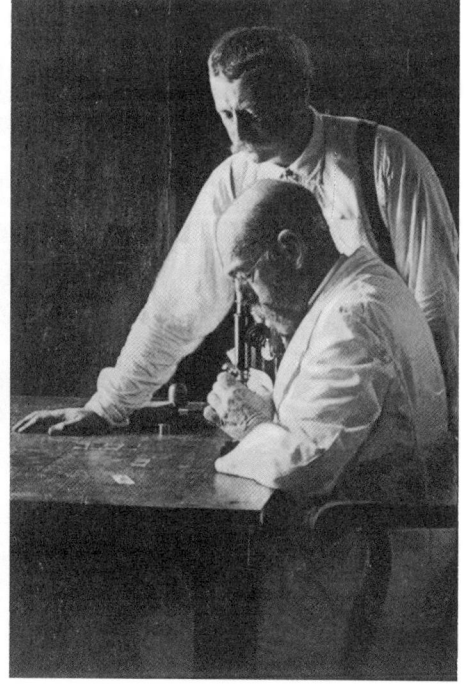

VII

ZWISCHEN JUGENDSTIL UND EXPRESSIONISMUS

Es gibt jetzt ziemlich zahlreiche Geschichten und Gesamtdarstellungen des Jugendstils, aber nur wenige Beiträge zu seiner Deutung – ich nenne als verdienstvolle Leistung die Arbeit von Dolf Sternberger. Die Deutung auf der heutigen breiten Basis versuchen wir hier schließlich zu geben.

Den Jugendstil können wir am ehesten von seinem eigenen Mittelpunkt her begreifen, wenn wir ihn als das umfassende und allgemeine Phänomen verstehen, das er tatsächlich war und ist: das erste Stilphänomen mit universellen Ansprüchen seit dem Barock – mit dem Anspruch, der das totale Leben für sich fordert. Das verlangt er, zumindest in seinen grundsätzlichen künstlerischen und dichterischen Phänomenen, von Morris und Henry van de Velde bis Stefan George und Mallarmé. Die einzelnen Sektoren scheinen genau getrennt: etwa vom Ästhetizismus Oscar Wildes und Aubrey Beardsleys oder Gustav Klimts zum Konstrukturismus, zu den frühen Fabrikbauten von Peter Behrens oder dem großartigen frühen Amtsbau Otto Wagners für die Wiener Postsparkasse, beide zwischen 1905 und 1909. Wir haben zu zeigen und werden beweisen, wie diese einzelnen Elemente dennoch zusammenhängen – eben in ihren universellen Ansprüchen an das Leben.

Das Barock gab Gestalt den inneren universellen Ansprüchen der katholischen Kirche gegenüber dem Sektierertum jeder Art. Diese Ansprüche erzeugten einen großartigen universalistischen Stil – sie erreichten aber nicht ihr Ziel. Echte »Stile« erreichen niemals ein Ziel, sie sind immer die mehr oder minder großartige Reaktion der Kunst auf einen großen, universellen Anspruch oder Aufruf. Sie sind übrigens noch die beste Antwort, noch vor dem irdischen oder himmlischen Paradies, das von allen derartigen Ansprüchen und Anrufen versprochen und doch nicht erreicht wird. Der Kommunismus zum Beispiel hat es bis heute nicht einmal zu einem eigenen Stil gebracht.

Doch der Jugendstil war in der Tat ein solcher universeller Stil, näm-

Porträt der Rose-Adélaide, Herzogin Morbilli, von Degas.
Paris, Musée du Jeu de Paume.

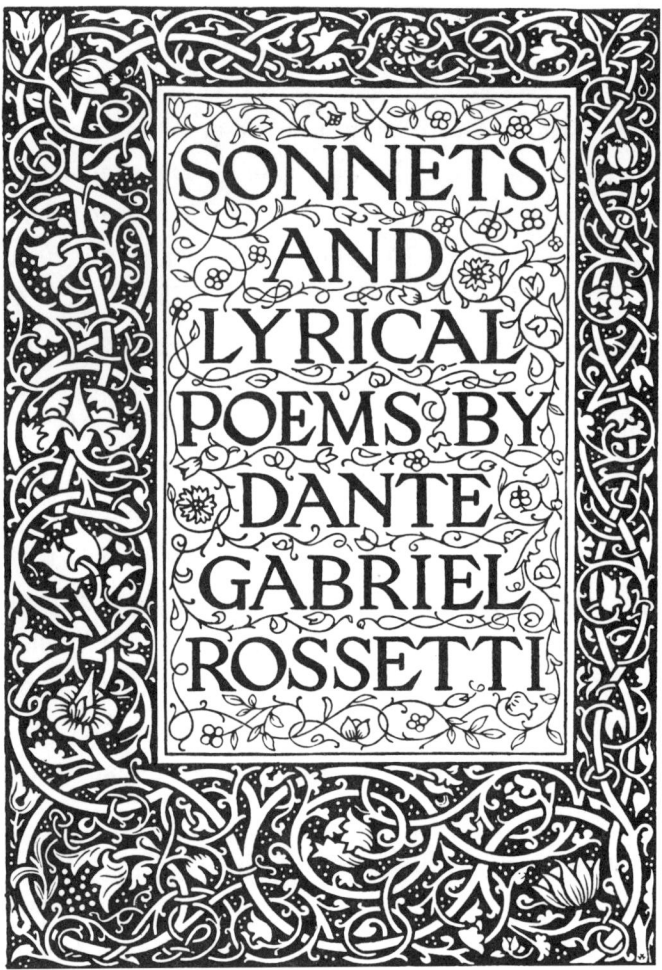

lich das Produkt der Spannungen zwischen den bürgerlichen Revolutionen von 1790, 1830, 1848 und den offenen sozialen Revolutionen um die Jahrhundertwende.

Diese Antworten waren sehr verschieden. Sie begannen mit John Ruskin, William Morris und, wenn wir noch weiter zurückgehen wollen, mit den englischen Präraffaeliten.

William Morris war erklärter und offener Kommunist, und Ruskin war es im Grunde auch. Sie versuchten noch einmal, die Revolution der englischen Maschinenstürmer wiederaufzunehmen und zu vollenden, Fabriken und industrielle Produkte auszuschalten, dem Handwerk, der handwerklichen Qualität und damit auch der sozialen und ästhetischen Befriedung ihr eingeborenes Glück zurückzugeben.

Ihr Vorbild war das späte Mittelalter, die Ständeordnung, das geregelte

Handwerk, die Gotik – das letzte universalistische Lebenssystem, das diese Engländer zunächst kannten, denn eine eigentliche umfassende Barockbewegung hatte es ja im protestantischen England kaum gegeben. Und hier liegt auch ihr Zusammenhang mit den späteren englischen Präraffaeliten wie Dante Gabriele Rossetti und vor allem Edward Burne-Jones, der für die Druckerpresse von William Morris und für die Tapeten seiner Werkstatt den figuralen Schmuck lieferte. Ganz unmittelbar von Morris und noch mehr von Burne-Jones, den er bewunderte, kommt dann der frühe Aubrey Beardsley und mit ihm die Ära des »Yellow Book«. Und hier stehen wir schon mitten im englischen Jugendstil, in der »Yellow Period«, zwischen 1894 und 1897, von wo der Weg zum Ästhetentum Oscar Wildes führt.

In diesem Ästhetentum haben wir eine neue Fragestellung, eine neue Antwort. Oscar Wildes und Walter Cranes Prosaschriften und Kunstvorträge weisen noch auf das romantisch gefärbte soziale und sozialistische Problem und seine romantisch-kommunistische Lösung durch William

Fred Hyland, Holzschnitt aus »The Savoy« 1896, der Zeitschrift des Kreises um Aubrey Beardsley.

Sir Edward Burne-Jones (l.) und William Morris (r.) (altes Foto), die beiden Meister
der Kelmscott-Press und der vorbildlichen kunstgewerblichen Werkstätten in Ham-
mersmith. Beide stammen aus der »Präraffaelitischen« Gruppe in England.

Morris und Ruskin hin. Oscar Wildes Lustspiele, seine Märchen und Erzählungen, der Roman »Das Bildnis des Dorian Gray«, das Drama »Salomé« tun das nicht mehr. Sie kehren sich davon ab. Sie öffnen die Tore zu einem labyrinthischen Universalismus: die Bindung des einzelnen unmittelbar an »das Leben als Kunstwerk« – unter Umgehung der gesamten sozialen Welt – nur durch das Musikalische, durch Rhythmen, Düfte, Ornamente, wallende Kurven. Es ist eine neue, sehr umfassende Art opiatischen Traums, die wir eben »Ästhetizismus« nennen und die ihren letzten Ursprung im Wagnerianismus von Baudelaire, Mallarmé, Peladan, Stefan George, Joris-Karl Huysman hat. (Dorian Gray ist in seiner Grundhaltung oft eine bloße Kopie von Huysmans »À rebours«.)

Daß Wagners »Siegfried« ursprünglich eine Allegorie des revolutionären Kampfes gegen den Kapitalismus, der »Lichtheld« Siegfried ein Symbol des sozialen Sieges war, wissen wir aus G. B. Shaws Wagnerianischen Schriften, und nicht nur aus ihnen. Wagners sozialrevolutionäre Gesinnung hat nach 1849 viele Etappen durchlebt und durchstanden, aber verloren hat er diese Gesinnung niemals ganz. Seine sehr kostspielige ästhetenhafte Lebensführung, die Puder und Parfüms, die gestickten Seidengirlanden und die Seidentapeten seiner Arbeitsräume, die seidenen Schlafröcke und Samtbaretts, die er zu tragen pflegte, haben ebenso wie die Rhythmen des »Tristan« und der »Götterdämmerung« etwas Oresteisches an sich, sie sind wie von Erinnyen bedroht: ein Mann auf der ewigen Flucht ins Nichts.

»Auch als Mensch tat er alles, um sich jede bürgerliche Position so bald wie möglich wieder zu verderben und zu flüchten« – dieser Ausspruch Wieland Wagners, der nicht nur sein Enkel, sondern auch sein bester Kenner und, wenn man will, Durchschauer war, wird mir immer im Gedächtnis bleiben.

Wovor floh Wagner? Wohin floh er? Den Gemeinplatz, daß ihn sein böses Gewissen trieb, weil er seine soziale und revolutionäre Position verraten hatte, weil er ein »Fürstendiener« geworden war, konnte sich wohl allenfalls G. B. Shaw oder irgendein Vulgärsozialist von 1900 leisten – nicht wir, die von der Erfüllung dieses Sozialismus einiges gesehen haben. Vielleicht ahnte Richard Wagner, wie sein Zeitgenosse Heinrich Heine es ahnte, mit dem er als Zeitkritiker viel gemeinsam hat, daß diese Erfüllung im Grunde weit mehr gegen ihn und seine Kunstgesinnung gerichtet wäre, daß diese soziale Zielsetzung seiner Kunst noch viel fremder war als selbst der Spießbürger und der Landesfürst.

Wir haben allen Grund zu glauben, daß gegen Ende seines Lebens, mit den »Meistersingern« und vor allem mit »Parsifal«, ganz neue Möglichkeiten des Lebens in ihm auftauchten. Aus »Parsifal«, den auch Thomas Mann, der der problematischste und doch leidenschaftlichste aller Wagnerianer war, erst am Ende seines Lebens als das echte Hauptwerk Wagners erkannte, strömt so viel Menschlichkeit und große Güte, wie wir sie sonst nie an Wagner, diesem kalten, genialen Rauschgifthändler, der kein wirksames Rauschmittel verschmähte, erlebt haben — und die der eleganten Härte, die Nietzsche als eine Art geistigen Panzer der Sensitivität um sich wachsen ließ, eine tödliche Wunde versetzte, so daß er aufschrie.

Genug, diese neue Bahn hat Wagner nicht mehr durchlaufen können. Was wir zu suchen haben, sind die Elemente, die — vergröbert oder verfeinert, raffiniert, dekadent, ästhetisch, auch barbarisch — als neuer mörderischer Nationalismus und Rassismus aus Richard Wagners Werk herzuleiten sind; und da kommen wir freilich ziemlich weit, von den frühen Versen Mallarmés und Stefan Georges, den wogenden Ornamenten des Henry van de Velde bis zu Adolf Hitler. Richard Wagners Werk bestrahlt ein weites Gebiet, wohl das weiteste in der Geschichte der Künste. Nicht einmal Goethe kann sich einer solchen Wirkungsweite rühmen. Jeder hat seinen Teil bekommen von diesem Rausch, diesem Wogen, unter dem immer das Nichts zu brüten schien, der Tod, der Weltuntergang.

Er gab, was er zu geben, und nahm, was er zu nehmen hatte. Aber immer war es der ganze Mensch, das ganze Leben, was er vom Erlebenden forderte und was er umfaßte, wenn man sich ihm ganz ergab. Das ist es, was er gemeinsam hat etwa mit John Ruskin oder William Morris — jenseits aller Größenunterschiede. An die Stelle der katholischen Kirche im Barock war hier die »Weltanschauung« getreten, die diese universelle Forderung an das Leben begründen sollte. Auch ein Kunstgewerbler wie Henry van de Velde spricht von dem »Grauen des Nichts« und der lebenspendenden Macht des Ornaments, wenn er in der »Renaissance des Kunstgewerbes 1901« seine Art begründet, Stühle zu entwerfen, einen eleganten Frisiersalon und eine Zigarrenhandlung in Berlin zu gestalten: »Das Ornament wird mit Notwendigkeit aus den zwei, drei Linien, die wir, von einer unbewußten Macht wie von einem Schrei getrieben, ohne jedes weitere Nachdenken auf das Papier bringen.« Und anderswo, 1902: »Die Griechen empfanden die Notwendigkeit, das Ornament da anzubringen, wo ein Vorsprung ohne Wirkung leblos blieb, da, wo eine tiefbeschattete

Gruppenbild (altes Foto): in der Mitte John Ruskin, der dichterische Kunstphilosoph und Freund der englischen »Präraffaeliten«, und (r.) das Haupt dieser Schule, der Maler und Dichter Dante Gabriele Rossetti, Sohn eines italienischen Vaters.

Ernst Haeckel, Naturforscher und Weltanschauungsphilosoph, dem Monismus und Darwinismus nahestehend, dem er durch seine »Welträtsel« zu erstaunlicher Popularität verhalf.

Fläche sich befand, bei deren Anblick man ohne Ornament die schreckliche Ahnung des Nichts gespürt hätte. Bei den Griechen ist das Ornament das Leben, es hat das Leben in sich.« – Das sind beinahe die Töne von »Tristan und Isolde«.

Die neuen Kunstgewerbler meinten nicht nur die Außen- und Innenarchitektur, sondern die ganze Gestaltung des Menschenlebens – sie waren »Lebensreformer«, wie das Schlagwort des Tages hieß.

In anderen, mehr kleinbürgerlichen Sphären gaben ein Ernst Haeckel und Wilhelm Bölsche solche Lebensanschauungen, meist gemischt aus Derivaten der großen deutschen idealistischen Philosophie und dem englischen Darwinismus, als Ersatz für die verlorene Kirche und als neuen umfassenden Glauben – und noch geringere Geister wie der Architekt und »Lebensreformer« Paul Schultze-Naumburg folgten ihren Spuren. Der Zeichner Fidus gab dazu als Illustration seine zur Sonne gewandten schlanken nackten Mädchen und Jünglinge. Ein weitverzweigtes weltliches Sektierertum, ästhetisch und gläubig zugleich, gehört zu der Struktur dieser Epoche. Es reicht von der Wandervogelbewegung bis zu der Darmstädter »Künstlerkolonie« und zu Dalcrozes »Hellerauer Schule«.

Wir hätten hier zu sprechen von den neuen Leistungen der Architektur und Technik, die das Soziale direkter anpacken und erfolgreicher lösen – die Industriebauten von Peter Behrens für die AEG, die sozialen Bauten Krupps für Arbeiter und Angestellte, die neuen Stahlarchitekturen: sie sind vielleicht wichtiger, aber sie stehen nicht im Mittelpunkt unserer Erörterungen.

Die beiden Punkte im Zentrum bleiben hier: das »Gesamtkunstwerk« Richard Wagners, das Leben fordert und Leben verbrauchen will. Aber auch der Versuch, Kunst und Leben (und womöglich auch gleich noch die ganze soziale und ästhetische Form des Lebens) aneinanderzuketten: Morris, van de Velde, das deutsche und das schottische Kunstgewerbe mit Mackintosh und Bailie Scott. Die Isolation, der separierte und separierende Individualismus der Kunst, wie er sich dem kunstverständigen Menschen um 1900 vor allem in den großen französischen Impressionisten präsentierte, sollte aufgehoben, Individuum und Gemeinschaft wieder miteinander verschmolzen werden, ohne irgendeinen wohlerworbenen Anspruch dieses großen Impressionismus aufzugeben. Die Kunst und das einzelne Kunstwerk sollten wieder ihren legitimen Platz im Leben gewinnen,

Fabrikgebäude der AEG von Peter Behrens, frühes vorbildliches Zweckgebäude von einem vormaligen Vertreter des Jugendstils.

Georges Seurat: »Chahut«. Georges Seurat vereinigte impressionistische (pointillistische) Maltechnik mit strenger Stilisierung und Komposition. Er hätte der modernen Malerei mit dieser merkwürdigen Synthese noch unendlich vieles geben können, wäre er nicht so jung gestorben. Das hier im Ausschnitt reproduzierte, im Format kleine Meisterwerk, einen Cancan als Varietétanz darstellend, hängt im holländischen Kröller-Müller-Museum in Otterlo.

wie zur Zeit Giottos oder Gozzolis – sie sollten nicht nur der Gemälde-
galerie, der Privatsammlung, dem Museum oder dem Salon gehören.

Hier geschah ein großes Unglück: Georges Seurat, ein Genie, das einzige,
das dazu geboren schien, das Bild als absolutes Werk und doch als organischen Wandschmuck wie ein Giotto zu schaffen, starb allzu früh, schon
1891, zweiunddreißigjährig. Henry van de Velde, als Jüngling selbst noch
ein Schüler des »Neo-Impressionismus«, sieht die Katastrophe. Er sagt,
nun sei ja nur noch Puvis de Chavannes geblieben. Aber dieser war damals
schon ein sehr alter Mann. Neuere, wie Maurice Denis oder der Schweizer
Ferdinand Hodler oder der Deutsche Ludwig von Hofmann, schlossen
sich den neuen Forderungen an mit wechselndem Gelingen. Gustav Klimt,
vielleicht der Interessanteste von ihnen, entsprach, wenn irgendeiner,
durchaus der Forderung van de Veldes nach einem bacchisch-orphischen
lebenspendenden Temperament, war aber trotz eines echt wagnerisch-
rauschhaften Talentes wohl für die Riesenformate der großen Wandgemälde für die Wiener Universität doch nicht geboren.

Ferdinand Hodler »Eurythmie« (1895). Der Schweizer Maler Ferdinand Hodler gab
seiner Zeit Würde, große Geste und vor allem Monumentalität in Gemälden und Wand-
malerei.

Ein Druck des alten Parsifal-Epos von William Morris und Edward Burne-Jones.

Eines der Hauptgebiete dieser neuen Lebensforderungen des Jugendstils war das illustrierte Buch gewesen. Hier führt der Weg von den frühesten Anfängen, von William Morris' »Kelmscott Press«, von Beardsleys Buchgraphik zu der sehr fruchtbaren deutschen Buchkunst, vor allem des alten Pan, dann aber der Insel, die vielfach sich wiederum an den jüngeren van de Velde und seine Schule oder an Beardsley anschließt. Diese deutsche Buchkunst hat ihre eigenen bedeutenden Künstler in dem jungen E. R. Weiss, in Thomas Theodor Heine, Otto Eckmann, Walter Tiemann, Melchior Lechter, Markus Behmer, Bruno Paul. Auch sie waren Elemente dieser großen Einheit, die es eben forderte, daß das Äußere und Innere, hier die Dichtung und ihr Buchschmuck — wozu auch die Illustrationen gerechnet wurden —, ein vollkommenes Ganzes bilden sollten, ein umfassendes »Erlebnis«.

In der Graphik verfließen hier schon die Grenzen zu dem neuen Expressionismus und zur abstrakten Kunst. Maler wie Kandinsky, Franz Marc und Edvard Munch, eine Dichterin wie Else Lasker-Schüler und zum Teil auch der jüngere Picasso entwickeln sich durch alle Stadien hindurch vom Jugendstil zur gegenstandslosen Kunst. Das Genie wächst aus einem Stil in den anderen, es gibt manches freiwillig auf, verliert manches unfreiwillig, erwirbt manches Neue — aber immer »auf dem Wege zu sich selbst«, wie Novalis sagt.

Eine zweite, historisch und systematisch noch kaum erfaßte Linie ist die vom alten Manierismus und der symbolischen und allegorischen Kunst zum Surrealismus von 1910 oder 1920 — also sagen wir zum Beispiel: von der allegorischen Graphik Goyas über Blake und Füssli zu Böcklin, Stuck und der allegorischen Graphik Max Klingers, und von da in gerader Linie zu den Modernen, zu Ensor, Alfred Kubin, Max Ernst, Dali und dem jungen Wiener Surrealismus von heute.

Die vollkommene Einheit der Entwicklung von etwa 1910 bis zur Gegenwart ist nur in der allegorischen und symbolischen Dichtung und Literatur an einer einzigen Dichtergestalt noch eindeutiger darzustellen als in der Kunst. Die literarische Gestalt eines Allegorikers höchsten Ranges und unauslotbarer Tiefe — vielleicht der größte Dichter der Allegorie und der Symbole überhaupt —, Franz Kafka, reicht als geistige Existenz zweifellos von etwa 1910 bis in unsere Zeit, ganz anders, viel unmittelbarer, ja leibhaftiger als jeder andere, noch so geistige Künstler und sein Lebenswerk.

Arnold Böcklin »Krieg«. Man könnte gegen dieses Gemälde von 1896 vielleicht einwenden, daß dem Maler die eigentlichen Schrecken des Krieges noch unbekannt waren. Doch die Kriege 1866 und namentlich 1870/71 waren blutig genug. – Es wirkt wie eine formal noch nicht gemeisterte Vorstudie zum Surrealismus eines Kubin.

»Jede Nacht besucht uns ein Traum« – ein Frühwerk Alfred Kubins, das Vorstellungen und Formen des Jugendstils aufgreift.

Er begann als der eigentliche Mittelpunkt der heute sogenannten »Prager Schule« neben Franz Werfel. Andere aus dieser locker gefügten, doch persönlich miteinander verbundenen Gruppe waren: vor allem der Epiker Max Brod, Autor psychologischer und historischer Romane und Herausgeber von Franz Kafkas Nachlaß, Johannes Urzidil, der erst vor etwa zehn Jahren zu internationalem Ansehen erwuchs, der blinde Oscar Baum, Otto Pick, Rudolf Fuchs, Willy Haas.

Böhmen rühmte sich immer, daß in seiner Mitte der geographische Mittelpunkt Europas liege. Erst in letzter Stunde vor der Wandlung

Vier Gesichter der literarischen »Prager Schule«: die Dichter Max Brod (oben l.), Franz Kafka (o. r.), Franz Werfel (unten r.) und der Kritiker Willy Haas (u. l.).

Böhmens gaben deutsche Dichter wie Franz Kafka und Franz Werfel – inmitten einer aufblühenden tschechischen Geisteskultur – diesem bloß geographischen Phänomen eine geistige Bedeutung. Sie alle übrigens waren jüdischer Abstammung und neben der deutschen geistigen Kultur auch den uralten jüdischen Traditionen Prags, vor allem im mystischen Bereich, verbunden, denn solange Slawen dort ansässig waren, war auch die jüdische Gemeinde in Prag beheimatet, wenn nicht gar länger, seit uralten Zeiten an diesem Knotenpunkt wichtiger Karawanenlinien.

So wie irgendein bedeutender Meister deutscher Mystik und der Kabbala ist auch Franz Kafka im Rahmen seiner Zeit und der deutschen Geisteskultur zu verstehen. Er begann als geistreicher expressionistischer Aphoristiker, und seine künftige Größe war in diesen Anfängen noch nicht vorauszusehen: der Dichter Franz Werfel zum Beispiel hatte sie nicht vorausgesehen, und diese ursprüngliche Fremdheit warf ihre Schatten über ihre spätere, lebenslange persönliche Freundschaft. Erst die großen nachgelassenen Werke Kafkas, »Der Prozeß« und »Das Schloß«, warfen das volle Licht auf sein gesamtes Lebenswerk, das in ganz einzigartiger Macht seine unerschöpflichen Visionen mythenbildender, symbolbildender und sicherlich auch theologischer Art (die letztere ihm sehr stark bewußt) in epischen Formen gestaltet. –

Die Krise des europäischen Judentums 1933–1945 blieb auch seinem Nachruhm nicht erspart: sein Name war schon lange vor 1945, vor allem in den angloamerikanischen Ländern, als bedeutender moderner Klassiker etabliert, ehe er nach 1945 in seiner ganzen Größe in Deutschland gewürdigt wurde – um sogleich wieder in einem unabsehbaren Meer literarischer und philosophischer, akademischer und feuilletonistischer Rabulistik unterzutauchen.

Gewiß, auch Kafkas Symbolik schwebt im Grauen des Nichts, im Nihilismus – es ist eine Symbolik des Albdruckes, zumindest im größeren Teil seines Lebenswerkes, und es konnte angesichts der Weltlage nichts anderes sein. Aber seine Symbolik unterscheidet sich von jeder anderen neuen Symbolik durch den vollständigen Mangel an Verspieltheit, durch eine Unantastbarkeit, Festigkeit und visionäre Kraft, die intellektuell nicht zu Ende zu deuten ist. Ein Werk wie etwa die Erzählung »Aus einer Strafkolonie« ist so lakonisch in seiner Vollkommenheit, daß man sich fragt, ob etwa der barocke Überschuß, die dämmerige Unklarheit in einem vollkommen parallelen graphischen Werk wie Giovanni Battista Piranesis

»Carceri« gegenüber dieser wortkargen Vollkommenheit Kafkas nicht doch etwa barocke Überladenheit bedeuten.

Wir wollen das Gesamtbild zusammenfügen:

Der ganze riesige Komplex der Kunst und Dichtung um 1900 mit seinen Lebensforderungen und neuen Lebensformen baut sich über einem Abgrund auf. Nicht ohne Grund hat Richard Wagner den Künstlern das Wesentliche gegeben – viele ahnten es. So treibt Oscar Wilde mit offenen Augen ins Verderben, so weiß schon der junge Wagnerianer Thomas Mann von der ganzen Fragwürdigkeit dieses ästhetisch-musikalischen Abenteuers. Die Ästhetik versucht ihre eigene Moral zu entwickeln, meist gestützt auf Nietzsche. Da haben wir den schon reifenden Stefan George und seinen Kreis. Der Tanz wird zur Weltanschauung bei Isadora Duncan, bei Mary Wigman, im gymnastisch-tänzerischen modernen Schuldorf Hellerau, wo Jacques Dalcroze eine ganze Generation schöner und anmutiger Mädchen heranzieht. Die Frauenkleidung soll ganz und gar reformiert und vereinheitlicht werden: van de Velde verlangt das einheitliche Frauenkleid, so wie der Herrenanzug einheitlich ist. Das Bühnenbild wird von Adolf Appia und vor allem von dem genialen Engländer Edward Gordon Craig, der anonym bis heute nachwirkt, völlig umgestaltet.

Sie alle wollen eine ganz neue Welt aufbauen, ästhetisch selbst noch im Ethischen, aus Ahnungen, Träumen, Rhythmen, Ornamenten des Lebens. »Weh dem, der mit sich eine neue Welt beginnt!« warnt schon Achim von Arnim. – Doch es war eine große und großartige Station der Kunst.

Es gibt, wenn man die Dinge genau nimmt und nicht nur nach der Oberfläche der Modeschlagwörter, etwas Dauerndes, was den Übergang vom Jugendstil zu allem, was folgt, fast ohne Bruch und Riß erscheinen läßt, so lautstark sich die Auseinandersetzung zwischen älterer und jüngerer Generation um 1910 oder 1920 in dem neuen Expressionismus, Kubismus, Futurismus, der abstrakten Kunst eines Kandinsky auch immer geben mochte. Man muß nur zu den Meistern des Prinzips hinab- oder hinaufsteigen, das heißt zu jenen, die eine Idee und ihre – in ihrer Art vollkommene – Realisation in sich zustande gebracht haben. Ein glücklicher Zufall, eine geistreiche Bemerkung meines Freundes Ivo Hauptmann (Maler, und der älteste und vielleicht wahrste Sohn Gerhart Hauptmanns) führte mich dazu, Henry van de Veldes prinzipielle Schriften über das Ornament in dem Band »Zum neuen Stil« und Kandinskys grundsätzliche

Der wichtige Reformer des modernen Bühnenbildes Edward Gordon Craig, der Sohn der großen englischen Schauspielerin Ellen Terry, entwarf für das Moskauer Theater Stanislawskijs die Szenerien zu »Hamlet« und arbeitete später ein Anzahl dieser Entwürfe zu Holzschnitten für eine kostbare Monumentalausgabe des »Hamlet« durch die Cranachpresse des Grafen Harry Kessler um. Das hier gezeigte Bühnenbild ist auch interessant für den Geschichtsschreiber der modernen Bühne.

Programmschriften zur abstrakten Malerei in dem Buch »Über das Geistige in der Kunst« – beide gleichbedeutend in ihrer Zeit, dem Kundigen gleich interessant – nebeneinander, ja durcheinander nachzulesen. Wie beide das Lebenspendende, Inspirative in der reinen, abstrakten Linie oder in der sensitiven kompositorischen Zusammenwirkung von Farben suchten und für sich fanden, das liegt jenseits des eklatanten Modenwechsels zwischen der Jahrhundertwende und jener »expressionistischen«, »kubistischen« oder »gegenstandslosen« Kunstströmung, die vor, in und nach dem Ersten Weltkrieg die Geltung gewann.

Es war hier zweierlei geschehen. Zunächst etwas rein Ideologisches und doch Gestalthaftes, was zu erwägen war: eben das Zurückgehen auf Kunstprinzipien als solche, auf die »Forderung der Kunst« als solche. Wer noch weiter gehen will, findet diese Ideen als Philosophie bei Henry Bergson im Grunde ebenso wie bei den Theoretikern des Jugendstils und des »Abstrakten« in der Malerei.

Diese Aspirationen waren totalitär. Mit allen Mitteln, auf allen Wegen, immer wieder, immer weiter suchten diese Künstler, Maler, Architekten oder sogenannten »Kunstgewerbler« und Dichter das ganze Leben eines Menschen zu erfassen: die Männer von Morris bis van de Velde, von

Ernst Ludwig Kirchner: »Die Straße«. Hier überwiegen noch die Elemente des Jugend-stils ...

Beardsley bis Swinburne, und die von Werfel und Hasenclever bis Toller
und zu dem jungen Brecht. Freilich, um 1900 oder 1910 war es doch nur
der ästhetische Mensch mit praktisch unbeschränkten Mitteln – um 1920
schon der soziale, sozial-nihilistische oder revolutionäre oder gläubige
Mensch, für den das Proletariat als dringendste Zeitforderung existierte.
Aber der Akzent liegt hier, da wir in diesem Rahmen nicht weiterzugehen
vermögen, in den totalen Ansprüchen der Kunst und Literatur auf das
Leben, auf dem Menschen, bei Kandinsky ebenso wie bei Franz Werfel,
bei Leonhard Frank, bei Ernst Toller und Sternheim und Georg Kaiser,
wie bei dem »Bauhaus« und Walter Gropius.

Das Irrationale als gewolltes Element der Dichtung war gewonnen durch
die großen Früh-Expressionisten wie etwa Georg Trakl und Else Lasker-
Schüler. Auch dieses, das Gedicht mit dem bewußten irrationalen Element,
geht schon auf Hofmannsthal und den jungen Stefan George zurück, so-
sehr sich diese beiden Generationen als gegnerisch empfanden. Es kam
dazu etwas anderes, schwieriger Definierbares, aber unendlich Wichtiges,

... während sich in dem Bild von Christian Rohlfs »Amazone« der Expressionismus kraftvoll ankündigt.

was hier zumindest angedeutet werden muß. Es ist die Auflösung des rein Lyrischen in das Epische, die mit Hofmannsthals Lyrik beginnt und dann den ganzen lyrischen Expressionismus eigentlich bestimmt: eine besondere, untergründige Art Epik, die das Menschenleben selbst als Szenenfolge des Unzusammenhängenden, Unbegreiflichen, Rätselhaften, als visionäres Panorama enthüllt.

Dies sind Andeutungen zu tieferen Zusammenhängen; es kann nicht mehr sein. Es wäre noch mancherlei zu untersuchen. Zum Beispiel in der Malerei die wachsende Autonomie der Farbe und Komposition als Ausdruck des Gegebenen gegenüber dem primitiven Realismus und fast unabhängig von wechselnden Stilrichtungen. Ein völlig gleichmäßiger Prozeß, der geradlinig von Seurat, Signac, Toulouse-Lautrec, Kokoschka in den eigentlichen deutschen Expressionismus hineinführt. Dies alles sind Entwicklungen vom Jugendstil zum Expressionismus, ohne Bruch, so daß kaum die Übergänge von einem zum anderen zu finden sind. Aber um dies auszuführen, wäre ein eigenes Buch nötig.

Auguste Renoir (1841–1919): »Mahl nach dem Bootsausflug« (Ausschnitt).

REGISTER

BILDNACHWEIS

A. C. L., Brüssel, 296. Amato, Victor, Washington, 303. Ancourt, Imp. Edw., Paris, 121. Coll. Arch. Bertonati, Mailand, 143. Coll. Bibliothèque nationale, Paris, 47, 207. Colomb-Gerard, Paris, 110(2). Cranach-Presse, Weimar, 365. Centre Culturel Américain, Paris, 332, 333. Desch-Verlag, München, 29, 78, 104, 288, 364. Desmarteau, Jean, Paris, 340. Evans, Frédérick H., 233. Feilchenfeld, Zürich, 42. Fischer-Verlag, Frankfurt, 364. Flammarion, Paris, 161, 171. Fleming, R. B., London, 216. Fogg Art Museum, Cambridge (Mass.), 226. Folkwang-Museum, Essen, 367. Foto Gerlach, Wien 330(2). Freeman, John B., London, 357. Frequin, A., Den Haag, 287. Frères, Aron, Paris, 341. Galerie Louise Leiris, Paris, 306. Giraudon, Paris, 118, 119. Herold-Verlag, Wien, 19. Historisches Bildarchiv Handke, Bad Berneck, 23, 25, 30, 35, 39, 53, 54, 55, 56, 57, 58, 73, 80, 93, 102, 125, 130, 131, 134, 138, 145, 158, 163(2), 186, 187, 199(2), 214, 225, 264, 273, 339(2), 340, 341, 342(2), 343, 344(2). Hyde, Jacqueline, Paris, 115, 123. Insel-Verlag, Frankfurt, 266. Jacques, René, Paris, 299. Kelmscott-Press, 350, 358. Keysselitz, Benno, München, 133, 136. Keystone, München, 196. Kleinhempel, Hamburg, 292. Kösel-Verlag, München, 42. Kunstmuseum, Bern, 359. Kunstmuseum, Luzern, 310. Metropolitan Museum of Art, New York, 239. Musée Carnavalet, Paris, 175. Musée du Jeu de Paume, 346. Musée du Petit-Palais, Paris, 68. Musée National d'Art Moderne, Paris, 99. Musées Nationaux, Paris 267. Museum of Modern Art, New York, 366. Niedersächsische Landesgalerie, Hannover, 291. Öst. Nationalbibliothek, Wien, 43, 96, 321. Photo Meyer, Wien, 320, 321. Privatsammlung, 319, 324. Reifenstein, Wien, 329. Rijksmuseum Kröller-Müller, Otterlo, 115, 358. Sammlung Bernh. Sprengel, Dr., 305. Sammlung Georges Sirot, 122, 201, 208. Sammlung H. Gaffié, Beaulieu-sur-mer, 181. Sammlung Heinz Bloggruen, Paris, 304. Sammlung Claude Hersent, Medon, 113. Sammlung Müller-Herbig, 293. Sammlung Philips, Washington, 368. Simplicissimus, München, 269(4), 270(2), Süddeutscher Verlag, München, 15, 221, 278, 316. Staatsbibliothek Berlin (Archiv Handke), 19(3), 26(2), 32, 39, 43, 53, 59, 60(2), 62, 64(2), 71, 87, 90, 92(2), 105(2), 130, 151, 162, 169, 178, 194, 231, 235(2), 242, 251, 252, 261, 271, 275, 279, 292, 293, 316, 324(2), 344, 354, 364. Staatsgalerie, Stuttgart, 294. Studio Minders, Gent, 326. Tate Gallery, London, 162. Thames und Hudson, London, 117. Theater-Museum (Clara-Ziegler-Stiftung), München 33(2), 39, 75, 165. The Pocket Library of Great Art, 195. The Savoy, 227, 351. The Yellow Book, 227. Ullstein-Verlag, Berlin, 21(2), 22, 28, 32, 34(2), 35, 37, 39, 48, 49, 55, 57, 59, 62, 63, 64(2), 66, 71, 72, 74, 76, 80, 81, 82, 83, 84, 85, 87, 127, 128, 131, 137, 139, 145, 146, 147, 149, 151, 154, 155, 156, 157, 159, 163, 167, 169, 171(2), 172, 173, 176(2), 177, 179, 186, 192, 195, 196, 201(2), 202, 208, 210, 211, 212, 213, 215, 217(2), 219, 220, 223, 224, 228, 229, 232, 236(2), 237(2), 245, 247, 248(2), 251, 252, 253(2), 254, 262, 263, 266, 271(2), 272, 273, 275, 279(2), 280(2), 309, 318, 326, 329, 343, 344. Vorms, Pierre, Belvès, 124, 129.
© Spadem, Paris und Cosmopress, Genf: 15, 61, 102, 107, 113, 117, 121, 123, 124, 133, 142, 143, 164, 169, 181, 185, 191, 193, 287(2), 289(2), 290(2), 301, 303, 304, 305, 306, 309(2), 319, 348, 357, 368.

VERZEICHNIS DER FARBTAFELN

ZEITTAFEL

POLITIK UND WIRTSCHAFT	LITERATUR UND THEATER
1880 Attentate russischer Nihilisten auf den Zaren Bürgerkrieg in Argentinien Weltausstellung in Melbourne	Gustave Flaubert † Friedrich Gundolf * Alexander Moissi * Emile Zola: »Nana« (Roman) Konr. Duden: »Orthograph. Wörterbuch der deutschen Sprache« Fjodor Dostojewskij: »Die Brüder Karamasow« (Roman)
1881 Benjamin Disraeli † Neutralitätsvertrag Deutschland, Österreich-Ungarn, Rußland Zar Alexander II. † (ermordet) Ochrana (russ. Geheimpolizei) gegründet	Fjodor Dostojewskij † Henrik Ibsen: »Gespenster« Siegfried Jacobsohn * (Gründer der »Schaubühne«, später »Weltbühne«) Stefan Zweig * Anton Wildgans * Thomas Carlyle †
1882 Dreibund zw. Deutschland, Italien, Österreich-Ungarn Großbritannien besetzt Ägypten Weltausstellung in Moskau Franklin Delano Roosevelt *	Joseph Arthur Gobineau † Henrik Ibsen: »Ein Volksfeind« James Joyce * Conrad Ferdinand Meyer: »Gustav Adolfs Page« Iwan Turgenjew: »Gedichte in Prosa«
1883 Benito Mussolini * Gründung der »Fabian Society« Gesetzl. Einführung der Krankenversicherungspflicht in Deutschland Weltausstellung in Amsterdam Aufstand gegen Großbritannien im Sudan unter Mohammed Achmed	Joachim Ringelnatz * (eigentl. Bötticher) Robert Louis Stevenson: »Die Schatzinsel« Iwan Turgenjew † Emile Zola: »Zum Paradies der Damen« Ernst Stadler * (dt. expressionist. Lyriker)

MUSIK, MALEREI, PLASTIK, FILM, ARCHITEKTUR	WISSENSCHAFT, TECHNIK UND PHILOSOPHIE
André Derain *	Oswald Spengler * (»Untergang des Abendlandes«)
Anselm Feuerbach †	Entdeckung des Typhus-Erregers durch Eberth, Koch, Gaffky
Franz Marc *	
Peter I. Tschaikowsky: »Capriccio Italien«	Iwan Petrowitsch Pawlow beginnt seine reflexologischen Experimente
Vollendung des Kölner Doms	
Auguste Rodin: »Der Denker«	Künstl. Indigo (A. v. Baeyer)
Jacques Offenbach †	
Arnold Böcklin: »Die Toteninsel«	
Anton Bruckner: 7. Symphonie E-Dur	Louis Pasteur: Tollwut-Schutzimpfung
Jacques Offenbach: »Hoffmanns Erzählungen« (postume Uraufführung)	Friedrich Nietzsche: »Morgenröte«
	Inbetriebnahme der ersten elektrischen Straßenbahn (W. v. Siemens)
Wilhelm Lehmbruck *	
Pablo Picasso *	Erster Ortsfernsprechverkehr in Deutschland
Max Pechstein *	
Wilhelm Leibl: »Drei Frauen in der Kirche«	
Igor Strawinsky *	Charles R. Darwin †
Richard Wagner: »Parsifal«	Thomas Alva Edison: Erstes Elektrizitätswerk (New York)
Carl Millöcker: »Der Bettelstudent«	
Georges Braque *	Entdeckung des Tuberkelbazillus durch Robert Koch
Eduard Manet: »Pfirsiche«	Friedrich Nietzsche: »Die fröhliche Wissenschaft«
	Nicolai Hartmann * (dt. Philosoph)
Richard Wagner †	Ernst Mach: »Die Mechanik in ihrer Entwicklung«
Eröffnung der Metropolitan Opera in New York	Begründung der wissenschaftl. Pharmakologie durch Osw. Schmiedeberg
Paul Cézanne: »Landschaft mit Brücke«	
Edouard Manet †	Gottlieb Daimler: Patent auf Verbrennungsmotor
Maurice Utrillo *	Karl Marx †
Erich Heckel * (dt. expressionist. Maler)	Karl Jaspers *
Gustave Doré †	Wilhelm Dilthey: »Einleitung in die Geisteswissenschaften«

1884 Beginn der deutschen Kolonialpolitik Parlamentsreform in Großbritannien durch Gladstone Unfall-Pflichtversicherung in Deutschland Theodor Heuss * Eduard Benesch *	Henrik Ibsen: »Die Wildente« Mark Twain: »Huckleberry Finn« Emanuel Geibel † Heinrich Laube † Alexander Ostrowski: »Schuldlos schuldig« Paul Verlaine: »Les Poètes maudits« Josef Nadler * (Literaturhistoriker)
1885 Gründung des Kongostaates unter dem belg. König Leopold II. Nach Annam nun auch Tongking (Hinterindien) von Frankreich erobert Krieg zwischen Serbien und Bulgarien	Gründung der dt. Goethe-Gesellschaft Victor Hugo † Guy de Maupassant: »Bel ami« (Roman) Emile Zola: »Germinal« (Roman) George Meredith: »Diana vom Kreuzweg«
1886 Burma kommt zu Brit.-Indien Nigeria wird brit. Kolonie Ludwig II. von Bayern † Ende des Drei-Kaiser-Bündnisses zw. Deutschland, Rußland, Österreich-Ungarn (seit 1872)	Henrik Ibsen: »Rosmersholm« Robert Louis Stevenson: »Dr. Jekyll und Mr. Hyde« Leo Tolstoj: »Die Kreutzersonate« Alexander Ostrowski † . Gottfried Benn * Pierre Loti (Julian Viand): »Die Islandfischer«
1887 Geheimer Rückversicherungsvertrag zwischen Deutschland und Rußland Gründung der Kolonie Britisch-Ostafrika Ende des Kulturkampfes in Deutschland	André Antoine eröffnet »Théâtre libre« in Paris August Strindberg: »Der Vater« Entdeckung von Goethes »Urfaust« Ernst Wiechert * Stéphane Mallarmé: »Poésies complètes«
1888 Wilhelm I. (dt. Kaiser) † Friedr. III. (dt. Kaiser) † Wilhelm II. wird dt. Kaiser (bis 1918) Tschiang Kai-schek *	Theodor Fontane: »Irrungen, Wirrungen« Theodor Storm: »Der Schimmelreiter« Paul Verlaine: »Liebe« Gerhart Hauptmann: »Bahnwärter Thiel« Henrik Ibsen: »Die Frau vom Meere« August Strindberg: »Fräulein Julie«
1889 Adolf Hitler * Gründung sozialdemokratischer Parteien in Österreich u. der Schweiz Gründung der 2. Internationale (Paris) 1. Mai als Tag der Arbeit (Paris) Invalidenversicherung als Krönung Bismarckscher Sozialreform Erzherzog Rudolf Kronprinz v. Österr.-Ungarn † (Selbstmord) Pariser Weltausstellung (Eiffelturm)	Ludwig Anzengruber † Gerhart Hauptmann: »Vor Sonnenaufgang« Gründung der »Freien Bühne« durch Maximilian Harden, Theodor Wolff und die Brüder Hart Bertha v. Suttner: »Die Waffen nieder!« Jerome Klapka Jerome: »Drei Mann in einem Boot« Arno Holz und Joh. Schlaf: »Papa Hamlet«

MUSIK, MALEREI, PLASTIK, FILM, ARCHITEKTUR	WISSENSCHAFT, TECHNIK UND PHILOSOPHIE
Anton Bruckner: 8. Symphonie c-Moll (uraufgef. 1892) Jules Massenet: »Manon« Friedrich Smetana † Hans Makart (österr. Maler) † Ludwig Richter (Maler der Spätromantik) †	Photograph. Film von Goodwin und Eastman Gregor Mendel † Entdeckung der Erreger von Diphtherie (Löffler), Cholera (Koch), Wundstarrkrampf (Nicolaier) Eugen Böhm-Bawerk: »Kapital und Kapitalzins«, 1. Bd. (2. Bd. 1889)
Anton Bruckner: »Te Deum« Johann Strauß (Sohn): »Der Zigeunerbaron« Hans von Marées: »Das goldene Zeitalter« Carl Spitzweg † César Franck: »Sinf. Variationen f. Klav. u. Orch.«	Karl Benz: Dreirädriger Benzinkraftwagen Gottlieb Daimler: Kraftrad mit Benzinmotor Ernst v. Bergmann: Aseptische Chirurgie Karl Marx: »Das Kapital«, 2. Bd. (postum hrsg. v. Friedr. Engels)
Franz v. Liszt † Oskar Kokoschka * Freiheitsstatue im Hafen von New York errichtet (Geschenk Frankreichs) Auguste Rodin: »Die Bürger v. Calais« (1884 beg.), »Der Kuß«, »Der Gedanke«	Entdeckung der Koli-Bakterien durch Theodor von Escherich Entdeckung der Kanalstrahlen durch Eugen Goldstein Walzverfahren für nahtlose Rohre durch die Gebr. Mannesmann Technisch verwertbares Verfahren zur Herstellung von Aluminium
Alexander Borodin: »Fürst Igor« Giuseppe Verdi: »Othello« Claude Debussy: »Le Printemps« Marc Chagall * Claude Monet: »Sommertag«	Platten-Grammophon von Emil Berliner Drehstrommotor von Nicola Tesla Daimler: Vierrädriger Kraftwagen mit Benzinmotor Johann Jakob Bachofen † (»Das Mutterrecht«)
Nikolai Rimskij-Korssakow: »Scheherezade« Hugo Wolf: Mörike- und Goethelieder Vincent van Gogh: »Garten in Arles«, »Der Sämann« Renée Sintenis *	Heinrich Hertz: Elektromagnetische Wellen Friedrich Nietzsche: »Der Antichrist«, »Nietzsche contra Wagner« Richard Avenarius: »Kritik der reinen Erfahrung« (1. Bd.)
Paul Cézanne zieht sich endgültig nach Aix zurück Vincent van Gogh: »An der Schwelle der Ewigkeit« Charlie Chaplin * Richard Strauß: »Tod und Verklärung« Gerhard Marcks * Willi Baumeister * James Ensor: »Maskenbild«	Beginn der Hormonforschung (Brown-Séquard) Henri Bergson: »Zeit und Freiheit« Martin Heidegger * Friedrich Nietzsche: »Götzendämmerung«, »Ecce homo« Ausbruch von Nietzsches Geisteskrankheit

	POLITIK UND WIRTSCHAFT	LITERATUR UND THEATER
1890	Wilhelm II. entläßt Reichskanzler Bismarck. Nachfolger: Caprivi (bis 1894) Ende des dt. Rückversicherungsvertrages mit Rußland (seit 1887) Ende des Sozialistengesetzes (seit 1878) Cecil Rhodes wird Ministerpräsident der Kapkolonie Deutschland erwirbt von England die Insel Helgoland gegen Witu und Sansibar	Stefan George: »Hymnen« Henrik Ibsen: »Hedda Gabler« Gottfried Keller † Isolde Kurz: »Florentinische Novellen« August Strindberg: »Am offenen Meer« Oscar Wilde: »Dorian Gray« Knut Hamsun: »Hunger« Franz Werfel * »Freie Volksbühne« in Berlin gegründet
1891	Gründung des imperialist. »Alldeutschen Verbandes« Erfurter Programm der SPD Helmuth von Moltke † Ludwig Windthorst †, Zentrumspolitiker Arbeiterschutzgesetz in Deutschland	Klabund (eig. Alfred Henschke) * Selma Lagerlöf: »Gösta Berlings Saga« Frank Wedekind: »Frühlings Erwachen« Emile Zola: »Das Geld« Conrad Ferdinand Meyer: »Angela Borgia«
1892	»Deutsche Friedensgesellschaft« gegr.	Knut Hamsun: »Mysterien« Gerhart Hauptmann: »Die Weber« George Bernard Shaw: »Frau Warrens Gewerbe« Maximilian Harden gründet Wochenschrift »Die Zukunft«
1893	Grover Cleveland zum zweitenmal USA-Präsident (bis 1897) Weltausstellung Chicago	Max Halbe: »Jugend« Gerhart Hauptmann: »Biberpelz« Oscar Wilde: »Salome« Hugo v. Hofmannsthal: »Der Tor und der Tod«
1894	Alfred Dreyfus wegen angebl. Landesverrats verurteilt u. deportiert Zar Alexander III. (seit 1881) †. Nikolaus II. sein Nachfolger (bis 1917) Japan.-chines. Krieg (bis 1895)	Knut Hamsun: »Pan« Gerhart Hauptmann: »Hanneles Himmelfahrt« Rudyard Kipling: »Dschungelbuch« Oscar Wilde: »Eine Frau ohne Bedeutung«
1895	Chlodwig zu Hohenlohe-Schillingfürst wird dt. Reichskanzler (bis 1900) F. Faure, Präsident von Frankreich (bis 1899) Deutschland überholt Großbritannien in der Industrieproduktion Frankreich beendet Eroberung Madagaskars (Beginn 1883)	Theodor Fontane: »Effi Briest« Frank Wedekind: »Erdgeist« Herbert George Wells: »Die Zeitmaschine« Gustav Freytag † George Bernard Shaw: »Candida« Leo Tolstoi: »Herr und Knecht«

MUSIK, MALEREI, PLASTIK, FILM, ARCHITEKTUR	WISSENSCHAFT, TECHNIK UND PHILOSOPHIE
Ernst Deutsch *	Synthese des Traubenzuckers (Emil Fischer)
Pietro Mascagni: »Cavalleria rusticana«	Heinrich Schliemann †
Richard Strauß: »Till Eulenspiegels lustige Streiche«	Stoney führt den Begriff »Elektron« für die kleinste elektr. Ladung ein
Paul Cézanne: »Landschaft bei Aix«	Julius Langbehn (»der Rembrandtdeutsche«): »Rembrandt als Erzieher«
Vincent van Gogh †	
Max Liebermann: »Frau mit Ziegen«	
Giovanni Segantini: »Pflügen im Engadin«	Beginn der systemat. Anwendung von Kunstdünger
Brücke über den Firth of Forth (beg. 1883)	Dreifarbendruck von Ulrich und Vogel
Léo Delibes †	Otto Lilienthal: Erste Segelflüge
Gustav Mahler: 1. Symphonie D-Dur	Fernsprechdienst: England – Kontinent
Claude Monet: Beginn der Zyklen »Kathedrale zu Rouen«, »Pappeln«, »Nymphäen«, »Heuhaufen«	Friedrich Engels: »Die Entwicklung des Sozialismus von der Utopie zur Wissenschaft«
Georges Seurat †	
Ruggiero Leoncavallo: »Bajazzo«	Carl Auer v. Welsbach: Gasglühlicht
Henri Toulouse-Lautrec: »Im Moulin Rouge«	Entdeckung des Pithecanthropus (Java)
Gründung der Münchner Sezession	Werner von Siemens †
Munch-Ausstellung im Verein Berliner Künstler	
Peter Iljitsch Tschaikowsky: 6. Symph. h-Moll (Pathétique)	Gottlieb Diesel beginnt mit der Entwicklung seines Motors
Peter Iljitsch Tschaikowsky †	Fridtjof Nansens Nordpol-Expedition
Giuseppe Verdi: »Falstaff«	Gottlob Frege begr. Logistik (math. Logik)
George Grosz *	
Anton Bruckner: 9. Symphonie d-Moll (unvollendet)	Hermann v. Helmholtz †
Claude Debussy: »L'Aprèsmidi d'un Faune«	Entdeckung d. Pestbazillus (Yersin und Kitasato)
Franz v. Stuck: »Der Krieg«	Wilhelm Dilthey: »Ideen über eine beschreibende u. zergliedernde Psychologie«
Max Liebermann: »Schreitender Bauer«	
Paul Hindemith *	Karl Marx: »Das Kapital«, Bd. 3 (erscheint postum)
Paul Cézanne: »Junger Mann mit roter Weste« (beg. 1890)	Hendrik Antoon Lorentz: Elektronentheorie
Carl Orff *	Louis Pasteur †
Adolf v. Hildebrand: Wittelsbacher Brunnen, München	Wilhelm Röntgen entdeckt die nach ihm benannten Strahlen
	Friedrich Engels †
	Sigmund Freud u. Karl Breuer: Studien über Hysterie; Beginn der Psychoanalyse
	»Bioskop« der Gebrüder Skladanowsky (Berlin); Kinematograph (Louis Lumière)

	POLITIK UND WIRTSCHAFT	LITERATUR UND THEATER
1896	Italien.-abessin. Krieg (seit 1895): Abessinien erlangt Unabhängigkeit Theodor Herzl: Gründung der zionist. Bewegung Erste neuzeitl. Olympiade (Athen) Schaffung d. dt. Bürgerl. Gesetzbuches (BGB)	Arthur Schnitzler: »Liebelei« Henrik Sienkiewicz: »Quo vadis?« Paul Verlaine † Münchner Zeitschrift »Jugend« beginnt zu erscheinen Albert Langen u. Th. Th. Heine gründen die satir. Wochenschrift »Simplicissimus«
1897	William McKinley wird Präsident der USA Griech.-türk. Krieg Erster Zionistenkongreß in Basel Weltausstellung in Brüssel	Stefan George: »Das Jahr der Seele« August Strindberg: »Inferno« Max Halbe: »Mutter Erde«
1898	Otto von Bismarck † Gründung d. Sozialdem. Partei Rußlands Amerikan.-span. Krieg: Spanien verliert Kuba u. Philippinen an USA USA besetzen Hawaii	Theodor Fontane † Emile Zola: »J'accuse« (für Dreyfus) Thomas Mann: »Der kleine Herr Friedemann« August Strindberg: »Nach Damaskus« Oscar Wilde: »Ballade vom Zuchthaus Reading«
1899	Erste Haager Friedenskonferenz Burenkrieg (bis 1902) Deutscher Reichstag lehnt Zuchthausstrafen f. Streikführer ab Karolinen und Marianen deutsche Kolonien	Albert Bassermann am Deutschen Theater, Berlin Karl Kraus gründet die »Fackel« Arno Holz: »Phantasus« Rainer Maria Rilke: »Cornet« Ludwig Thoma wird Schriftsteller des »Simplicissimus«
1900	Bülow dt. Reichskanzler (bis 1909) Viktor Emanuel III. König v. Italien (bis 1946) »Boxer«-Aufstand in China Weltausstellung u. Olympiade in Paris	Rainer Maria Rilke: »Vom lieben Gott und Anderes« (seit 1904: »Geschichten vom lieben Gott«) Leo Tolstoj: »Das Licht leuchtet in der Finsternis« Oscar Wilde † Arthur Schnitzler: »Reigen«
1901	Königin Victoria v. Großbritannien † Eduard VII. König v. Großbritannien McKinley, Präsident d. USA † (ermordet) Theodore Roosevelt Präsident d. USA (bis 1909) Beginn von Erdölbohrungen in Persien	Erster Literatur-Nobelpreis an R. A. Sully-Prudhomme Arno Holz: »Die Blechschmiede« Francis Jammes: »Almaïde d'Etremont« Thomas Mann: »Buddenbrooks« André Gide: »König Kandaules«

MUSIK, MALEREI, PLASTIK, FILM, ARCHITEKTUR	WISSENSCHAFT, TECHNIK UND PHILOSOPHIE
Anton Bruckner †	Alfred Nobel †
Giacomo Puccini: »La Bohème«	Otto Lilienthal †
Henri Toulouse-Lautrec: »Elles«	Filmvorführungen durch Pathé in Paris
Alfred Messel: Kaufhaus Wertheim, Berlin	Ludwig Klages gründet mit H. H. Busse und G. Meyer »Dt. Grapholog. Gesellschaft«
	Henri Bergson: »Materie u. Gedächtnis«
	Entdeckung der natürl. Radioaktivität des Urans durch Becquerel
Johannes Brahms †	Zeiß fertigt Prismenfernrohre
Ruggiero Leoncavallo: »La Bohème«	Guglielmo Marconi: Drahtlose Telegraphie
Henri Matisse: »La Deserte«	Jacob Burckhardt †
Paul Dukas: »Der Zauberlehrling«	Gottlieb Diesel führt seinen Motor öffentlich vor
Arturo Toscanini wird Dirigent der Mailänder Scala	Marie Curie entdeckt Radium
Berliner Sezession	Entdeckung des 9. Saturnmondes (W. Pickering)
Auguste Rodin »Balzac« (Ausstellung des Gipsmodells im Salon)	Beginn d. Ausgrabung Babylons (Rob. Koldewey)
	Hildegard Wegscheider: 1. preuß. Abiturientin, die promoviert wird
Johann Strauß (Sohn) † (»Fledermaus«)	David Hilbert: »Grundlagen der Geometrie«
Karl Millöcker †	Erste Flugversuche d. Brüder Wright
Alfred Sisley †	Houston Stewart Chamberlain: »Die Grundlagen des 19. Jahrh.«
Gründung der Darmstädter Künstlerkolonie	Ernst Haeckel: »Die Welträtsel«
Erste Ausstellung Berliner Sezession	
Gründung d. Münchner Künstlervereinigung »Die Scholle«	
Giacomo Puccini: »Tosca«	Friedrich Nietzsche †
Erstes europ. Phonogrammarchiv (Wien)	Georg Simmel: »Philosophie d. Geldes«
»Cake walk«-Tanz kommt aus USA nach Europa	Erste Zeppelinfahrt
	Max Planck: Formel für Strahlung schwarzer Körper
	Knorr: Luftdruckbremse
Leo Slezak * († 1946), Tenor an der Wiener Hofoper	Nobelpreis für Physik an W. Röntgen
Giuseppe Verdi †	Edmund Husserl: »Logische Untersuchungen«
Henri de Toulouse-Lautrec †	Maurice Maeterlinck: »Das Leben der Bienen«
Arnold Böcklin †	Verwendung des Kristalldetektors in der Funktechnik (Karl Ferd. Braun)
Henri Matisse stellt im »Salon des Indépendants« aus	Max Weber: »Die protestantische Ethik u. d. Geist des Kapitalismus«
Ferdinand Hodler: »Der Frühling«	
Aristide Maillol: »Mittelmeer«	

1902	Italien erneuert Dreibund, schließt jedoch Rückversicherungsvertrag mit Frankreich Leo Trotzki flüchtet aus Sibirien nach London Ungar. Abgeordnete boykottieren parlamentar. Arbeit im österr. Reichsrat Cecil Rhodes †	Literatur-Nobelpreis an Theodor Mommsen Gabriele d'Annunzio: »Francesca da Rimini« André Gide: »Der Immoralist« August Strindberg: »Ein Traumspiel« Emile Zola † Rainer Maria Rilke: »Buch der Bilder« Hermann Hesse: »Gedichte« Kabarett »Elf Scharfrichter« in München, »Überbrettl« in Berlin
1903	Spaltung der russ. Sozialdemokraten in Bolschewiki und Menschewiki USA erhalten Hoheitsrechte über Panamakanalzone Pogrome in Rußland Ermordung Alexanders, Königs von Serbien Papst Leo XIII. † (erster sozialer Papst) Gründung der »Women's Social and Political Union« (bis 1914 radikaler Flügel der Suffragetten)	Literatur-Nobelpreis an Björnstjerne Björnson Joseph Conrad: »Taifun« Theodor Herzl: »Altneuland« Hugo v. Hofmannsthal: »Elektra« Francis Jammes: »Hasenroman« Thomas Mann: »Tristan« George Bernard Shaw: »Mensch u. Übermensch«
1904	Franz.-brit. »Entente cordiale« Tagung d. 2. Internationale in Amsterdam Beginn d. russ.-japan. Krieges Weltbund f. Frauenstimmrecht in London Olympiade und Weltausstellung in St. Louis	Hermann Hesse: »Peter Camenzind« Arno Holz: »Daphnis«, »Traumulus« Anton Tschechow: »Der Kirschgarten« Frank Wedekind: »Die Büchse der Pandora« (verf. 1901) Otto Brahm wird Leiter des Berliner Lessing-Theaters
1905	Sieg Japans im Krieg mit Rußland Revolution in Rußland: Zar erläßt konstitutionelle Verfassung Norwegen hebt Union mit Schweden auf (bestand seit 1814) Ruhrbergarbeiterstreik (15 Millionen gestreikte Arbeitstage)	Literatur-Nobelpreis an Henryk Sienkiewicz Siegfried Jacobsohn gründet Zeitschrift »Die Schaubühne« (ab 1919 »Die Weltbühne«) Heinrich Mann: »Professor Unrat« Christian Morgenstern: »Galgenlieder« Jules Verne †
1906	Auflösung des Deutschen Reichstags Eulenburg-Affäre – Maximilian Harden Wilhelm Voigt beschlagnahmt als »Hauptmann von Köpenick« die dortige Stadtkasse Brit. Arbeiterpartei gibt sich den Namen »Labour Party« Alfred Dreyfus wird rehabilitiert Auflösung der 1. Duma (russ. Parlament) Utah wird 45. Bundesstaat der USA	Literatur-Nobelpreis an Giosué Carducci Gerhart Hauptmann: »Und Pippa tanzt« Henrik Ibsen † Hermann Löns: »Mein braunes Buch« (»Heidbilder«) Max Reinhardt gründet in Berlin erste Kammerspiele Carl Spitteler: »Olympischer Frühling« Upton Sinclair: »Der Sumpf«

Claude Debussy: »Pelléas u. Mélisande«
Aristide Maillol: »Mittelmeer«
Paul Gauguin: »Aus Tahiti«
Alfred Kubin stellt in Berlin bei Cassirer aus
Claude Monet: »Waterloobrücke in London«
Melchior Lechter: »Weihe am mystischen Quell«
Max Klinger: »Beethoven« (1886 beg.)

August Weismann: »Vorträge über Deszendenz-
theorie«
Erste Nervennaht (Cushing)
Gründung der Bibliothek Warburg (Hamburg)
Robert Falcon Scott in der Antarktis
Benedetto Croce: »Philosophie des Geistes« (bis
1913)

Hugo Wolf †
Lovis Corinth: »Selbstbildnis mit Modell«
Gründung der expressionist. Malergruppe
»Die Brücke« (Erich Heckel, E. L. Kirchner, Karl
Schmidt-Rottluff)
Edvard Munch: »Auf der Brücke«
Pablo Picasso: »Die Büglerin«, »Guitarrist«
Gründung des Salon d'Automne (Bonnard, Matisse,
Marquet)

Theodor Mommsen †
Otto Weininger † (Selbstmord)
Erster Motorflug (12 Sek. 50 m weit)
Nobelpreis f. Physik an Ehepaar Curie u. Becquerel
(Erforschung der Radioaktivität), später 2. Nobel-
preis an Mme. Curie
Herstellung v. Salpetersäure durch Verbrennung v.
Luft
Paul Natorp: »Platos Ideenlehre«
Louis Jean Lumière: Autochrom-Platten zur Farb-
photographie

Anton Dvořák †
Eduard Hanslick † (Wiener Musikkritiker)
Giacomo Puccini: »Madame Butterfly«
Isadora Duncan gründet ihre Schule in Berlin (Re-
form d. Kunsttanzes)
Franz von Lenbach †
Leoš Janáček: »Jenufa«

Bildtelegraphie München – Nürnberg durch Arthur
Korn
Erste drahtlose Übertragung von Musik (in Graz)
Ernest Rutherford u. Frederick Soddy deuten Radio-
aktivität als Zerfall von Atomkernen

Franz Lehár: »Die lustige Witwe«
Adolph v. Menzel †
Erster Film (Frankreich)
Durchbruch der Fauves um Matisse im Salon
d'Automne
Rich. Strauß: »Salome«

Albert Einstein: Spezielle Relativitätstheorie
Entdeckung des Syphilis-Erregers dch. F. Schaudinn
Jacob Burckhardt: »Weltgeschichtl. Betrachtungen«
(postum, gest. 1897)

Wilhelm Worringer: Abstraktion und Einfühlung
(Diss.)
Paul Cézanne †
Karl Scheffler wird Redakteur d. Zeitschrift »Kunst
u. Künstler«
Edvard Munch: »Tauwetter«
Max Slevogt: »Selbstbildnis«
Dt. Kunstgewerbeausstellung in Dresden
Theodor Wolff Chefredakteur des »Berliner Tage-
blatts«

Ludwig Boltzmann † (österr. Physiker)
Pierre Curie †
Albert Einstein: Gesetz der Äquivalenz von Masse
und Energie
Scharfenberg: Automatische Eisenbahnkupplung
Robert Lieben: Elektronenverstärkerröhre
Gründung des »Deutschen Monistenbundes« in
Jena

1907	Christl.-soziale Partei wird stärkste österr. Partei	Literatur-Nobelpreis an Rudyard Kipling

1907   Christl.-soziale Partei wird stärkste österr. Partei

Allgem. Wahlrecht in Österreich

Gustav V. wird König von Schweden (bis 1950)

Rasputin findet Zugang zum Zarenhof

Sun Yat-sen verkündet Programm einer chines. demokrat. Republik

Literatur-Nobelpreis an Rudyard Kipling

Stefan George: »Der 7. Ring« (Lyrik)

Oskar Kokoschka: »Mörder, Hoffnung der Frauen«

Strindberg: »Schwarze Fahnen«

Ludwig Thoma: »Kleinstadtgeschichten«

Maxim Gorki: »Die Mutter«

1908   Deutschland nach Großbritannien stärkste Seemacht

Österr.-Ungarn annektiert Bosnien u. Herzegowina

Kongostaat wird belg. Kolonie

Revolution der Jungtürken

Unabhängigkeitserklärung Bulgariens

Literatur-Nobelpreis an Rudolf Eucken

Wilhelm Busch †

Arno Holz: »Sonnenfinsternis«

Alfred Kubin: »Die andere Seite«

Karl Schönherr: »Erde«

Rainer Maria Rilke: »Neue Gedichte«

1909   Theobald v. Bethmann-Hollweg wird dt. Reichskanzler (bis 1917)

König Eduard VII. von Großbritannien besucht Deutschl., Italien und Rußland

William H. Taft Präsident der USA (bis 1913)

Gustav Krupp v. Bohlen u. Halbach übernimmt Leitung der Krupp-Werke, Essen

Literatur-Nobelpreis an Selma Lagerlöf

Eleonore Duse verläßt die Bühne

T. S. Eliot: »Gedichte«

Detlev v. Liliencron †

Thomas Mann: »Königliche Hoheit«

Ludwig Thoma: »Moral«

Alfred Mombert: »Der himmlische Zecher«

Futuristisches Manifest (F. T. Marinetti)

1910   Eduard VII. †

Georg V. wird König v. Großbritannien (bis 1936)

Südafrikan. Union als brit. Dominion gegründet

Japan annektiert Korea

Portugal wird Republik

Literatur-Nobelpreis an Paul Heyse

Wassily Kandinsky: »Über das Geistige in der Kunst« (erschienen 1912)

Theodor Däubler: »Das Nordlicht«

Gerhart Hauptmann: »Der Narr in Christo Emanuel Quint«

Rainer Maria Rilke: »Aufzeichnungen d. Malte Laurids Brigge«

Leo Tolstoj †

Josef Kainz †

MUSIK, MALEREI, PLASTIK, FILM, ARCHITEKTUR	WISSENSCHAFT, TECHNIK UND PHILOSOPHIE

Edvard Grieg †
Gustav Mahler geht zur Metropolitan Opera (New York)
Leo Fall: »Die Dollarprinzessin«
Henri Matisse: »Asphodèles«
Pablo Picasso: »Les Demoisselles d'Avignon«
Josef Olbrich: Ausstellungshaus u. Hochzeitsturm in Darmstadt
Henri Rousseau: »Frau mit Schlange«
Filmzwischentitel lösen Erklärer ab

Otto Hahn entdeckt eine Reihe radioaktiver Elemente
Henri Farman: Motorflug über 770 m in 62 Sek.
Zeitlupe von August Musger
Erste dt. Offsetmaschine nach dem Vorbild der amerik. (dort 1905 von Rubel erfunden)
William James: »Pragmatismus«
Pius X: »Antimodernismus«-Enzyklika »Pascendi Dominici gregis«

Béla Bartók: 1. Streichquartett
Herbert von Karajan *
Oskar Kokoschka:»Trancespieler« u. a. expressionist. Gemälde
Walter Leistikow †
»Die letzten Tage von Pompeji« (Ital. Film von Arturo Ambrosio)
Louis Vauxcelles prägt die Bezeichnung »Kubismus«

Hermann Minkowski: »Zeit und Raum« (Grundbegriffe der Relativitätstheorie)
Joseph A. Schumpeter: »Wesen u. Hauptinhalt d. theoret. Nationalökonomie«
Friedrich Meinecke: »Weltbürgertum u. Nationalstaat«
Sigmund Freud: »Charakter u. Analerotik«
Ostwald u. Bauer: Herstellung v. Salpetersäure durch Ammoniakverbrennung
Hans Driesch: »Science and Philosophy of the Organism« (dt. 1909)

Gustav Mahler: 9. Symphonie
Arnold Schönberg: 3 Klavierstücke (op. 11)
Richard Strauß: »Elektra«
Peter Behrens: AEG-Turbinenfabrik in Berlin
Barlach: »Sorgende Frau«
Franz Marc: »Rehe in d. Dämmerung«
Henri Rousseau: »Urwaldstimmung«
Debüt von Mary Pickford unter D. W. Griffith (Beginn d. amerik. Starwesens)

Physik-Nobelpreis an G. Marconi u. K. F. Braun (drahtl. Telegraphie)
Louis Blériot überfliegt Ärmelkanal in 27,5 Min.
Wladimir Iljitsch Lenin: »Materialismus und Empiriokritizismus«
Paul Natorp: »Philosophie und Pädagogik«
Ehrlich und Hata: Entdeckung des Salvarsans

Alban Berg: Quartett op. 3
Igor Strawinsky: »Feuervogel«
Käthe Kollwitz wird Mitarbeiterin d. »Simplicissimus«
Aristide Maillol: »Sitzende«
Franz Marc: »Streitende Pferde« u. a. Gemälde
Wilhelm Lehmbruck: »Weibl. Torso«
Int. Abkommen z. Bekämpfung unzüchtiger Bilder u. Schriften
Wassily Kandinsky beginnt mit seinen »Improvisationen«

Claude: Neon-Glimmlicht
Erster Dieselmotor f. Kraftwagen
Ludwig Klages: »Prinzipien der Charakterologie«
Robert Koch † (Entdecker d. Tuberkelbazillus)
Rudolf Hilferding: »Das Finanzkapital«

1911   Marokkokrise durch Entsendung des dt. Kanonenbootes »Panther« nach Agadir
Karl v. Stürgkh wird österr. Ministerpräsident
Winston Churchill wird Erster Lord der Admiralität (Marineminister)
Ital.-türk. Krieg (bis 1912)

Literatur-Nobelpreis an Maurice Maeterlinck
Hanns Heinz Ewers: »Alraune«
Georg Heym: »Der ewige Tag«
Hugo v. Hofmannsthal: »Rosenkavalier« (Vertonung v. Rich. Strauß), »Jedermann«
Franz Pfempfert gründet die Zeitschrift »Die Aktion«
Carl Sternheim: »Die Hose«

1912   Dt. Sozialdemokraten werden stärkste Reichstagsfraktion (110 Sitze)
Raymond Poincaré franz. Premierminister
Tanger wird internationalisiert
Italien gewinnt Libyen im Krieg gegen die Türkei (seit 1911)
China wird Republik
Beginn der Lösung Tibets von China
Erster engerer Kontakt zw. Lenin und Stalin
Beginn d. Balkankrieges (bis 1913)
Erneuerung d. Dreibundes (von 1882)
Olympiade Stockholm

Literatur-Nobelpreis an Gerhart Hauptmann
Waldemar Bonsels: »Die Biene Maja«
Paul Claudel: »Verkündigung«
Hugo v. Hofmannsthal: »Ariadne auf Naxos« (Text f. d. Oper v. Rich. Strauß)
Romain Rolland: »Jean Christophe« (Roman, seit 1904)
George Bernard Shaw: »Pygmalion«
Carl Sternheim: »Bürger Schippel«
August Strindberg †
Insel-Bücherei beginnt zu erscheinen
Kurt Tucholsky: »Rheinsberg«

1913   August Bebel †
Friedrich Ebert wird Vorsitzender d. SPD
Menelik, Kaiser v. Äthiopien †
Zweiter Balkankrieg
Raymond Poincaré franz. Staatspräsident (bis 1920)

Literatur-Nobelpreis an Rabindranath Tagore
Richard Dehmel: »Schöne wilde Welt«
Franz Kafka: »Der Heizer«
Maxim Gorki: »Meine Kindheit«
Bernhard Kellermann: »Der Tunnel«
Else Lasker-Schüler: »Hebräische Balladen«
David Herbert Lawrence: »Söhne und Liebhaber«
Thomas Mann: »Der Tod in Venedig«
Klabund: »Morgenrot«

1914   Frau d. franz. Finanzministers Caillaux erschießt Calmette, Direktor d. rechtsradikalen »Figaro«
Franz Ferdinand, österr. Thronfolger † (ermordet)
Österreich-Ungarn erklärt Serbien den Krieg
Russ. Mobilmachung, dt. Kriegserklärung an Rußland u. Frankreich
Deutschland verletzt belg. Neutralität
Beginn des Ersten Weltkrieges

Johannes R. Becher: »Verfall u. Triumph«
Theodore Dreiser: »Der Titan«
Leonhard Frank: »Die Räuberbande«
André Gide: »Die Verliese des Vatikans«
Paul Heyse †
Georg Kaiser: »Die Bürger v. Calais«
Hermann Löns † (gefallen)
Christian Morgenstern †
Ernst Stadler † (gefallen)
Georg Trakl † (Selbstmord im Feld)
Charles Péguy † (gefallen)

MUSIK, MALEREI, PLASTIK, FILM, ARCHITEKTUR	WISSENSCHAFT, TECHNIK UND PHILOSOPHIE
Wilhelm Furtwängler Dirigent in Lübeck Gustav Mahler: »Das Lied v. d. Erde« Wilhelm Kienzl: »Der Kuhreigen« Igor Strawinsky: »Petruschka« Peter Behrens: Mannesmannhaus (Düsseldorf) Georges Braque: »Die Geige« Erste Ausstellung des »Blauer Reiter« »Anna Karenina« (russ. Film) »Der Telegraphist v. Lonedale« (amerik. Film)	Roald Amundsen erreicht als erster den Südpol (1912 folgt Scott) Albert Einstein: »Über den Einfluß der Schwerkraft auf d. Ausbreitung d. Lichtes« Ernest Rutherford: Atommodell
Jules Massenet † Arnold Schönberg: »Pierrot lunaire« Franz Schreker: »Der ferne Klang« Henri Matisse: »Der Tanz« Büste der Nofretete wird in El Amarna gefunden »Quo vadis« (ital. Großfilm) Sarah Bernhardt in d. amerik. Film »Königin Elisabeth« »Die Entstehung des Menschen« (amerik. Film von D. W. Griffith)	Victor F. Heß entdeckt kosmische Höhenstrahlung Viktor Kaplan: Propeller-Turbine Nichtrostender Kruppstahl Synthet. Kautschuk (Fritz Hofmann) Carl Gustav Jung: »Wandlungen u. Symbole der Libido« Frederick Winslow Taylor: »The Principles of Scientific Management« (»Taylorismus«)
Igor Strawinsky: »Le sacre du printemps« (Ballett) Bruno Walter Dirigent an d. Münchner Oper Alexander Archipenko: »Frauenakt« (kubist. Plastik) Karl Hofer: »Badende Inderin« (Gemälde) Oskar Kokoschka: »Selbstbildnis« Charlie Chaplin dreht seine ersten Filme Alice Holster als erster »Vamp« in »Der Vampir« »Student von Prag« (mit Paul Wegener und Werner Krauss) »The Squaw Man« (amerik. Film von Cecil B. de Mille)	Friedrich Bergius: Erfindung der direkten Kohlehydrierung Niels Bohr: Atom = Planetensystem im Kleinen Rudolf Diesel † Sigmund Freud: »Totem und Tabu« Karl Jaspers: »Allgem. Psychopathologie« Ludwig Klages: »Ausdrucksbewegung und Gestaltungskraft« Rudolf Steiner gründet »Allgemeine Anthroposophische Gesellschaft« Fluggeschwindigkeitsrekord 200 km in der Stunde (Vendrines u. Prévost)
Igor Strawinsky: »Die Nachtigall« (Oper) In den USA dringt der Jazz in die Tanzmusik ein Georges Braque: »Gitarrenspieler« (Gemälde) Walter Gropius: Faguswerk in Alfeld Oskar Kokoschka: »Die Windsbraut« (Gemälde) August Macke † (gefallen) Henri Matisse: »Frauen am Meer« (Gemälde) Maurice Utrillo: »Vorstadtstraße« (Gemälde)	Entdeckung des rückläufigen 9. Jupitermondes (Nicholson) Eröffnung d. Panamakanals Bertha v. Suttner † (Pazifistin, Freundin Alfred Nobels) Othmar Spann: »Gesellschaftslehre« Mondkarte von Debes (nach photograph. Aufnahmen seit 1896) Dauerflug von 24¹/₄ Stunden (Böhm)

Diese Zeittafel wurde zusammengestellt von der Verlagsredaktion unter Mitwirkung von Katharina und Gerhard Hoffmann, Hamburg.

GROSSE KULTUREPOCHEN
IN TEXTEN, BILDERN UND ZEUGNISSEN

Eine lebendige, zuverlässige und allgemein verständliche, umfassende und
neuartige Kultur- und Sittengeschichte.
Sieben reich illustrierte Prachtbände im Großformat. 2 800 Seiten mit 2 500
Bildern und 200 mehrfarbigen Bildtafeln.

ROLF HELLMUT FOERSTER / HEINZ THIELE
DAS LEBEN IN DER GOTIK
Mit 24 farbigen Bildtafeln und 268 Schwarzweiß-Illustrationen, 384 Seiten

WILHELM RÜDIGER
DIE WELT DER RENAISSANCE
Mit 21 farbigen und 300 Schwarzweiß-Illustrationen, 368 Seiten

ROLF HELLMUT FOERSTER
DIE WELT DES BAROCK
Mit 24 Farbtafeln und 300 Schwarzweiß-Illustrationen, 368 Seiten

FRANZ BLEI
GEIST UND SITTEN DES ROKOKO
Mit 24 farbigen Bildtafeln und 93 Schwarzweiß-Illustrationen, 392 Seiten

JUSTUS FRANZ WITTKOP
DIE WELT DES EMPIRE
DIRECTOIRE · EMPIRE · KLASSIZISMUS
Mit 26 farbigen Bildtafeln und 311 Schwarzweiß-Illustrationen, 380 Seiten

GÜNTER BÖHMER
DIE WELT DES BIEDERMEIER
Mit 24 farbigen Bildtafeln und 350 Schwarzweiß-Illustrationen, 384 Seiten

ECKART KLESSMANN
DIE WELT DER ROMANTIK
Mit 24 farbigen Bildtafeln und 418 Schwarzweiß-Illustrationen, 368 Seiten

»Unter den zahlreichen kulturhistorischen Reihen ist die Desch-Reihe zweifellos die textlich
solideste und am schönsten ausgestattete. Die Bebilderung läßt keinen Wunsch offen.«
Abendzeitung, München

»Prachtvoll ausgestattete und sorgfältig redigierte Bände, die den großen Kulturepochen Ge-
rechtigkeit widerfahren lassen und ihr Wesen in beispielgebender Weise erfassen und zum
Ausdruck bringen.« Österreichischer Rundfunk

»Welch herrlicher Stoff, welche Fundgrube vergessener und unbekannter Ereignisse und Personen und welcher Bildervorrat!« Die Bücherkommentare

Jeder Band DM 54,—
Bei geschlossener Abnahme aller sieben lieferbaren Bände ermäßigt sich der Preis auf je DM 48,—
Vorzugspreis der siebenbändigen Sammlung DM 336,—

DESCH VERLAG MÜNCHEN

DEUTSCHLAND
HUNDERT JAHRE DEUTSCHE GESCHICHTE

Texte · Bilder · Dokumente

Mit Geleitworten von Willy Brandt und Richard von Weizäcker
Herausgegeben von Hans-Adolf Jacobsen und Hans Dollinger

»Ein ebenso preis- wie sehenswerter Band. Von Bismarck bis Brandt und Schmidt — der Aufstieg Deutschlands von einer Groß- zur Weltmacht, sein zweimaliger Sturz in die Tiefe, dann die Spaltung des Reiches und das Absinken der beiden Nachfolgestaaten auf den Rang einer europäischen Mittelmacht — ein so gewaltiges Drama kann man nicht ohne Leidenschaft und Parteilichkeit erzählen. Darum tat das bewährte Herausgeberpaar gut daran, die Bilder für sich sprechen zu lassen. Ein gediegenes Werk, das man bedenkenlos als Geschenk empfehlen darf.«   Die Zeit

»Hans-Adolf Jacobsen und Hans Dollinger haben über den Ablauf und die Erscheinungen der letzten 100 Jahre deutscher Geschichte ein Buch herausgegeben, das dank der Auswahl nicht nur der Textbeiträge auch den sonst an Geschichte nicht so Interessierten ansprechen müßte und mit seiner Bildauswahl auch optisch einzunehmen weiß. Fünf entscheidende Epochen sind aufgeführt, ausgedeutet, vorgestellt und — zurechtgerückt. Zeiten des Glanzes und des Verlustes: Das Kaiserreich mit dem Finale des ersten Weltkriegs, die Weimarer Republik, das Dritte Reich mit der abschließenden Katastrophe des zweiten Weltkriegs, die Teilung Deutschlands unter den Siegermächten, das geteilte Deutschland selbst inmitten des Spannungsfeldes der Weltpolitik. Hundert Jahre wahrlich voll der Bewegung.«   Augsburger Allgemeine

»Der großformatige und repräsentative Band ist bemerkenswert in jeder Hinsicht. Im Textteil ist von Friedrich Meinecke bis zu Golo Mann fast alles vertreten, was Rang und Namen in der Historikerzunft hat. Einmalig ist vor allem der Bildteil, der auf mehr als 500 Schwarzweiß-Fotos und auf acht Farbtafeln alle wichtigen Bilder unserer Zeit festhält. Hier wird Geschichte lebendig, hier werden die Stationen deutscher Vergangenheit eindringlich ins Bewußtsein zurückgerufen. Das erstaunlichste an diesem begrüßenswerten Band aber ist der niedrige Preis. Dieser Band verdient es, zu einem deutschen Hausbuch zu werden.«   tz, München

»Dieses wohlabgewogene Buch der Bilder und Dokumente gehört in die Hand vieler, die sich unabhängig von ideologischer Verkrampfung darüber informieren wollen, wie es denn eigentlich gewesen ist.«   Die Welt

»Wenn man bedenkt, welches Auf und Ab die Entwicklung der deutschen Geschichte seit 1870 gekennzeichnet hat, dann ist schon Skepsis bei der Betrachtung eines solchen Buches angebracht. Skepsis vor allem bei der Frage nach der Objektivität, deren sich ein derartiges Werk befleißigt oder nicht befleißigt. Aber auch nach äußerst kritischer Lektüre dieses Buches kann ich nur das uneingeschränkte Lob wiederholen, das ich bei Rezensionen von früheren Arbeiten Jacobsens und Dollingers ausgesprochen habe. Diese beiden Historiker haben wieder einmal ganz ausgezeichnete Arbeit geleistet. Ob man das Buch nun mit wissenschaftlichen Maßstäben als Historiker betrachtet oder nur als interessierter Laie — es hält jeder Prüfung stand.«   Deutschlandfunk

Sonderausgabe. 416 Seiten mit über 500 Bildern. DM 29,80

DESCH VERLAG MÜNCHEN